高等职业教育经济贸易类系列教材

国际贸易理论与实务

International Trade Theory and Practice

主编　刘 芳　宁 翔　向宇翔

同济大学出版社
TONGJI UNIVERSITY PRESS
·上海·

内 容 提 要

本书为适应我国外向型经济发展及企业转型升级需要，根据编者多年外贸一线工作经历和国际贸易教学实践经验，结合国家最新法律法规、国际贸易惯例、贸易的新形势及新变化编写。全书分为国际贸易理论和国际贸易实务上下两篇，共六个项目，主要包括国际贸易概述、国际贸易措施、国际贸易方式及发展趋势、商订贸易合同、拟定合同条款和履行贸易合同。

本书不仅可以作为高等职业院校国际经济与贸易、跨境电子商务、国际金融等经贸类专业的教材，还可供广大从事外贸相关工作的社会学习者使用，也可以作为外贸业务员、跟单员、单证员等资格考试的辅导用书。

图书在版编目(CIP)数据

国际贸易理论与实务 / 刘芳，宁翔，向宇翔主编.
上海：同济大学出版社，2024.6. -- ISBN 978-7-5765-1221-2

Ⅰ. F740

中国国家版本馆 CIP 数据核字第 2024W3C379 号

国际贸易理论与实务

主编 刘 芳 宁 翔 向宇翔

责任编辑 杨 艳 张瀚文 **助理编辑** 府晓辉 **责任校对** 徐春莲 **封面设计** 张 微

出版发行 同济大学出版社 www.tongjipress.com.cn
（地址：上海市四平路 1239 号 邮编：200092 电话：021-65985622）

经　　销 全国各地新华书店
排　　版 南京文脉图文设计制作有限公司
印　　刷 常熟市华顺印刷有限公司
开　　本 787mm×1092mm 1/16
印　　张 14.75
字　　数 341 000
版　　次 2024 年 6 月第 1 版
印　　次 2024 年 6 月第 1 次印刷
书　　号 ISBN 978-7-5765-1221-2

定　　价 49.00 元

编 委 会

主　编：刘　芳　宁　翔　向宇翔

副主编：黄仁华（企业教师）　杨倩仪　莫蕙榕　肖　佩

参　编：王　魁　杨桠超　李　昕　李　敏
　　　　殷秀梅　刘莎莎　彭　奇　丁静婷
　　　　颜景壮　卢亚婷　毛媛媛

主　审：赵慧敏　赵红梅

前言

党的十八大以来，我国加快建设开放型经济新体制，外贸发展取得了历史性成就，货物贸易进出口总值从2012年的24.42万亿元增加到2022年的42.07万亿元。海关总署公布的数据显示，2023年，我国进出口总值达41.76万亿元。党的二十大报告提出，“推进高水平对外开放”“稳步扩大规则、规制、管理、标准等制度型开放”“加快建设贸易强国”“推动共建‘一带一路’高质量发展”。2023年是习近平主席提出共建“一带一路”倡议十周年，十年来，中国与“一带一路”共建国家进出口规模由2013年的6.46万亿元攀升到2023年的19.47万亿元，国家间互联互通水平大幅提升，对外贸易、跨境物流也更加便捷，国内、国际合作更高效，推动了产业合作水平不断提升，产业合作领域也不断拓宽，经贸关系日益密切，贸易往来持续活跃。

为适应我国外向型经济发展及企业转型升级需要，培养德才兼备的高素质外贸人才，编者根据多年外贸一线工作经历和国际贸易教学实践经验，结合国家最新法律法规、国际贸易惯例、贸易的新形势及新变化编写本书。本书分为国际贸易理论和国际贸易实务上下两篇，共6个项目，18个任务。理论篇主要包括国际贸易概述、国际贸易措施、国际贸易方式及发展趋势；实务篇以长沙卡特尔环保科技有限公司（湖南中榜集团）的出口业务流程为主线，详细介绍了商订贸易合同、拟定合同条款以及履行贸易合同的方法。

本书在编写过程中，全面贯彻党的二十大精神，坚持立德树人的根本任务，将培养学生诚实守信的职业素养、经世济民的大局观念、合作共赢的全球意识贯穿始终；结合国家“一带一路”政策及湖南省对外经济发展战略，根据产业发展实际情况创设工作情境，增强学生的职业代入感；引入校企合作企业湖南中榜集团有限公司旗下公司的真实案例，企业教师参与项目内容编写，共建教材；重要知识点以微课二维码的形式呈现，实现可视化、碎片化学习。同时，本书附有讨论与思考、阅读拓展、实操训练、思政园地等模块，以及丰富的课后习题，学练结合，难度适中，使学生更容易掌握国际贸易的最新知识。

本书的编者均是“双师型”教师，具有丰富的企业工作经验，为本书的编写提出了很多有益的建议。本书由湖南外国语学院刘芳、宁翔、向宇翔担任主编。具体分工如下：刘芳负责总纂，宁翔、向宇翔负责初审及修订，黄仁华（企业教师）负责二审及修订，赵慧敏、赵红梅负责最后审校，赵红梅、杨倩仪、莫蕙榕、肖佩等共同参编。教材编写过程中还得到了同行老师们的指点和帮助，在此一并表示衷心的感谢。

在写作的过程中，我们参阅和引用的文献资料除了在参考文献中列出出处的一部分外，还有大量国际商会的出版物、近年的大量相关报刊文献以及网络资料，无法一一列出，在此，谨向所有给编者帮助的同行们致以真诚的谢意。

本书不仅可以作为高等职业院校国际经济与贸易、跨境电子商务、国际金融等经贸类专业的教材，还可供广大从事外贸相关工作的社会学习者使用，也可以作为外贸业务员、跟单员、单证员等资格考试的辅导用书。

由于编者能力有限，加之外贸环境不断变化，书中难免存在错误与缺漏，恳请同行专家、学者及读者批评指正。

编者

2024 年 3 月

目 录

附　录

上篇

国际贸易理论

项目一
国际贸易概述

项目导读

国际贸易是指跨越国境的货物和服务的交易，一般由进口贸易和出口贸易组成，是国际市场营销中最简单、最传统的一种模式。在市场高度开放的当下，国际贸易成为各个国家参与市场竞争的重要方式。

本项目主要介绍国际贸易的产生与发展历程、国际贸易的基本概念、分类、作用等。

任务一

了解国际贸易的产生与发展

学习目标

知识目标：了解国际贸易的产生与发展历程。

技能目标：认识并分析当今国际贸易的现状。

素质目标：拓宽国际视野，树立正确的国际贸易思维。

案例导入

辛香诱惑的美洲之旅

1476年5月，一支热那亚武装商船队惨遭法国海军伏击，数百名船员葬身鱼腹。只有一位红头发、蓝眼睛的英俊少年侥幸逃脱，奇迹般地被海浪送上了葡萄牙王国的沙滩。三年后，他与一位世袭总督的女儿一见钟情，婚后继承了岳父留下的珍贵海图与航海日志；五年后，他已成为世界上最优秀的船长之一，掌握了当时海上航行的一切技术和经验；八年后，他来到西班牙，开始长达六年的不懈游说，终于让西班牙国王同意出资支持他的惊人计划——自西班牙向西横穿大西洋，从地球的"背面"直达盛产香料的东方古国——印度。这位幸运的水手名叫克里斯托弗·哥伦布（Christopher Columbus），他毕生寻找未果却最终造就他伟大事业的香料名叫胡椒。

由于地缘政治的原因，罗马帝国陷落后，以胡椒为代表的东方香料贸易落入日渐崛起的阿拉伯人手中。不论产自印度的胡椒、斯里兰卡的桂皮，还是印度尼西亚的丁香，都要辗转通过横亘在欧亚之间的广大伊斯兰地域，经过层层加价，最终交由极少数威尼斯商人专营。到哥伦布生活的年代，让欧洲人爱不释手的胡椒已是按粒计价的顶级奢侈品，一粒胡椒几乎与一枚金币等值。

如果哥伦布的计划成功，西班牙将抛开所有坐地起价的阿拉伯人、层层加码的波斯中间商与贪得无厌的威尼斯巨贾，直接从印度批发珍贵的胡椒，获得难以想象的巨额利润！当然，也会顺便证实一个在当时颇具争议的论题：地球到底是不是一个圆形的球体。

1492年8月3日，哥伦布带着国王给印度君主和中国皇帝的国书，率领三艘帆船从巴罗斯港扬帆向正西驶去，开始了他首次美洲航海之旅。经70个昼夜不见陆地的艰苦航行，船队于10月12日早晨抵达加勒比海中的圣萨尔瓦多岛。尽管与目标相差整整半个地球，哥伦布却误认为自己已经到达了印度。他马不停蹄地在加勒比海各地搜索，发现了古巴、海地，却始终无法找到他梦寐以求的胡椒。虽然在1493年3月返回西班牙时，哥伦布受到了英雄般的礼遇，但没有找到胡椒的结果，仍令他寝食难安。

1493年9月至1504年11月，哥伦布又陆续进行了三次"通往印度"的远航。为了辨认并采集胡椒，船队每次都要带上大量胡椒样本及各种农具，甚至还会雇佣业余植物研究者随行。一次次近乎疯狂的寻找让哥伦布取得了无与伦比的地理发现：多米尼加、波多黎各、牙买加、巴拿马、哥斯达黎加、特立尼达……那些如珍珠般散落在加勒比海上的美丽岛国陆续被他发现。1498年8月2日，他登上了委内瑞拉的帕利亚半岛，发现了前所未见的美洲新大陆。

（资料来源：陈红岩，《大航海时代的香料传奇》.《生命世界》2010年第8期）

国际贸易的历史源远流长，从奴隶社会到封建社会时期，其经历了一个发展缓慢的过程。随着资本主义生产方式的确立到现在世界市场的形成，国际贸易的发展经历了一个由量变到质变的过程，进入到经济全球化迅猛发展的新时代。

一、国际贸易的产生

国际贸易属于历史范畴，它是在一定历史条件下发展起来的。国际贸易的产生有两个前提条件：一是产生了可供交换的剩余产品；二是存在各自为政的社会实体。

在原始社会初期，生产力水平极为低下，人类处于自然分工状态，既没有剩余产品和私有制，也没有阶级和国家，因而也没有对外贸易。人类社会的三次大分工逐步推动了社会生产力的发展，人们从最初的物物交换到以交换为目的的主动生产，进而转化成以货币为媒介的商品流通。频繁的商品生产和商品流通，加速了剩余产品、私有制、阶级和国家的产生。在第三次社会大分工以后，商品交换开始超越国界，出现了商业和专门从事贸易的商人，产生了国际贸易。所以，从根本上说，社会生产力的发展和社会分工的扩大是国际贸易产生和发展的基础。

二、国际贸易的发展

在奴隶社会和封建社会时期，国际贸易发展缓慢。在资本主义生产方式确立之后，国际贸易进入快速发展阶段。

（一）奴隶社会的国际贸易

奴隶社会自然经济占统治地位，生产的主要目的是消费。商品生产在整个经济生活中还是微不足道的，进入流通的商品很少，加上生产技术落后、交通工具简陋，各个国家对外贸易的范围受到很大限制。奴隶社会的对外贸易虽然有限，但对手工业的发展促进较大，在一定程度上推动了社会生产的进步。

(二) 封建社会的国际贸易

封建社会取代奴隶社会之后，国际贸易有了很大的发展。尤其是从封建社会的中期开始，实物地租转变为货币地租，商品经济的范围逐步扩大，国际贸易也得到了进一步发展。到封建社会的晚期，随着城市手工业的进一步发展，资本主义因素已经开始了孕育和生长，商品经济和国际贸易相较于奴隶社会时期都有了更明显的发展。

阅读拓展

丝绸之路的意义是什么？

汉代时期，中国的丝和丝织品运到安息（今伊朗高原和两河流域），再从安息运到西亚和欧洲的大秦（汉朝时中国史书对罗马帝国的称呼），开拓了历史上著名的“丝绸之路”。中国的铁器、铜器、丝帛传往日本。越南的象牙、犀牛、玳瑁、珍珠等不断输往中国。张骞出使西域后，中国大量的丝和丝织品沿着通道不断西运，西域各国的珍奇异物也陆续输入中国。

(三) 资本主义社会的国际贸易

虽然国际贸易源远流长，但其真正具有世界性质是在资本主义生产方式确立后。在资本主义生产方式之下，国际贸易额急剧扩大，国际贸易活动遍及全球，贸易商品种类日渐增多，国际贸易逐渐成为影响世界经济发展的一个重要因素。而在资本主义发展的各个不同时期，国际贸易的发展又各具特征。

1. 资本主义生产方式准备时期的国际贸易

16 世纪至 18 世纪中叶是西欧各国资本主义生产方式的准备时期。这一时期手工业的发展使劳动生产率得到提高，商品生产和商品交换进一步发展，为国际贸易的发展提供了物质基础。地理大发现更是加速了资本的原始积累，促进世界市场的初步形成，从而扩大了世界贸易的规模。

阅读拓展

认识国际贸易

1492 年哥伦布从西班牙出发，经大西洋发现了新大陆——美洲；1498 年达·伽马（Vasco da Gama）从欧洲绕过非洲南端好望角到达印度，完成了具有历史意义的“地理大发现”；1519 年麦哲伦（Magellan）完成了环球航行……地理大发现的结果是将各大洲独自发展的国家联系起来，使得国家之间的贸易具有了“世界”的概念。

（资料来源：倪琳，《国际贸易实务》.2014）

2. 资本主义自由竞争时期的国际贸易

18 世纪后期至 19 世纪中叶是资本主义的自由竞争时期。一方面，在这一时期，欧洲国家先后发生了产业革命和资产阶级革命，资本主义机器大工业得以建立并广泛发展，社会生产力水平大大提高，可供交换的产品空前增加，真正的国际分工开始形成。

另一方面，大工业使交通和通讯联络发生了变革，有效推动了国际贸易的发展。

3. 垄断资本主义时期的国际贸易

19 世纪末 20 世纪初，各主要资本主义国家从自由竞争阶段过渡到垄断资本主义阶段，国际贸易也出现了一些新的变化。首先，国际贸易仍在扩大，但增长速度下降，贸易格局发生了变化。截至第一次世界大战前，国际贸易仍呈现出明显的增长趋势，但与自由竞争时期相比，速度已经下降。其次，垄断开始对国际贸易产生重要影响。由于生产和资本的高度集中，垄断组织对经济生活起着决定性的作用。在这一时期，国际贸易中明显形成了大型垄断组织瓜分世界市场的局面。最后，一些主要资本主义国家的垄断组织开始资本输出。为了确保原料的供应和对市场的控制，少数富有的资本主义国家开始向殖民地国家输出资本。

（四）当代国际贸易的新发展

第二次世界大战以后，特别是 20 世纪 80 年代以来，世界经济发生了翻天覆地的变化，科技进步的速度不断加快，国际分工、世界市场和国际贸易也都发生了巨大的变化。总之，当代国际贸易发展有以下一些新特征。

1. 国际贸易发展迅速

世界贸易的增长速度大大超过世界产值的增长速度，服务贸易的增长速度又大大超过商品贸易的增长速度。

2. 世界贸易的商品结构发生了重要变化

新商品大量涌现，制成品、半制成品，特别是机器和运输设备及其零部件的贸易增长迅猛，石油贸易增长迅速，而原料、食品贸易，以及石油以外的初级产品在国际贸易中所占的比重逐渐下降。在制成品贸易中，各种制成品的相对重要性有了变化。非耐用品的比重下降，而资本货物、高科技办公用品所占的比重上升，技术贸易等无形贸易及军火贸易快速增长。

3. 发达国家依旧在国际贸易中占统治地位，但发展中国家在国际贸易中的地位有所加强

国际贸易已从过去发达国家的一统天下，变为不同类型国家相互合作和相互竞争的场所。

4. 贸易政策和贸易体制不断变化

在 20 世纪 50 年代到 60 年代，贸易政策和体制总的特点是自由贸易。20 世纪 70 年代以来，贸易政策有逐渐向贸易保护主义转化的倾向，国际贸易体制从自由贸易走向管理贸易，国际贸易的垄断进一步发展。1995 年 1 月 1 日，随着世界贸易组织的建立，国际贸易进入又一个相对自由的时代。

世界政治与经济的发展道路并不平坦，但总体趋势是不断前进的。在科学技术革命的推动下，国际分工不断深化，生产的国际化程度日益提高，成为国际贸易不断发展的强大动力。各个国家都有可能也有必要更多地参与国际分工、国际贸易、国际竞争和合作，以促进本国经济的发展。

思政园地

"一带一路"(The Belt and Road，B&R)是"丝绸之路经济带"和"21世纪海上丝绸之路"的简称。2013年9月和10月，中国国家主席习近平分别提出建设"新丝绸之路经济带"和"21世纪海上丝绸之路"的合作倡议。"一带一路"合作倡议将充分依靠中国与有关国家既有的双多边机制，借助既有的、行之有效的区域合作平台，借用古代丝绸之路的历史符号，高举和平发展的旗帜，积极发展与沿线国家的经济合作伙伴关系，共同打造政治互信、经济融合、文化包容的利益共同体、命运共同体和责任共同体。

据海关总署统计，2021年我国对"一带一路"沿线国家进出口总值为11.6万亿元人民币，增长23.6%，较同期我国外贸整体增速高出2.2个百分点。其中，出口6.59万亿元，增长21.5%；进口5.01万亿元，增长26.4%。2022年我国与"一带一路"沿线国家进出口总值为13.83万亿元人民币，比上年增长19.4%。

由此可见，"一带一路"倡议提出以来，我国与"一带一路"沿线国家贸易往来日益紧密，进出口贸易主要呈现贸易规模稳步提升，产业链、供应链合作更加密切，能源、农业、矿产等领域合作向好，民营企业表现活跃等特点。我国与"一带一路"沿线国家贸易合作不断迈上新台阶，"一带一路"倡议不仅是对我国古代丝绸之路的传承和发扬，而且彰显了当今我国广阔的市场潜力和稳定的供给能力。

温故知新

一、单项选择题

1. 社会分工的前提条件是(　　)。

A. 生产力的增长　　B. 自然条件变化

C. 劳动规模的扩大　　D. 市场规模的扩大

2. 国际贸易产生的前提条件包括(　　)。

A. 世界市场的形成　　B. 科学技术的发展

C. 有可供交换的剩余产品　　D. 国际分工的发展

二、思考题

当代国际贸易有何特点?

任务二

识记国际贸易的相关概念

学习目标

知识目标：掌握国际贸易的相关概念和分类；了解国际贸易的作用；了解从事国际贸易应具备的基本条件。

技能目标：能够运用所学知识分析国际贸易相关的经济数据和现象。

素质目标：增强民族自豪感，树立文化自信；培养合作共赢的全球意识。

案例导入

连跨5万亿、6万亿美元两大台阶！2021年我国外贸进出口规模达6.05万亿美元，同比增长30%

在全球经济下行压力加大的背景下，2021年中国外贸依旧保持强劲走势，进出口规模再次打破历史纪录。据海关总署统计，2021年我国货物贸易进出口总值为39.1万亿元人民币，比2020年增长21.4%。其中，出口21.73万亿元，增长21.2%；进口17.37万亿元，增长21.5%。与2019年相比，我国外贸进出口、出口、进口分别增长23.9%、26.1%、21.2%。2021年，我国外贸进出口实现了较快增长，年内突破5万亿、6万亿美元两个关口，规模再创新高，质量稳步提升，"十四五"对外贸易实现了良好开局。

（资料来源：张怀水，《每日经济新闻》，2022年1月14日）

微课1-1：国际贸易的相关概念

一、国际贸易的相关概念

（一）国际贸易的含义和特点

国际贸易（International Trade）又称世界贸易，是指世界各国或地区之间进行货物和服务的交换活动。它既包含有形产品（实物产品）的交换，也包含无形产品（劳务、技术、咨询等）的交换。

对外贸易（Foreign Trade）是指一国或地区与其他国家或地区之间所进行的货物、技术和服务的交换活动。一些海洋岛国或者对外贸易活动主要依靠海运的国家（或地区），如英国、日本、中国台湾等，将对外贸易称为海外贸易。由于对外贸易由商品和劳务的进口和出口两部分组成，所以对外贸易又称进出口贸易。

国际贸易属于商品交换范围，与国内贸易在性质上并无不同，但由于它是在不同国家或地区间进行的，所以与国内贸易相比具有以下特点。

1. 困难性

各国（家或地区）在语言、风俗习惯、宗教信仰、法律法规等方面均存在着很大差异，给交易接洽、市场调研和履行合同增加了难度。

2. 复杂性

国际贸易容易受到交易双方所在国家（或地区）的政治和经济变动、双边关系及国际局势变化等条件的影响，还涉及运输、保险、银行、商检、海关等部门的协作、配合，交易过程较国内贸易要复杂得多。

3. 风险性

国际货物贸易的交易数量和金额一般较大，运输距离较远，履约时间较长，因此交易双方承担的风险远比国内贸易要大。

（二）贸易值与贸易量

贸易值（Value of Trade）又称贸易额，是用货币表示的反映贸易规模的指标，各国一般都用本国货币表示。为了便于国际比较，许多国家同时又通行用美元计算。贸易额通常分为对外贸易额与国际贸易额两种。对外贸易额是指一个国家或地区在一定时期内（如 1 年）出口贸易额和进口贸易额之和。从世界范围来看，由于一国的出口就是另一国的进口，为了避免重复计算，一般是把各国的出口额相加来表示国际贸易的规模大小。所以，国际贸易值就是指以货币表示的一定时期内各国的出口贸易额总值。

贸易量（Quantum of Trade）是指用进出口商品的计量单位表示的反映国际贸易规模的指标。用货币表示国际贸易值，常因物价变动而不能确切反映国际贸易实际规模，以国际贸易量来表示则能避免这个不足。但是国际贸易商品的计量单位各异，无法用统一计量单位来表示。所以，在实际工作中，通常以一定时期的不变价格为标准来计算各个时期的国际贸易值，即以某年的价格为基数，用进出口贸易值除以进出口价格指数，得到按不变价格计算的贸易值来近似代替贸易量。然后将以某年为基期的贸易量同各个时期的贸易量相比较，从而得出比较准确反映贸易实际规模变化的贸易量指数。

（三）贸易差额与国际收支

贸易差额（Balance of Trade）是指一个国家或地区在一定时期内（如 1 年）出口总额与进口总额之间的差额。当出口总额大于进口总额时，称为贸易顺差或贸易盈余，亦称出超；当进口总额大于出口总额时，称为贸易逆差或贸易赤字，亦称入超；如出口总额与进口总额相等，则称为贸易平衡。

贸易差额是衡量一个国家对外贸易状况的重要标志之一。在一般情况下，贸易顺差表明一个国家的商品在世界市场的竞争中处于优势，在对外贸易收支中处于有利地位；贸易逆差表明一个国家在对外贸易收支中处于不利地位，在世界市场上的商品竞争中处于劣势。但是，长期顺差不一定是好事，同样，逆差也并非绝对坏事。

国际收支（International Balance of Payment）是指一个国家或地区在一定时期内（通常为1年）对外国的全部经济交易所引起的收支总额对比。如果收入大于支出，称为国际收支顺差或黑字；如果支出大于收入，称为国际收支逆差或赤字；收支相等则称为国际收支平衡。国际收支集中反映在国际收支平衡表中，能从侧面反映一国的经济实力以及对外经济活动状况。一国的进出口贸易收支是其国际收支项目中最重要的组成部分，故贸易差额状况对一国的国际收支有重大的影响。

(四) 国际贸易商品结构与对外贸易商品结构

国际贸易商品结构（Composition of International Trade）是指一定时期内各类商品在整个国际贸易中所占的比例。

对外贸易商品结构（Composition of Foreign Trade）是指一定时期内一国各类商品在对外贸易中所占的比重。国际贸易或对外贸易商品结构可以反映出一国的或世界的经济发展水平、产业结构状况和第三产业发展水平等。

(五) 国际贸易地理方向与对外贸易地理方向

国际贸易地理方向（Direction of International Trade）又称国际贸易地区分布，是指各洲、各国（地区）或各个区域集团在国际贸易中所占的地位，即各洲、各国（地区）参加国际商品流通的水平。

从一个国家来看，对外贸易地理方向（Direction of Foreign Trade）又称对外贸易地区分布或国别构成，是指一定时期内各个国家或地区在一国对外贸易中所占的比重，也就是该国出口货物和服务的去向和进口货物和服务的来源，表明该国同其他国家或地区之间经济贸易联系的程度。

(六) 对外贸易依存度

对外贸易依存度（Degree of Dependence on Foreign Trade）又称对外贸易系数，是指一国对外贸易额、出口额或进口额在该国国民生产总值或国内生产总值中所占比重，用以反映一国经济发展对对外贸易的依赖程度。

(七) 净进口与净出口

若一国在一定时期内（如1年）某一商品既有出口又有进口，但出口数量大于进口数量，其差额即为净出口（Net Export）；反之，如果出口数量小于进口数量，其差额即为净进口（Net Import）。

(八) 贸易条件

贸易条件（Terms of Trade）是指一定时期内一国出口一单位商品可以交换多少单位外国进口商品的比例。

贸易条件指数＝出口价格指数÷进口价格指数×100%

二、国际贸易的分类

微课 1-2：国际贸易的分类

国际贸易内容广泛，性质复杂，可以从以下不同角度进行分类。

（一）按商品的流向分类：出口贸易、进口贸易和过境贸易

出口贸易又称输出贸易，是指将本国的商品和劳务向外国输出；进口贸易又称输入贸易，是指将外国的商品和劳务输入本国，它们是一国对外贸易的两个组成部分。外国商品进口以后未经加工制造又出口，称为复出口（Re-export）；若本国的商品输往国外，未经加工又输入国内则称复进口（Re-import）。

过境贸易（Transit Trade）又称通过贸易，是指商品由生产国运往消费国途中途经其他国家，对途经国家来说即为过境贸易。过境贸易分直接和间接两类，商品入境后不存放海关仓库就直接运出国境的称为直接过境贸易；商品存放海关仓库后未经加工整理又运往另一国的称为间接过境贸易。过境贸易数额不列入过境国家的进出口统计内。

（二）按商品的形态分类：有形贸易和无形贸易

有形贸易（Tangible Trade）又称有形商品贸易，是指贸易双方所进行交易的商品是有形的、看得见的。国际贸易中的有形商品种类繁多，为了便于统计，联合国编制了1950年版的《国际贸易商品标准分类》（Standard International Trade Classification，SITC），分别在1960年、1974年和2006年进行了修订。在2006年修订本里，把国际贸易商品依次分为10大类、63章、233组、786个分组和1 924个项目。10大类商品分类如下：食品及主要供食用的活动物（0）；饮料及烟草（1）；燃料以外的非食用粗原料（2）；矿物燃料、润滑油及有关原料（3）；动植物油及油脂（4）；未列名化学品及有关产品（5）；主要按原料分类的制成品（6）；机械及运输设备（7）；杂项制品（8）；没有分类的其他商品（9）。其中，0—4类商品被称为初级商品，5—8类被称为制成品。在标准分类中，目录编号采用5位数，第一位数表示“类”，第二位数表示“章”，第三位数表示“组”，第四位数表示“分组”，第五位数表示“项目”。

无形贸易（Intangible Trade）又称无形商品贸易，是指非实物形态劳务和技术的进出口。包括由于商品的进出口而发生的一切从属费用的收支，如运输费、保险费、银行费用、商品加工费、装卸费、修理费等；与商品进出口无关的其他收支，如旅游、外汇、侨汇、金融、专利、技术等产生的收支。它们是在有形贸易的基础上形成与发展的，并对有形贸易的发展产生巨大影响，二者相辅相成，又存在着明显区别：有形商品的进出口需办理海关手续，其贸易额表现在海关的贸易统计表上，是国际收支的主要构成部分；而无形贸易通常不显示在海关的贸易统计表上，但它也是国际收支的一部分。

（三）按贸易参加国的数量分类：双边贸易和多边贸易

双边贸易（Bilateral Trade）是指两国（或地区）之间通过协议在双边结算的基础上进行的贸易。这种贸易双方各以本国的出口支付从对方国的进口，而不用对对方国的

出口支付从第三国的进口。这种方式多实行于外汇管制国家，另外，也泛指两国间的贸易往来。

多边贸易（Multilateral Trade）又称多角贸易，是指三个或三个以上国家（或地区）通过协议在多边结算的基础上进行贸易，相互间保持贸易收支平衡。在贸易往来中，每个国家都可以用对某些国家的出超支付对另一些国家的入超，以实现整体的平衡。在多边贸易中，若在三国（或地区）间发生贸易，则称为三角贸易。三角贸易通常发生在两国进行贸易磋商时，由于商品不适合而无法在两国间达成进出口平衡，而外汇支付上又存在一定困难无法达成协议，于是就把磋商范围扩大到第三国，在三国间互相搭配商品，实现贸易平衡，解决外汇支付上的困难。

(四) 按境界标准分类：总贸易和专门贸易

这是由于国境和关境不一致所产生的统计标准。有些国家（如日本、英国、加拿大、澳大利亚等）把国境作为划分进出口的标准，商品进入国境一律算作进口，商品离开国境都算作出口。总进口和总出口之和称为总贸易（General Trade），二者的总额相加即为总贸易额。还有些国家（如美国、德国、瑞士）则把关境作为划分进出口的标准。按照这种统计标准，商品进入关境称为专门进口，商品从国内运出关境称为专门出口。专门贸易（Special Trade）是专门进口与出口的总和。因此，外国商品存入保税仓库一类的贸易活动不再列入进口贸易项目之中。显然，专门贸易与总贸易在数额上有可能不相等，因此，联合国公布各国贸易额时，一般都会注明该国的统计标准。

(五) 按清偿工具分类：自由结汇贸易和易货贸易

自由结汇贸易（Free-Liquidation Trade）又称现金结算贸易或现汇贸易，是指以国际货币作为清偿手段的国际贸易。能够作为国际支付工具的货币主要有美元、欧元、英镑和日元等这些可以自由兑换的货币。

易货贸易（Barter Trade）又称换货贸易，是指以经过计价的商品作为清偿手段的国际贸易。应用这种方式的国家大多由于外汇紧缺，无法以正常的自由结汇方式与他国进行贸易。它的特点是进口与出口直接相联系，以货换货，进出基本平衡，可不用现汇支付，这就解决了那些缺乏外汇的国家开展对外贸易的问题。

(六) 按是否有第三国参加分类：直接贸易、间接贸易和转口贸易

直接贸易（Direct Trade）是指商品生产国与消费国不通过第三国进行商品买卖的行为。其中，商品生产国是直接出口，消费国是直接进口。

间接贸易（Indirect Trade）是指商品生产国与消费国通过第三国进行商品买卖的行为。其中，商品生产国是间接出口，消费国是间接进口。

转口贸易（Entrepot Trade）又称中转贸易或中介贸易，是指在间接贸易情况下，第三国所进行的贸易。转口贸易大致又可分为两种：一是把商品从生产国输入进来，然后由该国商人销往商品的消费国；二是转口商仅参与商品的交易过程，商品还是从生产地直接运往消费地。从事转口贸易的大多是运输便利、贸易限制较少的国家和地区。如

伦敦、鹿特丹、新加坡、中国香港等港口，因为地理位置优越，便于货物集散，所以转口贸易很发达。

（七）按对外贸易政策分类：自由贸易和保护贸易

自由贸易（Free Trade）是指国家对进出口贸易活动不加干预和限制，商品可自由输出和输入，并在国内外市场上自由竞争。

保护贸易（Protective Trade）是指国家运用权力，通过高额关税及进口许可证、外汇管制等各种限制进口措施来保护本国市场，防止外国商品竞争，同时对本国的出口商品给予津贴和优惠待遇，鼓励出口的贸易政策。

三、国际贸易的作用

国际贸易对参与贸易的国家乃至世界经济的发展具有重要作用，具体表现在以下几方面。

（一）调节各国市场的供求关系

调节各国市场的供求关系、互通有无始终是国际贸易的重要功能。世界各国由于受生产力发展水平、科学技术、经营管理和生产要素分布状况等因素的影响，生产能力和市场供求状况存在一定程度的差异。各国国内既存在产品供不应求的状况，又存在各种形式的产品过剩状况。而通过国际贸易既可以增加国内短缺产品的市场供给量，满足消费者的需求，又可以为各国国内市场的过剩产品提供新的出路，在一定程度上缓解了供求失衡的不利状况，从而调节了各国的市场供求关系，保证经济发展顺利进行。

（二）促进生产要素的充分利用

当今世界，劳动力、资本、土地、技术等生产要素在各个国家的分布往往是不平衡的，有的国家劳动力富余而资本短缺，有的国家资本丰裕而土地不足，有的国家土地广阔而耕作技术落后。如果没有国际贸易，这些国家国内生产规模和社会生产力的发展都会受到其短缺的生产要素的制约，一部分生产要素将闲置或浪费，生产潜力得不到发挥。美国在20世纪采取国际劳务贸易、资本转移、土地租赁、技术贸易等方式，将国内富余的生产要素与其他国家交换国内短缺的生产要素，从而使因生产要素短缺而受到制约的状况得以缓解或消除，富余生产要素得以充分利用，进一步扩大生产规模，加速经济发展。

（三）利用比较优势，充分发挥国际分工的作用，提高生产效率

各国参与国际贸易的重要基础是比较利益和比较优势。利用比较利益和比较优势进行国际分工和国际贸易，可以扩大优势商品生产，缩小劣势商品生产，并出口优势产品来从国外换回本国居于劣势的商品，从而在社会生产力不变的前提下提高生产要素的效能和生产效率，获得更大的经济效益。

(四) 提高生产技术水平，扩大生产能力，优化国内产业结构

当今世界，各国普遍通过国际贸易引进先进的科学技术和设备以提高国内的生产力水平，加快经济发展。同时，通过国际贸易，各国国内的产业结构逐步协调和完善，促使整个国民经济协调发展。

(五) 增加财政收入，满足国内需求，提高国民福利水平

国际贸易的发展可为一国政府开辟财政收入的来源。政府可从对进出口贸易的货物征收关税和其他各种有关费用获得大量财政收入。例如，在美国联邦政府成立初期，关税收入曾占联邦政府财政收入的 90%。至今，关税和涉外税收仍然是一些国家，特别是发展中国家财政收入的重要来源。各国可以通过国际贸易进口国内短缺且迫切需要的商品，或者进口比国内商品价格更低廉、质量更好、式样更新颖、特色更突出的商品，满足国内的需求，使国内消费者获得更多的福利。此外，国际贸易的扩大，特别是劳动密集型产品出口的增长，也为国内提供更多的就业机会，间接提高国民福利。

(六) 加强各国经济联系，促进世界经济以及国际金融的发展

在现代，世界各国广泛开展国际贸易活动，不仅把生产力发展水平较高的发达国家互相联系起来，而且也把生产力发展水平较低的广大发展中国家带入国际经济生活之中。国际市场的竞争活动也促使世界总体的生产力发展进一步加快，这不仅促进了发达国家经济的进一步发展，也促进了其他国家和地区的经济发展。

国际贸易的发展促进了国际信用关系的建立，使现金结算方法逐步被非现金结算所代替。信用工具（票据）代替现金成为流通手段和支付手段来结算国际间的债权债务，便于国际间的货币收付和债权债务的清算。随着国际贸易的进一步发展，它也促进了国际金融市场的形成和国际货币制度的建立与发展。

四、从事国际贸易应具备的具体条件

从事国际贸易需要具备相应的知识和能力，主要包括以下几个方面。

(一) 全球化视野及良好的商业信誉

要从事国际经济贸易，首先必须具有全球化视野，经济全球化是世界经济发展的趋势，从事国际贸易要从全球化、国际化的角度来考虑问题。同时，在对外贸易合同签订后要认真履行合同，建立良好的商业信誉，这样才能将业务做得更大、更好。

(二) 国际经济贸易专业知识

国际贸易是涉及不同国家、地区之间的交易活动，从事国际贸易必须具备经济与贸易相关的专业知识，主要包括以下十个方面。

1. 国际市场营销知识

国际贸易是货物的采购及营销，因此，从业人员对于货物在国内外买卖的技术、经销途径、价格决定都要有深入的了解。

2. 外语

从事国际贸易，必然需要与外国商人接触，双方要有共同语言才能进行洽谈，从而达成交易。这就要求从业人员通晓目标对象国的语言，才不至于给贸易活动造成困难。

3. 本国对外贸易法规和货运、报关、检验等手续

各国都有一套管理本国对外贸易的办法，从事贸易活动的厂商必须熟悉这些办法，才能办好出口与进口手续。

4. 各国关税及非关税法规

从事国际贸易的厂商除了要了解各国关税税率、进口特殊规定、是否使用特定的海关发票外，还要了解对方国家非关税壁垒方面的规定，以及国际贸易组织的有关规定。

5. 国际汇兑知识

国际贸易的从业人员必须了解贸易对象国货币汇率、外汇银行的功能，以及国际金融组织的有关规定。

6. 货物知识

货物是国际贸易中的交易对象，从事对外贸易的厂商对于所经营货物的性能、品质、生产方法、包装、成本计算要有深刻的了解。

7. 对外经贸法律知识

从业人员要通晓世界各国的商事法规以及一些国际上通行规约和贸易惯例。

8. 保险知识

从事国际贸易的厂商必须重视货物运输的风险并办理保险业务，因此，从业人员要熟悉保险的种类以及发生风险时进行索赔的方法，要具备充分的保险知识。

9. 运输业务知识

国际贸易货物的转移要通过各种交通工具进行，从事国际贸易的厂商要透彻地了解各种运输业务知识，才能使货物妥善转移。

10. 财务、统计知识

销售活动最终都将用财务数据体现出来，从业人员应掌握支付、结算、预算等与财务、统计相关的知识。

（三）建立国际经济贸易信息系统

从事国际贸易的人员要了解各国经济、政治等多方面的动向，迅速准确地收集商业信息，建立国际经济贸易信息系统，并对收集的数据信息进行分析研究，从中学习吸收别国或企业的外贸经验，不断充实和完善自己，将自己的业务做得更好。

（四）建立适应竞争需要的企业组织体系

从事国际贸易的厂商必须具备高效运作的企业组织形式。随着世界经济的发展、竞

争格局的变化，企业的组织体系也要不断完善和发展，以便适应国际竞争的需要。

思政园地

在全球制造业大迁移的趋势下，美国已退出很多制造领域，但是并未完全退出产业链，而是专攻标准和技术。日本目前也在按照这一路径发展，3D、4K、量子点等技术都是由日本开发，并由中国企业发扬光大。如今，夏普、松下、东芝等昔日制造业龙头企业也陆续转型医疗设备、能源领域，特斯拉的电视就是由松下提供的。前沿技术和关键创新依然是传统工业强国的主战场，中国制造商仍需跟踪其技术路线。中国的“人口红利”尚存却逐渐减少，而“技术红利”才刚刚开始。中国制造业在技术和资本积累不足，原始创新面临高昂成本，而且风险难测。工业创新的真正拉动力是市场，中国制造业仍需要从小事、小创新开始做起，很多小创新最后无意中可能撬动大市场。中国制造业完全能依凭独一无二的市场和供应商体系，在全球制造业大迁移过程中创造优势，并掌握从制造材料到销售通路的完整生态系统。

温故知新

一、名词解释

1. 国际贸易与对外贸易
2. 贸易值与贸易量
3. 贸易差额与国际收支
4. 国际贸易商品结构与对外贸易商品结构
5. 国际贸易地理方向与对外贸易地理方向
6. 对外贸易依存度

二、简答题

1. 简述国际贸易的作用。
2. 简述从事国际贸易应具备的具体条件。

三、能力训练

1. 利用商务部网站、海关总署网站等分析我国目前的外经贸态势。
2. 结合所学知识和市场需求分析一个合格的外贸人才应具备的条件。

项目二
国际贸易措施

项目导读

国际贸易政策是一国政府根据本国的政治经济利益和发展目标而制定的、在一定时期内的进出口贸易活动的准则。它集中体现为一国在一定时期内对进出口贸易所实行的法律、规章、条例及措施等，既是一国总经济政策的重要组成部分，又是一国对外政策的重要组成部分。

关税措施是贯彻一国贸易政策的基本措施，也是当今各国保护本国贸易的重要措施，是每一个进出口商在从事国际贸易时都必须面临的事项；非关税措施是贯彻国际贸易政策的又一重要手段，在当今的国际贸易业务中，每一个进出口商还面临着以非关税壁垒为主的新贸易保护主义，并且这一趋势呈现加强之势。非关税壁垒问题越来越引起世界各国的普遍关注，并成为各国保护贸易政策的重要手段。

本项目主要介绍关税的概念及关税措施的主要种类，特别是对进口业务中所涉及的关税进行重点讲解；同时还介绍了非关税的概念及非关税措施的主要种类。

任务一

熟悉关税措施

学习目标

知识目标： 掌握关税措施的含义、特征及其性质和作用；掌握关税的种类和海关申报的程序；了解关税措施对国际贸易的影响。

技能目标： 能够运用所学知识分析各国采用的关税措施及其不同之处；能够分析关税壁垒对国际贸易的影响。

素质目标： 培养合作共赢的全球意识、诚实守信的职业素养。

案例导入

中国在贸易便利化方面取得成就

2001 年 12 月 11 日，中国正式加入世界贸易组织。20 多年来，中国始终是多边贸易体制的坚定支持者、积极参与者和重要贡献者。中国全面履行入世承诺，2010 年有关降税承诺履行完毕，所有商品的平均进口关税水平从 2001 年的 15.3%降至 2010 年的 9.8%。经过进一步自主降税，2021 年中国进口关税总水平达到 7.4%。商务部新闻发言人表示：中国政府将持续推进贸易自由化便利化，坚定不移推进高水平对外开放，推动贸易高质量发展，让世界共享中国发展机遇，实现互利共赢、共同发展，共同构建人类命运共同体。

微课 2-1-1：关税措施（一）

习近平总书记在二十大报告中提出，要增强国内国际两个市场两种资源的联动效应，提升贸易投资合作质量和水平。推动货物贸易优化升级，创新服务贸易发展机制，发展数字贸易，加快建设贸易强国。

（资料来源：中华人民共和国商务部，《商务部就中国加入世贸组织 20 年来取得的有关成就等答问》. 2021 年 12 月 9 日）

微课 2-1-2：关税措施（二）

一、关税概述

（一）关税的概念

关税（Tariff/Customs Duty）是指进出口商品经过一国关境时，由海关代表国家向进出口商征收的一种赋税。一般而言，一国的关境与国境是一致的。但是，当一国境内设有自由港、自由贸易区、保税区和出口加工区时，该国的关境小于国境；当一些国家组成关税同盟时，关境大于国境。

关税的征收是通过海关执行的。海关是一国政府设在关境上的行政管理机构，它的任务是根据本国政府制定的进出口政策、法令和有关规定，对进出口商品、货币、金银、行李、邮件、运输工具等进行监督和管理，征收关税，查禁走私物，临时保管通关货物和统计进出口商品等。海关还有权对不符合国家规定的进出口货物不予放行、罚款，直到没收或销毁。

（二）关税的特点

关税和其他税收一样，是国家税收的一种，也是国家取得财政收入的一种手段。因此，关税和其他税赋一样，具有强制性、无偿性和固定性的特点。关税作为独特的税种，除了具有以上一般税收的特点之外，还具有以下特点。

1. 间接性

关税主要是针对进口商品征税，其税赋可以由进出口商垫付，然后把税款作为成本的一部分加在售价上，在商品出售之后可以收回这笔垫款。因此，关税最终转嫁给买方或消费者承担，是一种间接税。

2. 税收主体和税收客体与一般税收不同

关税的税收主体是本国进出口商人，即关税的纳税人；关税的税收客体是进出口商品。

3. 征收范围和征收机关

关税以关境为界，由海关总署及所属机构具体管理和征收，其征收机关是海关，征收关税也是海关三项基本任务之一。根据《中华人民共和国海关法》的规定，海关依法对进出境工具、货物、物品进行监督管理，征收关税和其他税费，查缉走私，并编制海关统计和办理其他海关业务。

4. 涉外性

关税的种类与税率高低直接影响国际贸易价格，具有涉外性，因此关税经常被主权国家运用为对外政治、经济斗争的手段。

（三）关税的作用

一国征收关税既会产生积极作用，又会产生消极作用。一国在制定关税政策时要尽量发挥关税的积极作用，规避或减少其消极作用。

1. 积极作用

（1）增加本国财政收入

增加本国的财政收入是关税出现之初的基本职能。随着现代经济的发展，税源增加，而且第二次世界大战之后各国关税水平受到关税及贸易总协定的约束不断下降，关税增加财政收入的作用也相对下降。目前发达国家的关税收入占其财政收入的比重仅为1%～2%，然而一些经济落后的发展中国家仍把关税作为其财政收入的重要来源。

（2）保护本国的产业和国内市场

关税限制了外国货物的进入，尤其是高关税可以大大减少有关货物的进口数量，削弱以至消除进口产品的不利竞争，从而保护国内同类产业或相关产业的生产和市场。保护关税的税率越高，保护作用越强，因为提高进口关税税率可以提高进口商品的成本，从而削弱其竞争力，使其进口数量减少，以达到保护国内工农业生产的目的。

（3）调节进出口商品结构

一国可以通过调整关税结构来调整本国的进出口商品结构。对于国内需求旺盛的商品，通过减免关税的方式鼓励进口，或者通过征收高额关税的方式限制出口；对于出口导向型的产业，通过减免关税的方式鼓励出口，或者通过征收高额关税的方式限制与国内产业具有竞争性的产品进口。例如，各国对奢侈品征收高额的进口关税，对日用必需品征收较低关税或免税。

（4）维护国家主权和经济利益

对进出口货物征收关税，表面上看只是一个与对外贸易相联系的税收问题，实际上，一国采取什么样的关税政策，直接关系到国与国的主权和经济利益。关税是各国政府维护本国政治、经济权益，乃至进行国际经济斗争的一个重要“武器”。

2. 消极作用

关税提高了进口商品的价格并限制了进口国消费者的消费。长期采用过高的关税保护国内产业会使该产业产生“惰性”，不努力改进技术去提高生产效率与产品质量，从而阻碍生产力发展。另外，过高的关税也是走私的客观根源，造成财政收入减少的同时也会对国内市场造成冲击。过高的关税也人为地扭曲了通过国际分工进行的全球资源合理配置，不利于各国充分发挥本国的经济优势，形成了全球资源配置的不经济性。

二、关税的主要种类

（一）按征收的对象和商品流向分类

1. 进口税

进口税（Import Duty）是指进口国家的海关在外国商品输入时，根据海关税则对本国进口商所征收的关税。进口税一般在外国货物直接进入关境或国境时征收，或者当外国货物由自由港、自由贸易区或海关保税仓库等提出投入进口国的国内市场时征收。根据进口税税率不同，进口税分为普通税率和最惠国税率两种。

（1）普通税率

如果进口国未与该进口商品的来源国签订任何关税互惠贸易条约，则对该进口商品按普通税率征税。普通税率通常为一国税则中的最高税率，一般比优惠税率高 1～5 倍。目前仅有极少数国家实行这种税率，大多数只是将其作为其他优惠税率减税的基础。因此，普通税率并不是被普遍实施的税率。

（2）最惠国税率

最惠国税率是一种优惠税率，往往和双边或多边最惠国待遇相关。最惠国待遇是指缔约国各方实行互惠，凡缔约国一方现在和将来给予任何第三方的一切特权、优惠和豁免，也同样给予对方。最惠国待遇的内容很广，但主要是关税待遇。最惠国税率是互惠的，且比普通税率低，有时甚至差别很大。例如，美国对进口玩具征税的普通税率为70%，而最惠国税率仅为6.8%。由于世界上大多数国家都加入了签订有多边最惠国待遇条约的关税及贸易总协定（现由世界贸易组织继承其协定），因而这种关税税率实际上已成为正常的关税税率。

最惠国税率并非是最低税率。在最惠国待遇中往往规定有例外条款，如在缔约关税同盟、自由贸易区或有特殊关系的国家之间规定更优惠的关税待遇时，最惠国待遇并不适用。

2. 出口税

出口税（Export Duty）是指出口国家的海关对本国产品输往国外的商品征收的关税。目前，大多数国家对绝大部分出口商品都不征收出口税。征收出口税会抬高出口商品的成本和国外售价，削弱其在国外市场的竞争力，不利于扩大出口。但目前世界上仍有少数国家（特别是经济落后的发展中国家）征收出口税。

征收出口税的目的主要是：①增加财政收入；②限制重要的原材料大量输出，保证国内供应；③提高以使用该国原材料为主的国外加工产品的生产成本，削弱其竞争力；④反对跨国公司在发展中国家低价收购初级产品，例如，瑞典、挪威对木材征收出口税以保护其纸浆及造纸工业。

3. 过境税

过境税（Transit Duty）又称通过税，是指对过境货物所征收的一种关税。过境货物一般是指运进一个国家的关境，又原样运出该关境的外国货物，即该货物运输的起点和终点均在运输所经的国家之外。

征收过境税的主要目的是增加国家的财政收入。在重商主义时代，欧洲各国曾盛行此税。随着资本主义的发展，交通运输事业的日益发达，各国在货运方面竞争激烈，同时，过境货物对本国生产和市场没有造成影响，于是在19世纪后半期，各国相继取消了过境税。1921年，国际联盟在西班牙巴塞罗那召开了关于自由过境的国际会议，会议决定参加国不得对过境货物征收任何关税。第二次世界大战结束后，关税及贸易总协定规定了“自由过境”的原则。目前，大多数国家对过境货物只征收少量的签证税、印花费、登记费和统计费等。

(二) 按征收的目的分类

1. 财政关税

财政关税（Revenue Tariff）又称收入关税，是指以增加国家的财政收入为主要目的而征收的关税。财政关税的征收对象一般是针对国内有大量消费，进口数量大的商品。其税率要适中，如果税率过高，将影响进口，达不到增加财政收入的目的。

目前发达国家的关税仅占其财政收入的2%～3%，然而就发展中国家而言，由于国内经济不够发达，关税收入仍然占财政收入的13%左右，我国也达到了5%。

2. 保护关税

保护关税（Protective Tariff）是指以保护本国工业或农业的发展为主要目的而征收

的关税。保护关税可以通过提高税率来加重进口商品的成本负担，削弱其竞争力，从而限制外国商品进口、保护国内同类商品的生产和市场，其税率越高越能达到保护的目的。另外，保护关税还可以通过调整关税税率的高低来控制进口商品的数量，以此调节国内价格，保证国内市场供求平衡，从而达到保护国内市场的目的。保护关税有时税率高达100%以上，等于禁止进口，成为禁止性关税。

(三) 按差别待遇和特定的实施情况分类

1. 进口附加税

进口附加税（Import Surtaxes）是指进口国海关对进口的外国商品在征收一般进口税外，还出于某种特定的目的而额外加征的关税。进口附加税通常是一种特定的临时性措施，是限制商品进口的重要手段。进口附加税主要包括反倾销税和反补贴税两种。

(1) 反倾销税

① 倾销的概念

倾销（Dumping）是指一国商品以低于正常价值的价格进入另一国市场的行为。进行倾销的进口商品以价格优势打击进口国的同类产业，会对该国领土内已建立的某种工业造成重大损害或重大威胁。

确定正常价值有三个标准：国内价格、第三国价格、构成价格。国内价格是指相同商品在出口国用于国内消费时在正常情况下的可比价格；第三国价格是指相同产品在正常贸易情况下向第三国出口的最高可比价格；构成价格是指该产品在原产国的生产成本加合理的推销费用和利润后的价格。

② 反倾销税的概念

反倾销税（Anti-dumping Duty）是指对实行倾销的进口货物所征收的一种临时性进口附加税。其目的是抵制外国商品大量低价进口，保护国内产业与市场。

③ 征收反倾销税的条件

征收反倾销税必须满足倾销存在、重大损害、倾销与损害之间存在因果关系这三个条件。倾销存在的关键是对正常价格的界定，低于成本的销售是倾销；重大损害是指倾销对进口国同类产业造成实质性的损害或威胁，例如，进口数量的激增对进口国同类产品的价格产生了影响，对同类产品的生产者产生了影响；因果关系是指判断上述损害是否由于倾销所致，若由于其他因素（如需求萎缩或消费模式改变等）造成的损害则不应归咎于倾销性进口。

但是，对于倾销的认定、“正常价值”的含义、反倾销的实施方式等，各个国家之间存在着一定的分歧；一些发达国家则利用反倾销手段对来自发展中国家的低成本产品进口加以限制，反倾销扩大化的趋势明显，成为非关税壁垒的手段之一。

阅读拓展

美国对三国征镀锡钢反倾销税

美国商务部8月17日表示，将对从中国、德国、加拿大进口的镀锡钢征收初步反倾销税，理由是中国、加拿大与德国的镀锡钢生产商在以低于“公平市场价格”的售价销售这些产品，即这些厂商在国外市场的售价，低于其在本国市场的售价。美国商务部决定对中国施加122.5%的税率，德国7.02%，加拿大5.29%。

中国专家表示，美国单独对中国施加122.5%的税率，明显是一种具有惩罚性和歧视性的措施。当前中国经济正处在快速复苏阶段，美国通过反倾销打压中国传统制造业。制造业涉及面广，并且能够解决不少就业，美方希望借此给中国经济施压。此外，在美国眼中，德国是仅次于中国，对美国出口有较大影响的国家，所以这次连带打击德国，而加拿大只是象征性的“陪衬”。

（资料来源：高雷，陈子帅，《环球时报》，2023年8月19日）

（2）反补贴税

① 补贴的概念

世界贸易组织对于补贴的概念进行了规定，它包括三层含义：一是财政资助；二是由某一成员国的领土内的政府或任何公共机构提供；三是由此而给予某种优惠。

② 反补贴税的概念

反补贴税（Countervailing Duty）又称抵消税或补偿税，是指对于直接或间接地接受过奖金或补贴的外国商品进口所征收的一种进口附加税，一般按照补贴数额征收。征收反补贴税的目的是削弱接受出口补贴的进口商品的价格竞争力。

③ 征收反补贴税的条件

征收反补贴税要满足补贴存在、损害存在、补贴与损害之间存在因果关系这三个条件。

（3）紧急关税

紧急关税是指为消除外国商品在短期内大量进口对国内同类商品生产造成重大损害或产生重大威胁而征收的一种进口附加税。

（4）惩罚关税

惩罚关税是指出口国某商品违反了与进口国之间的协议，或者未按进口国海关规定办理进口手续，由进口国海关向该进口商征收的一种临时性的进口附加税。

（5）报复关税

报复关税是指一国为报复他国对本国商品、船舶、企业、投资或者知识产权等方面的不公正待遇，对从该国进口的商品所征收的进口附加税。

2. 差价税

（1）差价税的概念

差价税（Variable Levy）又称差额税，是指当某种国内生产的产品国内价格高于同类进口商品的价格时，为削弱进口商品的竞争力、保护本国生产和国内市场，而对其按国内价格与进口价格之间的差额征收的关税。征收差价税的目的是抵消进口国本国产品和进口产品之间的价格差，以稳定进口国国内该种商品的市场价格。差价税没有固定的税率和税额，而是随着国内外价格差额的变化而变动，因此是一种滑动关税。

（2）差价税的征收方式

差价税的征收方式包括直接征收差价税和征收一般关税外再加国内外差价税两种。

3. 特惠税

特惠税（Preferential Duty）全称特定优惠关税，是指对从特定国家或地区进口的全部商品或部分商品，给予特别优惠的低关税或零关税待遇。使用特惠税的目的是增进与受惠国之间的友好贸易往来。特惠税有互惠与非互惠之分，税率一般低于最惠国税率和协定税率。

（1）非互惠的特惠税

目前，在国际上影响最大的非互惠特惠税是洛美协定（Lome Convention）。它是欧洲共同市场（现为欧盟）向参加洛美协定的非洲、加勒比和太平洋地区的发展中国家单方面提供的特惠税。洛美协定关于特惠税方面的规定主要包括欧洲共同市场国家将在免税、不限量的条件下，接受这些发展中国家全部工业品和96%农产品进入欧洲共同市场，而不要求这些发展中国家给予“反向优惠（Reverse Preference）”。

（2）互惠的特惠税

互惠的特惠税主要是区域贸易协定或双边自由贸易协定成员间根据协定实行的特惠税。如欧盟成员之间、北美自由贸易协定成员之间、中国与东盟国家之间实行的特惠税。互惠特惠税不一定是对等的相同税率。

4. 普惠制关税

（1）普惠制的概念

普惠制是普遍优惠制（Generalized System of Preferences，GSP）的简称，是发达国家单方面给予发展中国家出口的制成品和半制成品（包括某些初级产品）普遍的、非歧视的且非互惠的一种关税优惠制度。它是在最惠国税率的基础上进行减税和免税，按最惠国税率的一定百分比征收。普惠制项下的出口产品关税比最惠国税率约低1/3左右。

（2）普惠制的三项基本原则

普遍的，即所有发达国家对所有发展中国家出口的制成品和半制成品给予普遍的优惠待遇。

非歧视的，即应使所有的发展中国家都无歧视地、无例外地享受普惠制待遇。

非互惠的，即非对等的，发达国家应单方面给予发展中国家做出特别的关税减让，而不要求发展中国家对发达国家给予同等待遇。

阅读拓展

海关总署关于不再对输欧盟成员国、英国、加拿大、土耳其、乌克兰和列支敦士登等国家货物签发普惠制原产地证书的公告

根据《中华人民共和国普遍优惠制原产地证明书签证管理办法》，海关总署决定，自2021年12月1日起，对输往欧盟成员国、英国、加拿大、土耳其、乌克兰和列支敦士登等已不再给予中国普惠制关税优惠待遇国家的货物，海关不再签发普惠制原产地证书。

输上述国家的货物发货人需要原产地证明文件的，可以申请领取非优惠原产地证书。

特此公告。

海关总署

2021 年 10 月 25 日

（资料来源：中华人民共和国海关总署，公告〔2021〕84 号，2021 年 10 月 25 日）

(四) 按征税标准分类

1. 从量税

（1）从量税的概念

从量税（Specific Duty）是指以进口商品的数量、体积、重量等计量单位为标准的一种计征关税的方法。重量单位是最常用的从量税计量单位。例如，我国对啤酒征收从量税，普通税率 7.5 元/升，优惠税率 3.5 元/升。

从量税额＝货物计量单位数×从量税率

（2）从量税的特点

① 优点：计税方法简便，通关手续快捷，能抑制低廉商品或故意隐瞒价格商品的进口。

② 缺点：不能区别等级、品质及价格差异的货物，税负不合理；税率固定，没有弹性，税额不能随物价涨落而增减，关税的调控作用相对减弱。

从量税适用于规格品种简单、计量容易、同一种商品规格价差比较少，且经常性大宗进口的商品，征收对象一般是谷物、棉花等大宗产品和标准产品，对于质优价高的商品，税负相对减轻，关税的保护与财政收入作用相对减弱。

2. 从价税

（1）从价税的概念

从价税（Ad Valorem Duty）是指以货物价格作为征税标准来征收的关税。税率表现为商品价格的一定百分比。

从价税额＝完税价格×从价税率

从价税的一个关键问题是如何核定完税价格。完税价格是经海关审定，可以作为计征关税的依据的货物价格，是决定税额多少的重要因素。因此，如何确定完税价格十分重要。各国所采用的完税价格标准很不一致，大体上可概括为以下三种：①以成本加保险费、运费作为征税价格，即 CIF（Cost Insurance and Freight）价格；②以装运港船上交货价作为征税价格，即 FOB（Free on Board）价格；③以海关估价作为征税价格，即法定价格。

（2）从价税的特点

① 优点：从价税的征收比较简单，对于同种商品，可以不必因其品质的不同再详加分类；税率明确，便于比较各国税率；税收负担较为公平，因税额随商品价格与品质

的高低而增减，比较符合税收的公平原则；在税率不变时，税额随商品价格上涨而增加，这样既可增加财政收入，又可起到保护关税的作用。

② 缺点：估价较难，不同品种、规格、质量的同一货物价格有很大差异，这使得海关估价有一定难度，征税的手续繁杂；调节作用弱，当人为故意瞒报进口商品价格和低价倾销时，从价税不能有效地起到保护国内相关工业的作用，财政收入也会相应减少。

3. 混合税

(1) 混合税的概念

混合税（Mixed Duty）又称复合税，是指对某种进口商品混合使用从价税和从量税的一种计征关税的方法。复合税既能发挥从量税抑制低价进口商品的特点，又可发挥从价税税负合理、稳定的特点。

(2) 混合税的征税方法

① 以从量税为主加征从价税。例如，从 1999 年起，中国对完税价格高于每台 2 000 美元的录像机征收混合税。普通税率是每台 20 600 元人民币的从量税再加 6%的从价税；优惠税率是每台 7 000 元（2002 年降到 5 480 元）人民币的从量税加 3%的从价税。

② 以从价税为主加征从量税。例如，日本对每只价格在 6 000 日元以下的手表进口征收混合税，从价税 15%，加征每只 150 日元的从量税。

复合税额＝从量税额＋从价税额

(3) 混合税的特点

① 优点：使税负适度。当物价上涨时，所征税额比单一从量税多；当物价下降时，所征税比单一从价税多，增强了关税的保护程度。

② 缺点：手续繁杂，成本费用高，从量税与从价税的比例难以确定。

4. 选择税

(1) 选择税的概念

选择税（Alternative Duty）是指对于一种进口商品同时订有从价税和从量税两种税率，征税时选择其中较高或较低的一种征税。一般选择较高者征税，但有时为鼓励进口也选择较低者征税。

(2) 选择税的特点

① 优点：可以根据不同时期经济条件的变化、政府征收关税的目的及国别政策进行选择，具有灵活性。

② 缺点：征税标准经常变化，易引起争议。

三、海关税则及通关手续

(一) 海关税则

1. 海关税则的概念

海关税则（Customs Tariff）又称关税税则，是指一国进出口商品计征关税的规章和对进出口应税与免税商品加以系统分类的一览表。海关税则是各国征收关税的依据，是关税制度的重要内容，是国家关税政策的具体体现。

海关税则一般包括两个部分：一部分是海关课征关税的规章条例及说明；另一部分是关税税率表。关税税率表主要包括三个部分：税则号列（Tariff Number/Heading Number或 Tariff Item）、商品分类目录（Description of Goods）及税率（Rate of Duty）。

如何对海关税则中的商品进行系统分类，是海关税则制定过程中的重要问题。系统分类的目的是便于征税、纳税、统计和查找。为了协调各国在海关税则商品分类方法上的差异，世界海关组织于1988年1月1日正式实施了《商品名称及编码协调制度》（The Harmonized Commodity Description and Coding System），简称《协调制度》（Harmonized System，HS），这是一套新型的、系统的和多用途的国际贸易商品分类体系。商品分类的原则是以商品的原料组成为主，结合商品的加工程度、制造阶段和商品的最终用途来划分。

2. 海关税则的分类

海关税则中的同一商品可以采用一种税率征税，也可以采用两种或两种以上税率征税。

（1）按税率表的栏数分类

① 单式税则

单式税则又称一栏税则，是指一个税目只有一个税率，对来自任何国家的商品均以同一税率征税，没有差别待遇。目前只有少数发展中国家（如委内瑞拉、巴拿马和冈比亚等）仍实行单式税则。

② 复式税则

复式税则又称多栏税则，是指同一税目下设有两个或两个以上的税率，即对来自不同国家的进口商品按不同的税率征税，实行差别待遇。

其中，普通税率是最高税率，特惠税率是最低税率，在二者之间，还有最惠国税率、协定税率和普惠制税率等。目前大多数国家都采用复式税则，这种税则有二栏、三栏及四栏不等。我国目前采用二栏税则，美国、加拿大等国实行三栏税则。通常，对同一税目所设置的税率栏次越多，税则的灵活性和区别对待的特性越强，同时，表现出的歧视性也越强。

（2）按制定税则的权限分类

① 自主税则

自主税则又称国定税则，是指一国立法机构根据关税自主原则单独制定而不受对外签订的贸易条约或协定约束的一种税率。

② 协定税则

协定税则是指一国与其他国家或地区通过贸易与关税谈判，以贸易条约或协定的方式确定的关税税率。协定税则是在本国原有的国定税则以外，通过与他国进行关税减让谈判而另行规定的一种税率，因此要比国定税率低。

（二）通关手续

通关手续又称报关手续，是指进出口商向海关申报进口或出口，接受海关的监管与检查，履行海关规定的手续。办完通关手续，结清应付的税款和其他费用，经海关同意，货物即可放行。通关手续一般包括申报、查验、征税和放行四个环节。

（1）申报

货物到达海关口岸（港口、车站、机场）时，进出口商（或代理人）向海关提交进出口货物报关单和业务相关的证明文件，对货物进行申报。

（2）查验

海关按照法令或条例规定，依照进出口商提交的有关单证逐项核对有关单证与货物及其他方面的一致性，以确定是否放行。

（3）征税

验货后，海关根据国家政策、法规对进出口商品征收税款。进出口商取得海关发放的载有进口税额的纳税证，按海关规定及时用本币纳税。

（4）放行

进出口商结清税款之后，海关准予货物放行。

思政园地

我国古时候对商人诚信的要求可谓严苛，甚至走“诛心”路线，例如，古时民间交易用的杆秤，传说由越国的范蠡发明，他在秤杆上刻制十六颗星华，故称为十六两制秤，十六的来历为北斗七星加南斗六星，再加“福”“禄”“寿”三星，并说“经商者若欺人一两，会失去福气和幸福；欺人二两，后人永远得不了‘俸禄’；欺人三两，会折损‘阳寿’!”由此可见，商人从观念上深深认识到诚信经营的重要性。

温故知新

一、名词解释

1. 关税
2. 进口税
3. 反倾销税
4. 特惠税
5. 最惠国税
6. 普惠制关税

二、不定项选择题

1. 下列各项中，（　　）不属于关税的纳税义务人。

A. 进口货物的收货人　　B. 出口货物的发货人
C. 进境物品的所有人　　D. 进口货物的发货人

2. 当一个国家存在自由港、自由区时，该国国境（　　）关境。
A. 大于　　B. 等于
C. 小于　　D. 无法比较

3. 根据欧盟和美国的反倾销税法，若对某进口产品征收反倾销税，则必须证明该产品是造成进口国的同类工业损害的（　　）。
A. 唯一原因　　B. 原因之一　　C. 主要原因　　D. 无关因素

4. 我国关税税则设有（　　）。
A. 最惠国税率　　B. 协定税率　　C. 普通税率　　D. 特惠税率

5. 关税根据征收目的可以分为（　　）。
A. 财政关税　　B. 特惠关税　　C. 保护关税　　D. 普遍关税

三、案例分析题

印度大幅上调关税！

印度政府财政部部长尼马拉·西哈拉曼（Nirmala Sitharaman）在其2020—2021年政府预算中宣布上调家具、鞋类、家电、手机零配件、玩具等产品的进口关税。具体上调进口关税的产品包括：

（1）鞋类关税从25%提高到35%；

（2）玩具关税从20%提高到60%；

（3）座椅、灯具和床垫等家具的税率将从20%提高到25%；

（4）风扇、食物研磨机/搅拌器、剃须刀、热水器、烤箱、烤面包机、咖啡机、加热器和熨斗等电器，以及文件柜和纸盘等固定物品的关税从10%提高到20%；

（5）商用冰箱的关税从7.5%提高到15%。

问：印度提高进口关税的目的是什么？

任务二

认识非关税措施

学习目标

知识目标： 掌握非关税措施的基本概念与特点；了解非关税措施对国际贸易的影响。

技能目标： 能够分析非关税壁垒对国际贸易的影响。

素质目标： 培养合作共赢的全球意识；树立规则意识；提高商业风险防范意识。

案例导入

第五届进博会：非关税贸易措施助力经济高质量发展

2022 年 11 月 8 日，海关总署主办的“非关税贸易措施高质量发展论坛”在上海国家会展中心举办。论坛围绕非关税贸易措施主题，探讨如何推动国内外市场更好互联互通互惠，为高质量发展注入新动力。非关税贸易措施主要指技术法规、标准、合格评定程序、原产地规则、知识产权等措施。新时代新形势下，以技术贸易措施为主要内容的非关税贸易措施对国际贸易的影响越来越重要。随着全球经济一体化迅速发展，技术贸易措施覆盖范围已从传统的货物贸易逐步扩大到数字贸易、技术贸易、服务贸易，在保护贸易安全、生物安全、环境安全和国民健康安全等方面发挥着越来越重要的作用。论坛上，来自国内外的权威学者、专家院士、知名企业家及驻华使节参加了此次论坛，共同探讨以技术贸易措施为主要内容的非关税贸易措施与碳达峰碳中和、进出口冷链监管、国门生物安全建设等话题，并对技术贸易措施综合指数体系建设等四个非关税贸易措施的创新举措给予高度肯定。

（资料来源：央视网，2022 年 11 月 9 日）

微课 2-2：非关税措施

一、非关税措施概述

非关税措施是一国对外贸易政策的重要组成部分。为摆脱 20 世纪 30 年代发生的经济大危机，各国在纷纷提高关税的同时，使用了以限制进口数量为主要形式的非关税壁垒，出现了超贸易保护主义。第二次世界大战后，二十三个国家于 1947 年 10 月

30 日在日内瓦签订了关税及贸易总协定，经过多轮多边贸易谈判，各缔约方达成了一系列的互惠互利协议，关税壁垒不断下降。关税及贸易总协定缔约方受到关税减让谈判成果履行的约束，关税不能随意变动，故而非关税壁垒得以发展。非关税措施对国际贸易产生了明显影响，已成为当前国际贸易中的主要障碍，对发展中国家尤其不利。非关税壁垒问题越来越引起世界各国的普遍关注，并成为各国保护贸易政策的重要手段。

（一）非关税措施的概念

非关税措施（Non-Tariff Measures，NTMs）是指关税以外的一切限制进口、影响出口的措施，分为限制性和鼓励性两类。限制性非关税措施有非关税壁垒和出口管制两类，如进口配额制、外汇管制等。鼓励性非关税措施主要包括出口鼓励措施和经济特区措施。本节主要介绍限制性非关税措施。

（二）非关税措施的特点

非关税措施与关税措施都有限制进口的作用。但是，非关税措施与关税措施相比，具有以下特点。

1. 直接性和有效性

关税措施是通过征收高额关税，提高进口商品的成本和价格，削弱其竞争能力，间接影响进口量，达到限制进口的目的。但当出口国采用出口补贴、商品倾销等办法降低出口商成本和价格时，关税往往难以有效地阻止进口。而很多非关税措施，如进口配额、许可证、自动出口限额等均能直接控制进口数量，并且对进口的限制作用是绝对的，出口国很难绕过这些壁垒，从而达到减少进口的目的。

2. 灵活性和针对性

一般来说，各国关税税率制定、调整或更改必须经过较为繁琐的法律程序和手续，并要求具有一定连续性，所以调整或更改税率的随意性有限，在需要紧急限制进口时往往难以适应。非关税壁垒措施的制定手续比较便捷，通常采用简便的行政程序，能随时针对某国的某种商品采取或更换相应的限制进口措施，从而较快地达到限制进口的目的。

3. 隐蔽性和歧视性

一般来说，关税税率确定后，往往以法律形式公布于众，依法执行。但是，一些非关税壁垒措施往往不公开，或者规定极为繁琐复杂的标准和手续，使出口商难以适应。以技术标准而论，一些国家对出口商品质量、规格、性能和安全等规定了极为严格、繁琐和特殊的标准，检验手续繁琐复杂，而且经常变化，使外国商品难以对付和适应，往往由于不符合某一个规定而不能进入对方的市场销售。同时，一些国家经常针对某个国家实施某种限制性的非关税壁垒措施，大大加强了非关税壁垒的差别性和歧视性。

二、非关税措施的主要种类

传统的非关税措施可以分为直接的非关税措施和间接的非关税措施两种。随着贸易保护主义抬头、传统国际贸易壁垒受限、社会进步和人们物质生活水平的日益提高，传统的非关税壁垒大多逐渐被分化、细化、弱化，国际贸易中出现了多种形式的新型非关税壁垒措施。

（一）直接的非关税措施

1. 进口配额制

进口配额（Import Quotas）又称进口限额制，是指一国政府在一定时期内（通常为 1 年），对某些商品的进口数量或金额加以直接限制。在规定的期限内，配额以内的货物可以进口，超过配额不准进口，或不完全禁止进口，但要征收较高的关税或罚款后才能进口。进口配额制是实行进口数量限制的重要手段之一。目前，我国还有数十种机电产品和一般商品实行进口配额管理。进口配额制主要有绝对配额和关税配额两种。

（1）绝对配额

绝对配额（Absolute Quotas）是指在一定时期内，对某些商品的进口数量或金额规定一个最高限额，达到这个限额后便不准进口。这种配额在实施时又分全球配额、国别配额和进口商配额三种方式。

① 全球配额

全球配额属于世界范围的绝对配额，对于来自任何国家或地区的商品一律适用。主管当局通常按进口商的申请先后或过去某一时间内的实际进口额批给一定的额度，直至总配额发完为止。超过总配额的商品不准进口。

由于全球配额不限定进口国别或地区，并可从任何国家或地区进口，因此，在配额公布后，进口商竞相争夺配额。这样，邻近国家或地区因距离较近，到货较快，比较有利，而较远的国家或地区就处于不利的地位。为了避免全球配额的不足，一些国家常采用国别配额。

② 国别配额

国别配额是指将总配额按国别或地区进行分配，分配固定的配额，超过规定的配额便不准进口。为了区分来自不同国家和地区的商品，在进口商品时必须提交原产地证明书。实行国别配额具有很强的选择性和歧视性。

③ 进口商配额

进口商配额是指某国政府将某些商品的进口配额在少数进口商品之间进行分配。

（2）关税配额

关税配额（Tariff Quotas）是指对商品进口的绝对数额不加限制，而对在一定时期内，在规定配额以内的进口商品给予低税、减税或免税待遇，对超过配额的进口商品则征收较高的关税或罚款。按征收关税的优惠性质，关税配额分为优惠性关税配额和非优惠性关税配额。

① 优惠性关税配额

优惠性关税配额是指对关税配额内进口的商品给予较大幅度的关税减让，甚至免税，而对超过配额的进口商品征收原来的最惠国税率，如西欧的普惠制。

② 非优惠性关税配额

非优惠性关税配额是指在关税配额内仍征收原来的进口税，但对超过配额的进口商品则征收较高的附加税或罚款。

绝对配额与关税配额的主要区别在于：绝对配额规定一个最高进口额度，超过就不准进口；而关税配额在商品进口超过规定的最高额度后仍允许进口，只是超过部分被征收较高的关税。

2.“自动”出口配额制

“自动”出口配额制（Voluntary Export Quotas）又称“自动”限制出口，简称“自限”，也是一种限制进口的手段。“自限”是指出口国家或地区在进口国的要求或压力下，“自动”规定某一定时期内（一般为 3～5 年）对该国某些商品的出口进行限制，在限定的配额内自行控制出口，超过配额即禁止出口。

“自动”出口配额制与进口配额制在形式上的主要区别在于：绝对进口配额制是由进口国家直接控制某些商品的进口数量和金额，而“自动”出口配额制是由出口国控制这些商品对指定进口国家的出口。“自动”出口配额制带有明显的强制性。

例如，日本曾一度在美国的压力下，被迫限制其汽车的对美出口，按每年允许出口的汽车数量（配额）自行限制出口。

3. 进口许可证制

进口许可证制是指进口国为了管制对外贸易，规定某些商品进口必须事先领取许可证才可进口，否则一律不准进口的限制制度。这种措施可控制进口货物的品种和数量，达到保护国内生产的目的。从进口许可证与进口配额的关系上看，进口许可证可以分为有定额的进口许可证和无定额的进口许可证；从进口商品有无限制上看，进口许可证又可分为公开一般许可证和特种进口许可证。

4. 外汇管制

外汇管制（Foreign Exchange Control）是指一国政府通过颁布法令，对国际结算和外汇买卖实行限制来平衡国际收支和维持本国货币汇价的一种制度。外汇管制分为数量管制和成本管制。前者是指国家外汇管理机构对外汇买卖的数量直接进行限制和分配，通过控制外汇总量达到限制进口的目的；后者是指国家外汇管理机构对外汇买卖实行复汇率制，利用外汇买卖成本的差异调节进口商品结构。

(二) 间接的非关税措施

1. 歧视性政府采购政策

歧视性政府采购政策是指一国政府通过制定法令和政策，规定各级政府机构在采购公共物品时必须优先购买本国产品的做法，这种政策通常会导致对国外产品的歧视和限制，打击进口商的积极性，起到限制进口的作用。

2. 歧视性国内税

歧视性国内税是指通过对外国商品征收较高的国内税来限制外国商品的进口。由于消费者在购买外国商品时要支付较高的国内税，对购买外国商品的积极性会降低，从而起到限制外国商品进口的作用。这是一种比关税更灵活、更易于伪装的贸易政策手段，因为国内税通常是不受贸易条约或多边协定限制的。

例如，一些国家对进口蒸馏酒征收的国内税费高于本国酿造的同类酒；对进口汽车除征收8%的进口税和18%的增值税外，对超过一定价格水平的，还要按到岸价格征收85%的“奢侈品税”，这些都属于歧视性国内税。

3. 最低限价制和禁止进口

(1) 最低限价制

最低限价（Minimum Price）是指一国政府规定某种进口商品的最低价格，凡进口货价低于规定的最低价格，则征收进口附加税或禁止进口，以达到限制低价商品进口的目的。例如，规定钢材每吨最低限价为320美元，若进口时每吨为300美元，则进口国要征收20美元的附加税，以抵消出口国可能的补贴或倾销。

(2) 禁止进口

禁止进口（Prohibitive Import）是进口限制的极端措施，当一些国家感到实行进口数量限制已不足以解救国内市场受冲击的困境时，往往会颁布法令禁止这些商品的进口。

4. 进口押金制

进口押金制（Advanced Deposit）又称进口存款制或进口担保金制，是指进口商在进口商品时必须按进口金额的一定比率和规定的时间，在指定的银行无息存入一笔现金才能进口。这样就增加了进口商的资金负担，影响了资金的流转，起到了限制进口的作用。

例如，英国曾规定除食品和原料外的一切进口，均需向海关交付为期半年的无息存款，存款金额为货值的50%。新西兰、巴西等国也实行过这种措施。

5. 海关估价制

海关估价制是指海关为了征收关税，确定进口商品价格的制度。有些国家根据某些特殊规定，提高进口商品的海关估价来增加进口商品的关税负担，从而阻碍商品的进口。

用专断的海关估价来限制商品进口的国家中，以美国为最典型。美国对某些化学制品、鞋类制品和食品等国内价格较高的商品海关估价不是以实际成交的价格为完税价格，而是以美国国内批发价为完税价格。

(三) 新型的非关税壁垒

1. 技术性贸易壁垒

技术性贸易壁垒（Technical Barriers to Trade，TBT）是指国际贸易中商品进出口国在实施贸易进口管制时通过颁布法律、法令、条例、规定，建立技术标准、认证制度、检验制度等方式，对外国进出口产品制定过分严格的技术标准、卫生检疫标准、商品包装和标签标准，从而提高进口产品的技术要求，增加进口难度，最终达到限制进口的目的的一种非关税壁垒措施。它具有合理合法性、复杂性、隐蔽性、灵活性等特点，是目前各国，尤其是发达国家人为设置贸易壁垒，推行贸易保护主义的最有效手段。

2. 绿色贸易壁垒

绿色贸易壁垒（Green Trade Barriers，GTBs）又称绿色壁垒、环境贸易壁垒

(Environmental Trade Barriers，ETBs)，是指为保护生态环境而直接或间接采取的限制甚至禁止贸易的措施。绿色壁垒通常是进出口国为保护本国生态环境和公众健康而设置的各种保护措施、法规和标准，也是对进出口贸易产生影响的一种技术性贸易壁垒。它是国际贸易中的一种以保护有限资源、环境和人类健康为名，通过蓄意制定一系列苛刻的、高于国际公认或绝大多数国家不能接受的环保标准，限制或禁止国外商品的进口，从而达到贸易保护目的的贸易壁垒。

在国际贸易中，关税壁垒曾经是贸易保护的重要手段，美国、德国、日本等主要发达国家在发展的过程中都曾依靠关税壁垒保护本国产业的发展。但是，随着全球生态环境问题的日益严重，环境与贸易的冲突也越来越激烈，贸易保护主义从传统的关税壁垒逐渐转向非关税壁垒。而绿色壁垒作为一种新型的非关税壁垒应运而生，并成为发达国家以保护环境为名限制发展中国家进出口贸易的一种工具。其表现形式有绿色关税和市场准入、绿色环境标志、绿色卫生检验制度、绿色补贴制度、绿色包装制度等。

3. 社会责任壁垒

社会责任壁垒是指以劳动者的劳动环境和生存权利为借口而采取的贸易保护措施。社会责任壁垒由各种国际公约的社会条款（包括社会保障、劳动者待遇、劳动权利、劳动技术标准等条款）构成，它与公民权利和政治权利相辅相成。

目前，在社会责任壁垒方面颇为引人注目的标准是社会责任标准 SA8000（Social Accountability 8000）。SA8000 是根据国际劳工组织公约、世界人权宣言及联合国儿童权益公约制定的一套可被第三方认证机构独立审核、认证的标准体系，其宗旨是确保生产商及供应商所提供的产品符合社会责任的要求，主要对童工、强迫劳工、健康与安全、组织工会的自由和集体谈判权、歧视、惩罚性措施、工作时间、工资报酬及管理体系九方面内容进行规范。

4. 动物福利壁垒

动物福利壁垒是指在国际贸易活动中，一国为保护动物或以维护动物福利为由，制定一系列动物保护或维护动物福利的措施，以限制甚至拒绝外国货物进口，从而达到保护本国产品和市场目的的行为。

动物福利壁垒可以说是绿色壁垒的扩展和深化。随着经济的发展和社会的进步，发达国家对食品的安全卫生要求越来越严格，利用动物福利名义设置非关税壁垒不仅易获得社会舆论的支持，而且符合进口国本身的法律要求。同时，动物福利法规标准制定得比较完善，容易界定，实际操作较方便简单。因此，动物福利壁垒具备合法性、合理性、隐蔽性、易操作性、实用性和执法成本低等特征。当今国际市场竞争日益激烈，传统关税受到抵制，作用越来越弱，传统的非关税壁垒可利用的空间越来越小。发达国家利用文化教育、传统习俗等方面的优势或影响力，以本国的动物福利法案为法律依据，要求各种进口动物源性食品必须满足其福利规定，否则不予进口，于是动物福利就被“披上合法合理的外衣”——借动物保护之名，实行贸易保护之实。

思政园地

茶叶中的农药残留安全一直是各国关注的检验项目，国外针对茶叶的安全卫生限量要求高、涉及检测项目多，尤其是欧美等发达国家（或地区）市场对茶叶进口设置了严格的技术性贸易措施。例如，欧盟对我国茶叶出口实施的新农残限量标准，检测农药品种从 6 个增加到 108 个，且最高限量大幅度降低，到现在设定限量要求农残高达 471 项，并对设限外的农药实行 0.01 ppm 的一律标准。

宁波检验检疫部门提醒出口茶叶相关企业要重视农残安全问题，严格做好管控，避免出口通报风险。因此，在国际贸易过程中我们应该树立规则意识，并做好商业风险防范工作。

温故知新

一、名词解释

1. 绝对配额
2. 许可证
3. 歧视性国内税
4. 绿色贸易壁垒

二、单项选择题

1. 进口国在总配额内按照国别和地区分配一定的配额，超过配额便不准进口，它是指（　　）。

A. 国别配额　　B. 全球配额　　C. 关税配额　　D. 协议配额

2. 下列非关税壁垒中，能直接起到限制进口作用的是（　　）。

A. 进口押金制　　B. 进口许可证制

C. 进口最低限价制　　D. 苛刻的技术标准

3. 歧视性政府采购是指政府（　　）。

A. 优先购买发达国家产品　　B. 优先购买国外优质产品

C. 优先购买本国产品　　D. 优先采购名牌产品

4. 下列各种贸易限制中，不属于非关税壁垒措施的是（　　）。

A. 进口押金制　　B. 差价税

C. 国内税　　D. 歧视性政府采购政策

5. 日本政府曾对茶叶的农药残留量规定不得超过 0.2%～0.6%，这种规定属于（　　）。

A. 技术标准　　B. 歧视性国内税

C. 卫生检疫标准　　D. 包装标签规定

项目三
国际贸易方式及发展趋势

项目导读

随着信息技术的飞速发展和经济全球化进程的加快，国际贸易也正在发生深刻变革，新的技术与模式正在引领着行业未来发展的新趋势。我们也要及时转变外贸发展方式，通过技术创新和制度型开放，形成新的增长动能。本项目主要介绍常见的国际贸易方式及国际贸易发展的新趋势。

数字技术的迅速发展正在深刻改变国际贸易的方式和形态。数字货币、跨境支付，以及在线交易平台等新兴技术为国际贸易提供了更便捷、高效的交易方式；跨境电子商务的兴起更是推动了国际贸易的数字化进程，使得消费者和企业能够更直接、更快速地参与全球贸易活动。

任务一

了解国际贸易方式

学习目标

知识目标： 熟悉不同国际贸易方式的概念和特征；掌握不同国际贸易方式间的区别。

技能目标： 能够根据国家政策、行业态势、商品特征等选择合适的国际贸易方式。

素质目标： 树立正确的国际贸易思维；培养经世济民的大局观念和合作共赢的全球意识。

案例导入

打造中国贸易“2.0”

改革开放以来，加工贸易在促进对外开放、推动产业升级、保障就业等诸多方面发挥重要作用。海关总署数据显示，1981 年至 2023 年，中国加工贸易进出口年平均增长率近 20%，累计增长近 500 倍。加工贸易从整体上带动了我国加工制造业水平的提升，增强了创新能力，促进了产业转型升级。提升加工贸易发展水平是拉动中西部、东北地区外贸增长的主要动力，对稳外贸稳外资、稳住产业链供应链也起着十分重要的作用。

国际贸易方式是指国际贸易中采用的各种方法。随着国际贸易的发展，贸易方式日趋多样化，除采用逐笔售定的方式外，还有经销、代理、寄售、展卖、招标、投标、拍卖、期货交易、加工交易、对销贸易等。

一、经销与代理

（一）经销

经销是国际贸易中一种常见的出口推销方式。出口商可以通过订立经销协议与国外客户建立一种长期稳定的购销关系，利用国外经销商的销售渠道来推销商品，巩固并不断扩大市场份额，以促进其产品出口。

1. 经销的概念与类型

经销（Distribution）是指进口商（即经销商）与国外出口商（即供货商）达成协

议，承担在规定的期限和地域内购销指定商品的义务。

按经销商权限的不同，经销方式可分为两种：一种是独家经销，又称包销，是指经销商在规定的期限和地域内，对指定的商品享有独家专营权；另一种是一般经销，又称定销，在这种方式下，经销商不享有独家专营权，供货商可在同一时间、同一地区内委派几家商号来经销同类商品。这种经销商与国外供货商之间的关系同一般进口商和出口商之间的关系并无本质区别，不同的只是确立了相对长期和稳固的购销关系。

2. 经销的特点

经销也是售定（即买断）的一种形式，供货人和经销人之间存在买卖关系，但又与通常的单边远笔售定不同，当事人双方除签有买卖合同外，通常还须事先签有经销协议，确定对等的权利和义务。例如，在包销方式下，只有包销人承担从供货人那里购进指定商品的义务，供货人才授予他独家经营的权利。从法律层面上讲，供货人和经销商之间是本人对本人的关系，经销人是以自己的名义购进货物，在规定的区域内转售时是以自己的名义进行，货价涨落等经营风险也由经销商自己承担，购买商品的当地客户与供货人之间不存在合同关系。

3. 经销协议

经销协议是在经销方式下确定供货人和经销人之间的权利和义务的法律文件，对双方均有约束力。协议规定得好坏关系到这项业务的成败，因此，一定要认真对待。比如在独家经销方式下，要慎重选择包销的商品种类，合理确定包销的地理范围，适当规定包销商在一定期限内的承购数额以及没有完成的后果或超额完成的奖励等，这些都是至关重要的内容。在签订独家经销协议时，还应当了解当地的有关法规，并注意使用的语句，尽可能避免与当地的法律发生冲突。

（二）代理

代理（Agency）是许多国家商人在从事进出口业务中习惯采用的一种贸易做法。代理是指代理人按照本人的授权，代表本人与第三人订立合同或作其他法律行为，由本人直接享有由此而产生的权利并承担相应的义务。

在国际贸易中的代理业务是以委托人为一方，独立的代理人为另一方，在约定的时间和地区内，以委托人的名义与资金从事业务活动。国际货物买卖中的代理可以从不同角度分类，按委托人授权的大小可分为总代理、独家代理、一般代理；按行业性质和职责分类，又可分为销售代理、购货代理、货运代理、保险代理、广告代理、投标代理、诉讼代理等多种类型。

二、寄售与展卖

（一）寄售

寄售（Consignment）是一种委托代售的贸易模式，也是国际贸易中为开拓商品销路、扩大出口而采用的一种常规做法。它与先出售、后出运货物的一般贸易方式不同，是先出运、后出售商品。

寄售是指出口人先将准备销售的货物运往国外寄售地，委托当地代销人按照寄售协议规定的条件代为销售后，再由代销人向货主结算货款。寄售是按双方签订的协议进行的，寄售人和代销人之间不是买卖关系，而是委托与受托关系，寄售协议属于行纪合同（又称信托合同）。

（二）展卖

展卖（Fairs and Sales）是指利用展览会和博览会及其他交易会形式，对商品实行展销结合的一种贸易方式。

展卖可以采取各种不同的方式，从展卖商品的所有方和客户的关系来看，展卖的做法主要有两种：一是将货物通过签约方式卖断给国外客户，双方是一种买卖关系，由客户在国外举办或参加展览会，货价有所优惠，货款可在展览会后或定期结算。二是由双方合作，展卖时货物所有权不变，展品出售的价格由货主决定，国外客户承担运输、保险、劳务及其他费用，货物出售后收取一定手续费作为补偿。展卖结束后，未售出的货物可以折价卖给合作的客户，或运往其他地方进行另一次展卖。

除此之外，还可以将寄售和展卖方式结合起来进行，即在寄售协议中规定代销人将寄售的商品在当地展卖，展卖的有关事项可在该协议中一同规定，也可另签协议做出规定。无论是哪一种做法，展卖作为一种商品推销方式，其基本特点可概括为：把出口商品的展览和推销有机地结合起来，边展边销，以销为主。

三、招标、投标与拍卖

（一）招标、投标

招标（Invitation to Tender）与投标（Submission to Tender）是一种贸易方式的两个方面，而不是两种贸易方式。招标是指招标人（买方）发出招标通知，说明拟采购的商品名称、规格、数量及其他条件、邀请投标人（卖方）在规定的时间、地点按照一定的程序进行投标的行为。投标是指投标人（卖方）应招标人的邀请，按照招标的要求和条件，在规定的时间内向招标人递价，争取中标的行为。

一些政府机构、市政部门和公用事业单位经常用招标的方式采购物资、设备、勘探开发资源或招包工程项目，有些国家也用招标的方式进口大宗商品。世界银行贷款项目和国际政府贷款项目，通常也在贷款协议中规定运用这些贷款采购物资、设备、发包工程时，必须采用国际竞争性招标、投标方式。目前，这一贸易方式更多地用于国际工程承包业务。

（二）拍卖

拍卖（Auction）是一种具有悠久历史的交易方式，在今天的国际贸易中仍被采用。国际贸易中的拍卖是由经营拍卖业务的拍卖行接受货主的委托，在规定的时间和场所，按照一定的章程和规则，以公开叫价的方式，把货物卖给出价最高的买主的一种贸易方式。拍卖的特点包括：①拍卖是在一定的机构内有组织地进行的；②拍卖具有自己独特的法律和规章；③拍卖是一种公开竞买的现货交易。

拍卖的一般流程包括准备阶段、正式拍卖、成交与交货几个程序。

拍卖商品的货款通常都以现汇支付，在成交时，买方即须支付一定百分比的货款金额，其余的货款也须尽快支付。货款付清后，货物的所有权随之转移，买方凭拍卖行开出的栈单或提货单到指定的仓库提货。

四、期货交易

期货交易（Futures Trading）是指在期货交易所内，按一定规章制度进行的期货合同的买卖。期货交易所是具体买卖期货合同的场所，目前已经遍布世界各地，特别是在美国、英国、日本、新加坡、中国香港等国家和地区的期货交易所在国际期货市场上占有非常重要的地位。其中交易量比较大的著名交易所有美国的芝加哥商品交易所、芝加哥商业交易所、纽约商品交易所、纽约商业交易所，英国的伦敦金属交易所，日本的东京工业品交易所、东京谷物交易所，以及新加坡的国际金融交易所、中国香港的期货交易所等。

就商品期货交易而言，交易的品种基本上都是供求量较大、价格波动频繁的初级产品，如谷物、棉花、食糖、咖啡、可可、油料、活牲畜、木材、有色金属、原油，以及贵金属、金、银等。与现货交易相比较，期货交易具有以下特点：①以标准期货合同为交易标的；②只能在期货交易所内进行交易；③交易的目的和履约方式不同；④有特殊的清算制度；⑤有严格的保证金制度。

五、加工贸易

20 世纪 90 年代以来，我国的加工贸易有了迅速的发展，受到广泛关注。近年来，加工贸易在我国对外经济贸易活动的舞台上扮演了十分重要的角色。尽管“加工贸易”这一词语由于新闻媒体的广泛使用，已为公众所熟悉，然而在学术界尚未形成统一且权威的解释。我国海关统计中使用的加工贸易概念包括来料加工和进料加工两种方式。除此之外，20 世纪 90 年代末期，我国企业在海外投资中开展的境外加工贸易方式，也应看作是加工贸易的新形式。

（一）来料加工

来料加工（Processing with Buyers' Meterials）在我国又称为对外加工装配业务。广义的来料加工包括来料加工和来件装配两个方面，是指由外商提供一定的原材料、零部件、元器件，由加工方按对方的要求进行加工或装配，成品交由对方处置，加工方按照约定收取工缴费作为报酬。

来料加工业务与一般进出口贸易不同，一般进出口贸易属于货物买卖，来料加工业务虽有原材料、零部件的进口和成品的出口，但却不参与货物买卖。因为原料和成品的所有权并未发生转移，始终属于委托方，加工方只提供劳务并收取约定的工缴费。因此，可以说来料加工这种委托加工的方式属于劳务贸易的范畴，是以商品为载体的劳务出口。

（二）进料加工

进料加工（Processing with Imported Meterials）一般是指从国外购进原料，加工生产出成品再销往国外。由于进口原料的目的是扶植出口，所以进料加工又可称为“以进养出”。我国开展的以进养出业务，除了包括进口轻工、纺织、机械，将电子行业的原材料、零部件、元器件加工、制造或装配出成品再出口外，还包括从国外引进农、牧、渔业的优良品种，经过种植或繁育出成品再出口。

（三）进料加工与来料加工的区别

进料加工与前面所讲到的来料加工有相似之处，即都是“两头在外”的加工贸易方式，但二者又有明显的不同。

1. 原材料、零部件和产品的所有权不同

来料加工在加工过程中均未发生所有权的转移，原料运进和成品运出属于同一笔交易，原料供应者即是成品接受者；而在进料加工中，原料进口和成品出口是两笔不同的交易，均发生了所有权的转移，原料供应者和成品购买者之间也没有必然的联系。

2. 所处的地位不同

在来料加工贸易业务中，外商与承接来料加工的企业是委托与被委托关系；在进料加工业务中，外贸公司或企业完全是自主经营，与销售料件的外商和购买成品的外商均是买卖关系。

3. 贸易性质不同

来料加工业务就是为提供料、件的外商加工装配产品，属于加工贸易性质；进料加工是外贸公司或企业独立对外开展进口和出口业务，属于一般国际贸易性质。

4. 产品的销售不同

在来料加工业务中，加工出来的产品由外商负责出运并自行销售，销售的好坏与加工企业无关；进料加工业务中，进口原料的外贸公司在产品生产出来后，要自己负责对外销售，产品销售的好坏与自己密切相关。

六、对销贸易

对销贸易（Counter Trade）是指在互惠的前提下，由两个或两个以上的贸易方达成协议，规定一方的进口产品可以部分或者全部以相对的出口产品来支付。

对销贸易有多种形式，如易货贸易（Barter Trade）、补偿贸易（Compensation Trade）、互购（Counter Purchase）、转手贸易（Switch Trade）和抵销（Offset）。但在我国对外经贸活动中采用较多的是易货贸易和补偿贸易，随着国际经济合作的加强和国际贸易的进一步发展，今后还可能出现新的对销贸易的交易形式。

(一) 易货贸易

传统的易货贸易一般是买卖双方各以等值的货物进行交换，不涉及货币的支付，也没有第三者介入，易货双方签订一份包括相互交换抵偿货物的合同确定有关事项。在国际贸易中，使用较多的是通过对开信用证的方式进行易货，即由交易双方先签订易货合同，规定各自的出口商品均按约定价格以信用证方式付款。先开立的信用证以收到、认可对方开出的等值或基等值的信用证为生效条件。另外，国家间签订的换货清算协定实际上也是扩大了的易贷方式。根据协定规定，任何一方的进口或出口，由双方政府的指定银行将货值记账，在一定时期内互相抵冲结算，其差额有的规定结转下一年度，有的规定以现汇支付超过约定摆动额的部分。

(二) 补偿贸易

补偿贸易（Compensation Trade）是指在信贷基础上进行的、进口与出口相结合的贸易方式，即进口设备，然后以回销产品和劳务所得价款，分期偿还进口设备的价款及利息。与产品回购相比，我国的补偿贸易内涵更广，做法更灵活一些。

思政园地

事业千古，非一朝一夕之功，要成就一项工作，必须善始善终，坚持到底。在国际贸易中，特别是出口贸易中，生产者无论是出于国家声誉还是自我效益考虑都应具备匠人精神。在现今由于“中美贸易战”造成的逆风环境下，用“匠人”精神打磨“中国制造”，重塑新优势成为不少企业的共同选择。例如，江苏某外贸公司在外贸形势不景气的时候认为“匠人”精神尤其重要，“匠人”精神意味着对商机懂得取舍，第一大要义是专注，把该做的事做到极致，所以江苏某外贸公司不断提升产品性能、提高产品质量，获得良好的口碑，此后订单接踵而至。

温故知新

一、名词解释

1. 经销与代理
2. 寄售与展卖
3. 招标、投标与拍卖
4. 期货交易
5. 来料加工
6. 进料加工

7. 补偿贸易

二、简答题

1. 简述对销贸易的含义及其特点。
2. 试分析来料加工与进料加工的利弊。

任务二

了解国际贸易发展新趋势

学习目标

知识目标：熟悉跨境电子商务的概念、特征及分类；掌握跨境电子商务的主流平台、物流及结算方式。

技能目标：能够区分跨境电商主流平台的异同；能够简单分析跨境电商发展趋势。

素质目标：培养良好的团队协作、创新创业精神；树立经世济民的大局观念和合作共赢的全球意识。

案例导入

数字贸易是国际贸易发展的重要趋势

当前，世界正进入数字经济快速发展的时期，其发展速度之快、辐射范围之广、影响程度之深前所未有。以数据为生产要素、数字服务为核心、数字交付为特征的数字贸易蓬勃兴起，广泛渗透到国际经贸各行业、各领域、各环节中，通过数字化驱动贸易主体转型和贸易方式变革，相比传统贸易，时间周期更短、沟通效率更高、数据更加及时透明，附加值较高，对国际分工、交易方式及贸易体系产生了广泛而深远的影响。近年来，中国数字贸易发展迅速，规模和增速均处于世界前列，跨境电商展现出强劲的发展动力。中国出口产品的科技水平提高，从“中国制造”到“中国品牌”，数字贸易起到了重要作用。据联合国贸发会统计，2019 年全球服务贸易中一半以上已实现数字化，世界贸易组织预测，到 2030 年，数字技术将促进全球贸易量每年增长 1.8～2 个百分点，全球服务贸易占比将由 2016 年的 21％提高到 25％，以数字贸易为核心的全球贸易竞争格局正在重塑。

（资料来源：周汉民，《努力推进数字贸易规范建设》.《上海市社会主义学院学报》，2023 年 1 月 25 日）

跨境电商（Cross-Border Electronic Commerce）全称为跨境电子商务或跨境贸易电子商务，是指分属不同关境的交易主体，通过电子商务平台达成交易、进行支付结算，并通过跨境物流送达商品、完成交易的一种国际商业活动。

作为推动经济一体化、贸易全球化的技术基础，跨境电子商务不仅冲破了国家间的障碍，使国际贸易走向无国界贸易，同时也正在引起世界经济贸易的巨大变革，对全球经济发展具有非常重要的战略意义。对企业来说，跨境电子商务构建的开放、多维、立体的多边经贸合作模式，极大地拓宽了进入国际市场的路径，大大促进了多边资源的优化配置与企业间的互利共赢；对于消费者来说，跨境电子商务使他们非常容易地获取其他国家的信息，买到物美价廉的商品。

我国跨境电子商务主要分为企业对企业（Business to Business，B2B）和企业对消费者（Business to Customer，B2C）的贸易模式。B2B 模式下，企业涉及的电子商务以广告和信息发布为主，成交和通关流程基本在线下完成，本质上仍属传统贸易，纳入海关一般贸易统计。B2C 模式下，国内企业直接面对国外消费者，以销售个人消费品为主，物流方面主要采用航空小包、邮寄、快递等方式，其报关主体是邮政或快递公司，目前大多未纳入海关登记。

一、跨境电商的特征及分类

跨境电子商务是基于网络发展起来的，网络空间相对于物理空间来说是一个新空间，是一个由网址和密码组成的虚拟但客观存在的世界，其独特的价值标准和行为模式深刻地影响着跨境电子商务。

（一）跨境电商的特征

跨境电商不同于传统外贸，具有自己的特点。

1. 全球性

与传统的交易方式相比，电子商务一个重要特点在于其是一种无边界交易，不存在传统交易所具有的地理因素。互联网用户不需要考虑国界问题就可以把产品，尤其是高附加值产品和服务提交到市场。任何人只要具备了一定的技术手段，在任何时候、任何地方都可以让信息进入网络并进行交易。

2. 无形性

网络的发展使数字化产品和服务的传输盛行，而数字化传输是通过不同类型的媒介（如数据、声音和图像）在全球化网络环境中集中而进行的，这些媒介在网络中以计算机数据代码的形式出现，因而是无形的。

3. 隐蔽性

跨境电子商务的非中心化和全球性的特性使得跨境电子商务参与方很难识别电子商务用户的身份和其所处的地理位置。在线交易的消费者往往不显示自己的真实身份和自己的地理位置，网络的匿名性也允许消费者这样做，重要的是这丝毫不影响交易的进行。这样就导致了自由与责任的不对称，人们在这里可以享受最大的自由，却只承担最小的责任，甚至干脆逃避责任。

4. 即时性

对于网络而言，传输的速度和地理距离无关。传统交易模式下，信息交流方式（如信函、电报、传真等）在信息的发送与接收间存在着长短不同的时间差。而电子商务中的信息交流，无论实际时空距离远近，一方发送信息与另一方接收信息几乎是同时的，就如同生活中面对面交谈。某些数字化产品（如音像制品、软件等）的交易，还可以即时清结，订货、付款、交货都可以在瞬间完成。

5. 无纸化

电子商务主要采取无纸化操作的方式，这是以电子商务形式进行交易的主要特征。在电子商务中，电子计算机通信记录取代了一系列的纸面交易文件，由于电子信息以比特的形式存在和传送，整个信息发送和接收过程实现了无纸化。

6. 快速演进

互联网以前所未有的速度和无法预知的方式不断演进，电子商务活动也处在瞬息万变的过程中。短短的几十年中，电子交易经历了从单纯的电子数据交换到电子商务零售业的兴起的过程，而数字化产品和服务更是花样出新，不断地改变着人类的生活。一般情况下，各国为维护社会的稳定，都会注意保持法律的持续性与稳定性，税收法律也不例外，这就会引起网络的超速发展与税收法律规范相对滞后的矛盾。传统的税法制度是在传统的贸易方式下产生的，必然会在电子商务贸易中漏洞百出，如何将分秒都处在发展与变化中的网络交易纳入税法的规范，是税收领域的一个难题。网络深刻地影响着人类社会，也给税收法律规范带来了前所未有的冲击与挑战。

(二) 跨境电商的分类

按照不同的标准，可以将跨境电商划分为不同的类型。

1. 按商品的流向分类

根据商品的流向不同，跨境电商可以分为跨境进口和跨境出口。

(1) 跨境进口

跨境进口是指国内的消费者在境外的网站上购物，商品通过直邮或转运的方式送至境内的一种国际商业活动。海淘是最初的跨境进口模式，但是随着我国天猫国际、苏宁全球购、京东国际、考拉海购等一大批进口跨境电商平台的快速崛起，海淘已逐渐被淘汰。目前主要的跨境进口模式是直购进口模式和保税进口模式。

(2) 跨境出口

跨境出口是指国内电子商务企业通过电子商务平台达成出口交易、进行支付结算，并通过跨境物流送达商品，完成交易的一种国际商业活动。按照商品是否提前进入海关特殊监管区域，出口跨境电商可以分为跨境电商一般出口模式和跨境电商特殊区域出口模式。

2. 按交易主体类型分类

根据交易主体类型的不同，跨境电商可分为跨境电商一般贸易和跨境电商零售。

(1) 跨境电商一般贸易

跨境电商一般贸易又称跨境电商 B2B 贸易，是指分属不同关境的企业通过跨境电商平台达成交易、进行支付结算，并通过跨境物流送达商品完成交易的一种国际商业活动。

(2) 跨境电商零售

跨境电商零售又可分为跨境电商 B2C 和跨境电商 C2C。跨境电商 B2C 是指分属不同关境的企业直接面向个人消费者在线销售商品，通过跨境电商平台达成交易、进行支付结算，并通过跨境物流送达商品完成交易的一种国际商业活动。跨境电商 C2C 是指分属不同关境的个人卖家对个人消费者在线销售商品，通过跨境电商平台达成交易、进行支付结算，并通过跨境物流送达商品完成交易的一种商业活动。

二、跨境电商平台

跨境电商平台是指为交易活动中的买卖双方提供信息发布、交易磋商、物流、支付、客户服务的平台网站。目前比较知名的跨境电商 B2B 平台主要有阿里巴巴国际站、环球资源网、敦煌网和中国制造网等，出口跨境电商 B2C 平台主要有亚马逊、易贝（eBay）、速卖通（AliExpress）等，进口跨境电商 B2C 平台主要有天猫国际、京东国际、考拉海购等。

（一）阿里巴巴国际站

阿里巴巴国际站（Alibaba International Station）属于跨境电商 B2B 平台，主要服务于拓展国际贸易业务的中小企业，是出口企业拓展国际贸易业务普遍使用的平台之一。

阿里巴巴国际站两大优势：一是阿里巴巴国际站的买家几乎遍布全球，支持使用十余种语言并提供人工在线翻译或智能翻译；二是阿里巴巴国际站的采购直达是一个买卖双方达成意向到完成订单的高效线上外贸通道。

阿里巴巴国际站入驻费用按照年度收取，有普通会员出口通和高级会员金品诚企两种类型。

（二）敦煌网

敦煌网（DHgate）是为中小企业提供 B2B 网上交易服务的网站。其具有品牌知名度高和用户量大的优势。敦煌网于 2019 年 2 月 20 日起对新注册卖家收取费用，然后在买卖双方达成交易后按交易金额的一定比例收取佣金。

（三）速卖通

速卖通（AliExpress）是我国较大的出口跨境电商 B2C 平台，也是全球第三大英文在线购物网站，为卖家提供订单、支付、物流支撑，被广大卖家称为国际版“淘宝”。

速卖通具有三大优势：①英文版页面操作简单，适合跨境电商新人上手；②拥有良好的社区和用户培训系统；③业务覆盖全球，支持 18 种语言。速卖通在每笔交易中只向卖家收取一定比例的手续费，具体比例根据不同商品的类别和交易金额而有所不同。

（四）亚马逊

亚马逊（Amazon）是美国知名的电子商务公司。在全球范围内，亚马逊是对卖家要求最高的跨境电商平台之一，它不仅对卖家的商品质量要求高，而且需要有品牌做保障，手续比速卖通平台复杂。亚马逊的优势有以下几点。

1. 丰富的网站流量

亚马逊建有网站联盟，几乎覆盖所有的主流互联网网站。

2. 优质的仓储物流服务

亚马逊的 Amazon Prime 会员能够享受两天送达的物流服务。

3. 强大的支付服务和技术实力

亚马逊有自己的支付服务——Amazon Pay，在技术方面有一定的优势。

亚马逊卖家在平台进行商品售卖，需要向平台支付相应的费用，站点不同，收费标准也不同，其费用通常包括月租费和销售佣金。

三、跨境电商物流

跨境电商的交易主体分属不同的国家（地区），商品的流程过程复杂。因此，跨境电商物流在交易过程中扮演着非常重要的角色。跨境电商物流体系不仅会影响商品的流转效率和成本，还会影响客户的消费体验。目前主要的跨境电商物流模式有邮政物流、国际商业快递、国际专线物流和海外仓。

（一）邮政物流

邮政物流是指各国邮政部门所属的物流系统，包括各国邮政局的邮政小包、邮政大包，以及中国邮政速递物流股份有限公司的国际 EMS、e 邮宝、e 特快等。

邮政物流各种不同的业务在运费计算规则、时效、寄送限制等方面存在较大的差异，不同的物流配送需要选择合适的邮政物流种类。

（二）国际商业快递

国际商业快递又称国际快递，是指在两个或两个以上国家（地区）之间进行的快递、物流业务。目前，国际商业快递服务主要由美国联邦快递（FedEx）、美国联合包裹服务公司（UPS）和德国敦豪国际公司（DHL）提供。

（三）国际专线物流

国际专线物流是指针对特定国家或地区推出的跨境专用物流线路。目前使用比较普遍的国际专线物流有美国专线、欧洲专线、澳大利亚专线、俄罗斯专线等。国际专线物流有时效快、成本低、安全性高、可追踪、易清关等优势，但也存在通达地区有限、运输成本高、可托运产品有限等劣势。

（四）海外仓

海外仓又称海外仓储，是指境内出口跨境电子商务企业事先在境外自建或者租用仓库，通过海运、陆运、空运或者国际多式联运的方式，先把货物批量运送到境外的仓库，在境外客户通过互联网下单后，境内卖家第一时间快速响应，及时通知境外仓库进行货物的分拣、包装盒派送等服务，确保货物快速、安全、准确地送达境外终端客户。

四、跨境电商支付

传统的线下支付方式包括信用证（Letter of Credit，L/C）、电汇（Telegraphic Transfer，T/T）或托收（Collection）等结算方式。这些付款方式存在付款周期长、手续繁琐等问题，因而催生了各种跨境电商结算方式。跨境电商支付除了沿用传统的商业银行汇款模式外，第三方支付机构下的互联网支付模式也开始在国际结算领域崭露头角，并逐渐成为跨境电商支付的主流方式。下面简要介绍一些在主流跨境电商平台常用的第三方支付方式。

（一）Alipay

Alipay 是阿里巴巴支付宝在海外市场推出的服务，适用于速卖通平台支持的物流方式发货的产品，但其每笔订单金额（产品总价加上运费的总额）限制在 1 万美元以下。

1. 费用

（1）交易手续费：交易手续费为 5%，包含在产品价格中。

（2）提现手续费：美元提现每次需支付 15 美元的手续费，由银行收取；人民币提现无手续费。

2. 优点

（1）支付方式多样。支持信用证、银行汇款、第三方钱包等多种支付方式。

（2）方便快捷。速卖通会员只需绑定国内支付宝账号和美元银行账户就可以分别进行人民币和美元的收款。

（二）PayPal

PayPal 是美国易贝公司的全资子公司，贝宝账户分为消费者账户和商家账户。

1. 费用

开通贝宝账户无须任何费用，也不收取月费、年费，仅收取交易费用。

2. 优点

（1）用户分布范围广。

（2）品牌效应强，PayPal 在欧美普及率极高。

（3）资金周转快。

（4）安全保障程度高。

（三）PingPong

PingPong 是一家总部位于杭州的国内知名跨境收款公司，致力于提供低成本的跨境收款服务。呼嘭规定跨境收款的所有服务费率不超过 1%，其 T+0 的提现标准提升了整个行业的资金周转率，没有隐形费用和汇损。

（四）Payoneer

Payoneer 总部在美国纽约，是万事达卡组织授权的具有发卡资格的机构，其主要业务是帮助合作伙伴将资金转账到全球各地，同时也为全球用户提供美国银行或欧洲银行收款账户，用于接收欧美电商平台和企业的贸易款项。

1. 费用

（1）派安盈电汇转账服务广泛，转账到全球多个国家和地区的当地银行账户仅收取2%的手续费。

（2）美国银行账号转账，每笔进账按转账金额的1%收取手续费。

（3）派安盈万事达预付卡的年费为29.95美元，每年收取一次。

2. 优点

（1）中国居民进行在线注册，可自动绑定美国银行账户和欧洲银行账户。

（2）合规收取外汇，可接受欧美地区公司的付款，并通过派安盈和中国支付公司的合作完成线上的外汇申报和结汇。

思政园地

近年来，我国跨境电商发展势头迅猛。统计数据显示，2013年，中国跨境电商交易规模已达2.7万亿元，并呈现逐年快速增长态势。2015年，中国跨境电商交易规模突破5万亿元。到了2017年，中国跨境电商交易规模增长至7.6万亿元，同比增长20.63%。2018年年底，中国跨境电商交易规模超9万亿元，达到9.1万亿元，同比增长19.5%。2019年，中国跨境电商交易规模达10.5万亿元。2022年，中国跨境电商交易规模增长至15.7万亿元，同比增长10.56%。跨境电商发展掀起了全民创新创业热潮，贸易链条不断优化，拉近了中国优质产品与世界的距离。

温故知新

一、单项选择题

1. 基于移动互联网的发展而诞生的平台是（　　）。

A. PayPal　　B. Amazon　　C. Wish　　D. AliExpress

2. 目前主要的跨境电商物流模式不包括（　　）。

A. 邮政物流　　B. 国际商业快递

C. 国际专线物流　　D. 国内快递

二、简答题

1. 跨境电商与传统外贸有什么区别？

2. 海外仓有哪些优势和劣势？

下 篇

国际贸易实务

项目四
商订贸易合同

项目导读

国际贸易是以国际货物买卖合同为中心进行的。国际贸易的业务程序一般分为三个阶段：交易前的准备、交易磋商和订立合同阶段、履行合同阶段。交易前的准备阶段是交易磋商能否顺利进行的保证，也是履行合同的基础，而交易磋商是能否达成协议和确定双方权利、义务与责任的关键阶段；履行合同则是买卖双方按照合同条款履行自己的权利和义务。

本项目主要介绍国际贸易进出口合同的商订流程，包括交易准备工作和交易磋商程序。

任务一

了解交易准备工作

学习目标

知识目标：熟悉市场调研的主要内容；掌握进出口交易准备工作；了解业务函电的基本内容。

技能目标：能够利用现有网络资源对国际市场进行调研；能够梳理进出口交易的工作流程。

素质目标：培养严谨务实的工作态度和诚实守信的职业素养；树立风险意识。

情境导入

长沙卡特尔环保科技有限公司成立于2013年9月26日，其经营范围包括环保设备设计、开发；机电设备制造；建材、化工产品、机械设备、五金等产品的批发。

7月1日，国际经济与贸易专业毕业生彭竣完成了长沙卡特尔环保科技有限公司的应聘流程，成为该公司的一名外贸业务员，主要负责非洲市场的业务开发与拓展。为了更快地了解工作岗位要求，尽快进入工作角色，彭竣应该熟悉哪些方面的情况呢？

一、出口交易准备工作

（一）熟悉和选择出口产品

不同类型的企业在进行进出口贸易前需要关注的侧重点各有不同，例如，自营进出口企业（生产型）需分析自己的技术和生产能力，确定最有力的生产品种和生产组织。外贸公司（代理型、流通型）需寻找货源，确认是否符合出口要求，能否及时供货。

1. 熟悉出口产品

在出口之前，外贸业务员要深入生产企业，熟悉和掌握所经营产品的各种情况，如产品的种类、规格、成分、性质、标准、包装、生产工艺、生产能力以及产品原材料采购价格和采购渠道、财务费用，甚至竞争者同类产品的相关情况。熟悉产品信息是外贸业务员开展出口业务工作的前提。

2. 选择出口产品

在选择出口产品时，一般要遵循以下几个原则：

(1) 选择具有比较优势的产品。选择、比较、了解多种产品，可以保证货源的产品质量，或选择在本国或本地区具有比较优势的产品，增加产品的竞争力。

(2) 选择易耗品。易耗品使用寿命短，使用周期短，需求量较大，其潜在出口贸易量大。

(3) 选择涉洋远销的产品。双方相距越远，对产品的价格、原材料等相关情况的了解就越少，即双方信息不对称程度越大，谈判时越有利，利润就越多。

(4) 不宜选择轻货。一般情况下，不宜选择价格低、体积大的货品，因为这类商品的运输成本很高，若经营此类商品容易造成亏损。

值得注意的是，以上选择产品的原则只是一般情况。在实际业务中，还要结合各地区、各公司、各人等实际情况而定。

(二) 了解和选择出口市场

1. 进行国际市场调研

(1) 国际市场调研内容

① 经济发展信息。经济发展信息包括经济环境特征、经济增长速度、通货膨胀率、工商业周期趋势等一般信息，以及与之相关的价格、税收、外贸等方面政策的资料。

② 社会或政治气候信息。社会或政治气候信息包括法律体系、政局、经济政策法规、语言文字、政治稳定性、社会风俗习惯、有关文化方式、宗教和道德背景等出口市场相关信息。

③ 市场竞争环境的信息。市场竞争环境的信息包括同行竞争、上下游、替代品、新产品竞争以及垄断程度、当地供货商利用政治影响提高关税和非关税壁垒的可能性等。

④ 其他信息。其他信息如人口、交通、科技发展等。

(2) 国际市场调研方法

① 案头调研法。案头调研法又称第二手资料调研或文献调研，是以查阅的方式搜集与研究项目有关资料的方法。第二手资料的信息来源渠道主要有企业内部有关资料、本国或外国政府及研究机构的资料、国际组织出版的国际市场资料、国际商会和行业协会提供的资料等。

② 实地调研法。实地调研法是指在国外市场的所在地，向消费者、用户和各种工商企事业进行直接调研取得第一手的市场和商情资料的方法。采用这种方法搜集到的资料就是第一手资料，又称原始资料。

2. 选择出口目标市场

企业在选择国外目标市场时可以考虑以下几个方面：

(1) 选择适销对路的市场。企业应该选择现有产品和未来发展的产品适销对路的细分市场作为目标市场。

(2) 选择市场容量大的市场。值得企业努力去开拓的市场，其首要的条件是市场的容量足够大。

(3) 选择出口产品最佳销售市场。企业首先要了解产品的可接受性；其次还要了解目标市场上的销售渠道、不同渠道的销售效果，以及能够利用的销售渠道的种类与具体数字。

(4) 选择企业可以发挥优势的市场。企业出口到某国市场的产品，在社会、经济、文化、感情等方面与该国市场有较大的相似性和相关性，企业进入这些市场和进入其他国市场相比就有一定的优势。

(5) 选择产品具有较强竞争力的市场。企业所经营的产品和营销的手段在该市场有较大的竞争能力，能把购买者的需求与企业本身的条件结合，准确有效地制定和实施营销战略，这部分市场可选作目标市场。

(6) 选择对其他市场有重大影响的市场。企业可先在重要市场建立企业信誉，提高市场占有率，再逐渐渗透到其他市场。

(三) 确定出口营销目标

1. 利润目标

利润目标是出口营销的最重要指标，它是企业向国际市场提供商品和劳务以及承担经济风险的应得报酬。一般通过投资利润率、净产值利润率和销售利润率来衡量。

2. 市场占有率

市场占有率是指企业某产品的销售量占该产品国际市场销售总量的百分比。市场占有率可以反映企业的综合发展能力。

3. 销售收入水平

销售收入水平是企业出口营销的战略目标之一，较大的海外市场份额可以带来较高水平的销售收入。

4. 产品竞争性

产品竞争性是指一种产品能顶住竞争者、削弱其国际市场地位的程度。保持目标产品在国际市场上的竞争性是企业值得花费财力的目标，企业保持一种产品在国际市场上竞争性的最好办法是使其产品具有与竞争品不同的特点。

5. 增长率目标

增长率目标包括销售额、利润、市场占有率的增长百分比，它是体现企业国际市场营销业绩的主要指标。

(四) 制定出口商品经营方案

为了进一步做好交易准备工作，使对外洽谈有所依据，一般都需制定经营方案。经营方案是指企业在一定时期内的营销意图、营销方法、时间、数量、地位、价格和业务措施的全面安排。出口商品营销方案的内容一般包括以下几项内容。

1. 国外市场供求情况

国外市场供求情况包括对当前市场、未来市场的全面分析和预测。

2. 企业货源供给情况

企业货源供给情况是指国内生产的产量、出口货源的可供数量以及出口商品的品种、式样、规格等方面的情况及需要解决的问题。

3. 国际市场开发情况

国际市场开发情况是指对国际市场情况的综合分析。结合以前出口营销中出现的问题和开发国际市场的情况，提出具体的经营意见和改进措施。

4. 推销计划安排

推销计划安排包括按国别（地区）、品种、数量、金额等列明推销的进度和方法。

5. 出口经营交易条件

出口经营交易条件是指价格条件、包装要求、运输安排、收汇方式等。

6. 有关政策的执行和策略的运用

有关政策的执行和策略的运用是指出口国与进口国外贸、外汇管制的情况，以及有关政策法规的执行和策略上的运用与协调。

7. 其他存在的问题及解决的办法

（五）办理商标注册，进行广告宣传

国际贸易中的大多数商品都是有品牌和商标的，按照许多国家的有关法律规定，商标和品牌必须在该国合法注册才能得到该国法律的承认和保护。我国出口商品商标在国外市场办理注册时一般是先在国内注册，以取得国内法律的保护，然后再委托中国国际贸易促进委员会（以下简称中国贸促会）或进出口商会，或由国外友好团体、客户代向国外办理注册。外国企业在我国申请商标注册，按规定应委托法定代理人中国贸促会代办。

在国际市场上，各国消费者除了知晓一些传统产品和世界驰名的品牌，对大多数产品还是陌生的。正是由于国际企业与国外消费者在沟通方面存在困难，大力加强广告宣传已成为企业营销的重要外宣手段，特别是在商品首次进入某国市场时，国际企业需要通过广告宣传来帮助其打开市场。

（六）其他出口准备工作

其他出口准备工作还包括向当地外贸管理部门申请进出口经营权、向所在地海关办理海关登记注册、向当地税务机关进行出口退税备案和向所在地外汇管理局申请出口收汇核销、向所在地检验检疫机构进行出口报检登记等。上述手续办理齐全、正确后，即可开展出口业务。

二、进口交易准备工作

（一）开展国内外市场调研

国内市场调研是开展进口业务的基础，“知彼知己，百战不殆”。“知己”的目的就是对国内市场需求进行预测以发现进口商品的市场机会，另外，在决定进口之前，也要

对国外市场进行调研。进口商首先应对进口商品进行调研，充分了解和掌握其先进性、技术性、适用性、可靠性及商品品质、规格、外观形态、包装、货源及价格等情况，然后对调查的情况进行分析比较，尤其是在价格方面要做到“货比三家”，并结合本国的需求情况，尽量进口价廉物美而且适用的商品。

（二）进口成本核算

企业进口货物，都必须核算进口成本，估算进口商品盈亏率，以便进行经济效益分析，降低进口成本，节约外汇支出，提高企业经济效益。

（三）报批进口货单

进口货物审批采用分级审批的原则。进口货物分为三大类：

第一类是关系国计民生的、大宗的、敏感性的重要进口商品，如粮食、食用糖、钢材、化肥、木材、农药、农膜及其原料、棉花、石油、涤纶、橡胶、烟草等专卖商品，以及为保护民族工业限制进口的某些机电仪器产品，必须经过国家商务主管部门审批。

第二类是国际市场上相对集中、价格敏感或国内紧缺的重要物资，如羊毛、木浆、胶合板、牛皮、卡纸和瓦楞纸，以及重要化工原料、废船、显像管等，由中央分配给地方一定的进口额度，由地方商务主管部门审批。

第三类是一般商品，由地方商务主管部门审批。

（四）审核进口订货卡片

按照现行办法，在办妥许可证件和落实了用汇来源后，用货部门应填写进口订货卡片作为企业对外订立合同和办理相关业务的依据。进口订货卡片包括商品名称、要求到货时间、目的港和目的地等内容。企业办理进口业务部门收到订货卡片后，应根据平时积累的资料和当时的市场情况，对订货卡的各项内容进行必要的审核。

（五）制定进口商品经营方案

对于大宗进口交易，企业应制定书面进口商品经营方案，并以此作为采购商品和安排进口业务的依据。其主要内容大致包括以下几个方面。

1. 数量的确定

根据国内需要的具体情况，合理安排订货数量和进度，在保证满足国内需要的前提下，争取在有利的时机成交，避免盲目订购。

2. 采购市场的安排

根据国家（地区）政策和国外市场条件，合理选择进口国家（地区），在选择对我方有利的市场的同时，避免市场过分集中。

3. 客户的选择

应选择资信好、经营能力强，并对我方友好的客户作为成交对象。为了减少中间环节、节约外汇，应尽量选择向厂家直接订购。

4. 价格的调控

根据国际市场的价格，并结合采购意图，明确价格的浮动幅度，以作为洽谈的依据。

5. 贸易方式的运用

一般采用单边进口、招标、补偿贸易、易货等方式。通过何种贸易方式进口，要根据采购的数量、品种、习惯做法灵活处理。

6. 交易条件的处理

交易条件应根据商品的品种、特点、进口地区、成交对象和经营意图，在平等互利的基础上酌情确定和灵活掌握。

三、建立业务关系

下面主要以出口为例说明建立业务关系的方法和途径，进口业务关系的建立与出口同理。

在出口贸易中，客户是交易的对象，出口商品只有通过客户才能进入国际市场。因此，出口企业只有发展关系，形成客户网络，才能广泛而有效地开辟国际市场。

国外客户主要包括各国的进口商、大百货公司、超市、连锁店、厂商和经纪商等各种类型的商人。在交易前，应对客户的资信情况进行全面调查，分类排队，选择出成交可能性最大的合适客户。此外，在选择客户时，既要注意巩固老客户，也要物色新客户，以便在广阔的国际市场上形成一个广泛的、有基础和活力的客户网。

（一）巩固老客户、发展新客户

1. 巩固老客户

老客户就是那些已经发生过业务关系的客户。买卖双方在企业性质、经营方式、经营能力、可信任程度等方面都已互相有了一定的了解，这为继续合作创造了有利条件。培养自己的“固定型”客户对于面向国际市场的企业具有战略意义。

2. 发展新客户

企业可以通过以下方式直接寻找、发展新客户：

（1）出口企业可派代表参加国内外各种交易活动，在同外商的接触中物色合适的客户。

（2）派外销员直接到目标市场去推销，吸引顾客。

（3）通过参加国内外展销会、博览会、技术交流会、交易会，广泛接触和发展客户，这是比较有效的一种出口营销方法。

（4）建立本企业网站，或通过登录国际贸易平台主动出击发布广告，宣传企业和产品，以吸引有需求的顾客。

（5）通过上网搜索或利用企业名录寻找并联系顾客。

企业也可以通过以下方式间接寻找、发展新客户：

（1）通过有关国家的商会、银行、专业咨询公司、贸易促进组织等介绍客户。

（2）通过遍布于世界各地的旅外华人、亲友，介绍客户、联系业务。

（3）通过国内外有关报刊、杂志刊登广告，寻找一些潜在的客户。

（4）通过大的银行、中国国际贸易促进委员会等国内的有关机构介绍客户。

（5）通过原有的国外客户介绍相关行业和其他国外客户。

（二）对新客户进行资信调查

对外交易之前，必须对新客户进行全面的考察和衡量，挑选出成交可能性最大的客户。

1. 调查的内容

调查的内容包括目标客户的政治情况、支付能力（注册资本的大小、营业额的大小、资产负债情况、借贷能力等）、经营范围、经营能力（销售渠道、销售规模、服务能力、贸易关系等）、企业声誉等。

2. 调查的渠道

对客户进行调查的方法和渠道很多，应用最广泛的方式是发函给对方银行或与之有业务关系的商行，通过这些银行或商行获得的有关潜在交易对象的信息是最可靠的。但一般来说，对方银行不愿直接向素不相识的商人提供信息，除非咨询来自他们的同行。因此，我方公司如要获得对方银行提供的信息，必须通过自己的银行代为发函联系。

（三）建立业务关系的函件

一笔具体的交易往往始于交易的一方（买方或卖方）主动向潜在客户写信或发传真、电子邮件表示希望建立业务关系的意愿。就标准规范函件的层次而言，想要建立业务关系，函件一般应包括如下内容。

1. 说明信息来源，即如何取得对方的资料

作为贸易商，可以有各种途径来了解客户资料，如通过驻外使馆经济商务参赞处、商会、商务办事处、银行、公司的介绍；或在企业名录、各种传媒广告、互联网上寻得；或在某交易会、展览会上结识。因此，我方也有各种表达方式来说明信息来源，例如，从何处得知客户的名称及地址、由某方推荐给我方等。

2. 言明去函目的

一般来说，出口商主动联系进口商，总是以扩大交易地区及对象、建立长期业务关系、拓宽产品销路为目的。

3. 本公司概述

这里所说的公司概述，包括对公司性质、业务范围、公司宗旨等基本情况的介绍，如经验丰富、供货渠道稳定、有广泛的销售网等。

4. 产品介绍

在这部分，可能会出现两种不同的产品介绍方式：比较明确对方需求时，通常会选取某类特定产品进行介绍；尚不明确对方需求时也可以只就公司经营产品的整体情况，

如质量标准、价格水平、目前销路等，作较为笼统的介绍。寄上目录、报价单或另寄样品供对方参考也是公司经常采取的做法。

5. 激励性结尾

与其他商业促销信函一样，在结尾部分企业通常都会写上一两句希望对方给予回应或劝服对方立即接受的句子。例如：“我们期待早日收到贵公司的复函。”

思政园地

河北省衡水市安平县一家企业反映，该企业于2019年经介绍与加拿大Ledergo公司签订了一份牛尾毛采购合同，并支付了定金。但Ledergo公司迟迟不发货，并以各种理由推托，直到2021年4月，在海外催收公司的施压下，Ledergo公司才发出一批价值远远低于预定金价格的不同类货物。而因货物与合同不符，买方无法办理清关手续，最后卖方更是杳无音信。该笔交易从签订合同到现在，历时几年时间，不但给中方企业造成较大经济损失，也使企业老板身心俱疲。因此，国际贸易交易磋商中，应注意树立商业风险意识，避免类似问题的发生。

温故知新

一、简答题

1. 出口交易前的准备工作包括哪几方面？
2. 生产企业请外贸公司代理出口的做法是什么？
3. 对国外市场调研的主要内容和调研信息的收集渠道有哪些？
4. 影响选择出口目标市场的因素是什么？

二、案例分析题

我国某出口公司对意大利市场出口“兰花”牌风雨衣并且很畅销，但遭到印度某工艺装饰品公司的抗议，印度公司称其在意大利销售“兰花”牌领带历史已久，而且早已在当地政府注册备案，并指责我方公司冒用“兰花”牌销售风雨衣是侵权行为，要求我方公司立即停止销售并赔偿其损失。我方不服，对方即向法院起诉。

问：如果你是法官，将做何处理？理由是什么？

任务二

熟悉交易磋商程序

学习目标

知识目标： 熟悉交易磋商的基本程序；掌握国际贸易相关公约、惯例对交易磋商程序的规定；了解书面合同的基本内容。

技能目标： 能够运用专业知识及英语知识与客户进行交易磋商；能够独立分析和解决交易磋商过程中的问题。

素质目标： 培养诚实守信、坚持不懈的职业素养。

情境导入

10 月 5 日，中国进出口商品交易会在广州拉开帷幕，长沙卡特尔环保科技有限公司五金产品、氢氧机等产品在交易会上如期亮相，吸引了不少国外客户的目光。彭竣等业务员一直忙碌在接待一线，希望能在交易会上与更多的客户成功签约。

一、交易磋商的环节

交易磋商（Business Negotiation）是指买卖双方通过直接洽谈或函电的形式，就某项交易的达成进行协商，以求完成交易的过程。交易磋商是国际贸易的重要环节之一，商品的国际交易能否顺利签订合同主要取决于交易双方对交易条件磋商的结果是否满意，交易双方为了争取有利的贸易条件经常会产生争端。因此，双方要在平等互利的基础上，通过友好协商尽量争取做到对双方都有利，同时要保证所达成的协议符合各自国家的法律和规定，以及国际贸易惯例。

交易磋商可以是口头的（面谈或电话），也可以是书面的（传真、电传或信函）。交易磋商的过程可分成询盘、发盘、还盘和接受四个环节，其中发盘和接受是必不可少的，是达成交易所必需的法律步骤。

微课 4-1：询盘和发盘

（一）询盘

1. 询盘的概念

询盘（Inquiry）又称询价，法律上称其为“要约邀请（Invitation of Offer）”，是指交易的一方为购买或出售某种商品，向对方口头或书面发出的探询交易条件的过程，其目的是诱使对方发盘。其对询盘人和被询盘人均无法律约束力。

询盘在通常交易中并非必不可少的环节，询盘主要是试探对方交易的诚意和了解其对交易条件的意见，内容涉及价格、规格、品种、数量、包装、交货期以及索取样品、商品目录等。如果是新客户，则必然有建立贸易关系的愿望，因此，在往来函电中除说明要询问的内容外，一般还应告知信息来源（如何获得对方的地址）、去函目的、本公司概述、产品介绍及激励性语言和期望等内容。

2. 询盘的分类

根据不同的标准，询盘可以分为不同的类型。

（1）按方式分类

根据方式不同，可将询盘分为口头询盘和书面询盘两种形式。

口头询盘一般是通过在交易会当事人面对面地磋商，或通过电话进行磋商。书面询盘一般是通过寄发书信、电报、电传，或通过互联网寄发电子邮件进行。在实际业务中，当事人除以口头或书面形式向对方做出探询交易条件和交易意图的意思表示外，往往还会采用寄送报价单、询价单、商品目录、价目表等方式，这些方式也属于书面询盘形式。

（2）按发出人分类

根据发出人不同，可将询盘分为买方询盘和卖方询盘两种形式。

买方询盘是买方主动发出的、向国外厂商询购所需货物的函电。在实际业务中，询盘一般多由买方向卖方发出。例如:“我们对东北大豆有兴趣，请电告 CIF 伦敦最低价。”

买方询盘有几个问题需要注意：①对多数大路货商品，应同时向不同地区、国家和厂商分别询盘以了解国际市场行情，争取最佳贸易条件；②对规格复杂或项目繁多的商品不仅要询问价格，而且要要求对方告知详细规格、数量等信息，以免往返磋商、浪费时间；③询盘对发出人虽无法律约束力，但要尽量避免询盘而无购买诚意的做法，否则容易丧失信誉；④对垄断性较强的商品，应提出较多品种，要求对方一一报价，以防对方趁机抬价。

卖方询盘是卖方向买方发出的征询其购买意见的函电。例如：“我方可以提供大豆 1 000 公吨，请递盘。”

（二）发盘

1. 发盘的含义及其应具备的条件

发盘（Offer）又称发价或报价，在法律上称为要约。根据《联合国国际货物销售合同公约》（以下简称《公约》）第 14 条第 1 款的规定：“向一个或一个以上特定的人提出的订立合同的建议，如果十分确定并且表明发盘人在得到接受时承受约束的意旨，即构成发盘。”构成一项有效的发盘，需要具备以下四项内容。

（1）发盘要有特定的受盘人

受盘人可以是一个，也可以是一个以上的人，可以是自然人，也可以是法人，但必须特定化。

（2）发盘的内容要十分确定

发盘的内容主要是指在发盘中明确商品名称、商品价格或者价格确定方法、商品的数量或者数量确定方法。同时，在实际工作中为了防止误解和满足实际的需要，对外发盘时应至少包含六项主要交易条件，即货物的品质、数量、包装、价格、交货和支付条件。

（3）表明发盘人受其约束

发盘人表示在得到有效接受时，双方即可按发盘的内容订立合同。

（4）发盘必须送达受盘人

《公约》和各国法律普遍接受发盘送达生效的原则。发盘无论是口头还是书面的，只有被传递到受盘人时才生效，中间传递出现问题导致没有送达受盘人，则该发盘无效。

2. 发盘的有效期

发盘中通常都规定有效期（Time of Validity）作为发盘人受约束的期限和受盘人接受的有效时限，超过发盘规定的时限，发盘人就不受约束。它不是构成发盘的必要条件，但是在国际货物买卖中，发盘通常均有规定有效期，这既是对发盘人的限制，也是对发盘人的保障。发盘有效期的规定主要有两种方式。

（1）明确规定最迟的接受时间。例如，发盘限我方时间10日复到。

（2）明确规定接受的一段期限。例如，发盘有效期为5天。

有效期可以根据商品的特点、市场情况和交易额等因素进行合理规定。针对行情变化快的商品，有效期的规定要短些，如2～3天，有的短至1天甚至几个小时；对于行情比较稳定的商品，有效期可规定长些，如5～7天或更长。

讨论与思考

一法国商人某日上午走访我国一家外贸企业洽购某商品。我方口头发盘后，对方未置可否。当日下午，法商再次来访，表示无条件接受我方上午的发盘，那时，我方已获知该项商品的国际市场价格有趋涨的迹象。

对此，你认为我方应如何处理？为什么？

3. 发盘的撤回和撤销

发盘的撤回（Withdrawal）是指发盘人将尚未为受盘人收到的发盘予以取消的行为。根据《公约》的规定，一项发盘（包括注明不可撤销的发盘），只要在其尚未生效以前，都是可以修改或撤回的。因此，如果发盘人的发盘内容有误或因其他原因想改变主意，可以用更迅速的通信方法将发盘的撤回，或更改通知赶在受盘人收到该发盘之前或同时送达受盘人，则发盘即可撤回或修改。

发盘的撤销（Revocation）是指发盘人将已经为受盘人收到的发盘予以取消的行为。关于发盘能否撤销的问题，英美法与大陆法存在严重的分歧。为了调和上述两大法系在发盘可否撤销问题上的分歧，《公约》采取了折中的办法。《公约》第16条规定，在发盘已送达受盘人，即发盘已经生效，但受盘人尚未表示接受之前这一段时间内，只要发盘人及时将撤销通知送达受盘人，仍可将其发盘撤销。一旦受盘人发出接受通知，则发盘人无权撤销该发盘。此外，《公约》还规定，并不是所有的发盘都可撤销。下列两种情况下的发盘，一旦生效，则不得撤销：

（1）在发盘中规定了有效期，或以其他方式表示该发盘是不可撤销的。

（2）受盘人有理由信赖该发盘是不可撤销的，并本着对该发盘的信赖采取了行动，如寻找用户、组织货源等。

所以在外贸实践中，外贸企业在对外发盘时，应认真对待，审慎从事，谨防差错，以免造成难以挽回的损失。

4. 发盘的失效

发盘的失效一方面意味着发盘人受发盘约束义务的结束，另一方面表示受盘人接受发盘权力的丧失。发盘的失效的原因很多，归纳起来，主要有下列几种情况。

（1）发盘的有效期已过。在发盘规定的有效期内未被接受，或虽未规定有效期，但在合理时间内未被接受，则发盘的效力即告终止。

（2）发盘被受盘人拒绝或还盘。发盘被拒绝或还盘通知送达发盘人时，发盘的效力即告终止。

（3）发盘被撤回或撤销。发盘在尚未生效以前都可以撤回。

（4）发盘人发盘之后，发生了不可抗力事件。如所在国政府对发盘中的商品或所需外汇发布禁令等。在这种情况下，按出现不可抗力可免除责任的一般原则，发盘的效力即告终止。

（5）法律的适用。发盘还可因出现了某些特定情况，按照有关法律的适用而失效。例如，发盘人或受盘人在发盘被接受前丧失行为能力（死亡、精神失常等），在此情况下该发盘的效力也可终止。

讨论与思考

我国香港地区某中间商A就某一商品以电传方式邀请我方发盘，我方于6月8日向A方发盘并限6月15日复到有效。12日，我方收到美国B商人按我方发盘规定的各项交易条件开来的信用证，同时收到A中间商的来电称："你方8日发盘已转美国B商。"经查，该商品的国际市场价格猛涨，于是我方将信用证退回开证行，再按新价直接向美商B发盘，而美商B以信用证于发盘有效期内到达为由，拒绝接受新价，并要求我方按原价发货，否则将追究我方的责任。

问：对方要求是否合理？为什么？

（三）还盘

微课 4-2：还盘和接受

还盘（Counter Offer）又称还价，在法律上称为反要约。还盘是指受盘人不同意或不完全同意发盘提出的各项条件，并提出了修改意见建议原发盘人考虑。还盘是对发盘条件进行添加、限制或其他更改的答复。

还盘的内容不只是对货物价格提出修改意见，对付款条件、货物质量和数量、交货地点和时间、索赔或解决争端等条件提出不同意见，也属于还盘。

还盘是对原发盘的拒绝，还盘一经做出，原发盘即告失效。还盘等于是受盘人向原发盘人提出的一项新的发盘。因此，从本质上讲，还盘和再还盘都属于一种新发盘，对于新发盘人（即还盘人/再还盘人）具有法律约束力。在还盘有效期内，还盘人要受到还盘内容的法律约束。一笔交易有时不经过还盘即可达成，有时要经过还盘，甚至往返多次的还盘才能达成。

（四）接受

1. 接受的含义及其应具备的条件

在进口交易磋商中，进口商认为国外发盘或还盘后的各项交易条件较为合理，即可以及时向对方表示接受。接受（Acceptance）在法律上称为承诺，接受一旦做出，合同即宣告成立。因此，接受是交易磋商和合同订立的必需环节。根据《公约》规定，接受需要具备以下四个条件。

（1）接受必须要由特定的受盘人做出

这一条件与构成有效发盘的第一个条件相呼应，即一项有效的发盘必须向一个或一个以上特定的人做出。因此，对发盘表示接受的人，也必须是发盘中所指明的特定的受盘人，而不能是其他人。因此，接受只能由受盘人做出才有效力，其他任何第三人即使了解发盘的内容并表示完全同意，也不能被视为有效接受，而只能被视为他向原发盘人所做出的一项新发盘。在这种情况下，只有原发盘人表示接受，合同才能成立。

（2）接受必须要表示出来

接受必须由受盘人以某种方式向发盘人表示出来。如果受盘人在思想上愿意接受对方的发盘但默不作声，或不做出任何其他行动表示其对发盘的同意，那么，在法律上并不存在接受。正如《公约》所规定的："缄默或不行动本身不等于接受。"这里所说的"不等于接受"意即"不能构成接受"。按《公约》第 18 条第 1 款的规定，受盘人表示接受的方式有两种。

① 用"声明"做出表示。即受盘人用口头或书面形式向发盘人表示同意发盘，这是国际贸易中最常用的表示方法。例如，受盘人用词简明，如"接受"或"确认"，则可明确地表示受盘人同意发盘的意思。

② 用"做出行为"来表示。用做出某种行为来表示接受，通常是指由卖方发运货物或由买方支付价款（包括汇付货款和开立信用证）来表示，也可以用做出其他任何行为来表示，如开始生产所买卖的货物、为发盘人采购有关货物等。

（3）接受必须要在发盘的有效期内传达到发盘人

这是一项有效接受必须遵守的原则。在发盘中通常都规定有效期，发盘的有效期具有双重意义，一方面约束发盘人，使发盘人承担义务，在规定的有效期内不能任意撤销或修改发盘的内容；另一方面约束受盘人，只有在有效期内做出接受才具有法律效力。如果发盘未规定有效期，则在合理时间内接受均为有效。

（4）接受必须要和发盘相符

如要达成交易，成立合同，根据传统的法律规则，受盘人必须无条件地、全部同意发盘的条件。也就是说，接受必须是绝对的、无保留的，必须与发盘人所做出的发盘条件完全相符。因此，如果受盘人对发盘人的发盘表示接受，但是附有添加、限制或其他更改的答复，即为拒绝该项发盘，并构成还盘。

但是，在国际贸易的实际业务中，受盘人在表示接受时往往对发盘做出某些添加、限制或其他更改。针对这一情况，《公约》将接受中变更的条件分成实质性变更和非实质性变更两类。对于含有实质性变更条件的接受，构成还盘，发盘人如果不予确认，合同不能成立。而对于带有非实质性变更条件的接受，除发盘人及时向受盘人表示反对其间的差异外，仍构成有效的接受，合同得以成立，并且合同的条件以该项发盘的条件以及在接受中所载的变更为准。

2. 逾期接受

逾期接受（Late Acceptance）即接受通知没有在发盘规定的有效期内到达原发盘人所在地，或者发盘没有规定有效期，接受没有在合理时间内传递给发盘人。逾期接受一般是无效的，但是《公约》规定，如果原发盘人接到逾期接受后，立即通知受盘人确认其有效，则该逾期接受仍有效。另外，如果逾期是由于投递客观原因没有能够在正常时间内到达原发盘人的，这种逾期接受被认为是有效的，除非发盘人立即用口头或者书面形式通知受盘人该发盘已经失效。

3. 接受的撤回和撤销

由于《公约》和大陆法系国家都规定接受在到达原发盘人所在地之后生效，在接受没有到达发盘人所在地之前，受盘人可以随时撤回该接受阻止接受生效，但是撤回的通知要在接受到达原发盘人所在地之前到达或者同时到达。接受一经生效不可以撤销，因为接受到达发盘人后合同就有效成立，撤销接受就属于毁约行为，若双方都同意则另当别论。

二、交易合同的订立

在交易磋商过程中，一方发盘经另一方接受以后交易即告成立，买卖双方就构成了合同关系。双方在磋商过程中的往返函电即是合同的书面证明。但根据国际贸易的习惯，买卖双方还要签订书面合同以进一步明确双方的权利和义务。

微课 4-3：交易合同的订立

（一）签订书面合同的意义

1. 合同成立的证据

根据法律要求，凡是合同必须能得到证明，提供证据，包括人证和物证。在用信件、电报或电传磋商时，会保留书面证明。但是，通过口头磋商成立的合同，就难以举证。因此，口头磋商成立的合同，如不用一定的书面形式加以确定，就将因不能被证明而不能得到法律的保障，甚至在法律上无效。同时，我国在加入《公约》时对有关规定提出了保留，即我国不同意国际货物买卖合同采用书面以外的其他形式订立、更改或终止。因此，我国外贸企业在与国外客户订立买卖合同时应当采用书面形式。如果交易是通过口头磋商达成的，双方签署一份书面合同更是不可或缺的。

2. 合同生效的条件

书面合同虽不拘泥于某种特定的名称和格式，但是，如果在买卖双方磋商时一方声明以签订书面合同为准，即使双方对交易条件全部协商一致，在书面合同签订之前合同仍不能生效。在此情况下，签订书面合同就成为合同生效的条件。

3. 合同履行的依据

在国际贸易中，货物买卖合同的履行涉及企业内外众多部门和单位，过程也很复杂。口头合同如不形成书面合同几乎无法履行。即使是通过信件、电报或电传达成的交易，虽然双方在磋商过程中交换的信件、电报或电传可作为合同成立的证据，但是，如不将多份函电中双方协商一致的条件集中归纳到一份有一定格式的书面合同上来，交易也将难以得到准确的履行。所以，不论通过口头或是书面形式磋商达成的交易，均须把协商一致的交易条件综合起来，全面、清晰地列明在一份有一定格式的书面合同上，这对进一步明确双方的权利和义务，以及为合同的准确履行提供更好的依据具有重要意义。

（二）书面合同的形式

在国际上，对货物买卖合同的形式没有特定的限制。从事进出口贸易的买卖双方可采用正式的合同、确认书、协议，也可采用备忘录等形式，此外还有意向书、订单和委托订购单等。当前在我国的进出口业务中，使用的书面合同主要有以下两种。

1. 买卖合同

买卖合同具有条款完备、内容全面的特点，这类合同除包含商品的名称、规格、包装、装运港和目的港、交货期、付款方式、运输标准及商品检验等条款外，还有异议索赔、仲裁、不可抗力等条款。买卖合同按照由谁起草分为销售合同和购货合同，这两类合同适合大宗商品或成交金额较大的交易。销售合同无固定格式，具体见附录一。

2. 确认书

确认书是合同的简化形式，其内容一般只包括合同的主要内容，如商品的名称、规格、包装、装运港和目的港、交货期、付款方式等条款。确认书也可根据起草人不同分为销售确认书和购货确认书两种。这种形式的合同适用于金额不大、批数较多的小土特产和轻工产品，或者已订有代理、包销等长期协议的交易。

外贸企业一般都印有确认书的固定的格式，由业务员于成交后按双方谈定的交易条件逐项填写即可。合同和确认书虽然在格式、条款项目的设立和措辞上有所不同，但作为合同主体的双方协议一致的交易条件都应完整、明确地加以订立。经买卖双方签署的合同和确认书都是法律上有效的文件，对买卖双方有同样的约束力。

除上述两种常用的合同形式外，有时也采用订单和委托订购单。订单是指由进口商或实际买主拟制的货物订购单；委托订购单是指由代理商或佣金商拟制的代客购买货物的订购单。在实际业务中，国外客户往往将订单或委托订购单寄来一式两份，要求我方签署后退回一份，这种经磋商成交后寄来的订单或委托订购单实际上是国外客户的购货合同或购货确认书。但是对事先未经磋商客户径自寄来的订单或委托订购单，我方应按照具体内容区别其是发盘还是询盘，研究是否与其交易，并及时答复对方。

(三) 书面合同的内容

在进出口贸易中，书面合同的内容一般包括以下三个方面。

1. 约首部分

约首是指合同的序言部分，它对缔约双方具有约束力。主要包括合同的编号、名称、缔约时间、缔约地点、缔约双方当事人的名称和地址等，有的还在约首部分写明双方订立合同的意愿和执行合同的保证。这一部分是合同的开始部分。

2. 基本条款

这部分是合同的主体部分，用以规定当事人的权利和义务，并具体列明各项交易条件，主要包括合同的各项条款，如商品的名称、品质、数量、包装、价格、运输、保险、货款收付、检验、索赔、仲裁、不可抗力等内容。

3. 约尾部分

这部分一般列明合同的正本份数、使用的文字及效力、附件的效力，以及缔约双方当事人的签字和适用的法律和惯例等问题。

此外，有的合同有附件部分，附在合同之后作为合同不可分割的一部分。

书面合同的内容必须符合规定，并做到内容完备、条件明确、文字严密、前后一致，与交易磋商的内容相一致。书面合同一经签订即成为约束双方当事人的法律文件，外贸业务人员在签订过程中，必须十分认真，严肃对待，谨防错漏。

温故知新

一、单项选择题

1. 在谈判中卖方主动开盘报价叫（　　）。

A. 报盘　　B. 递盘　　C. 还盘　　D. 受盘

2. 在谈判中买方主动开盘叫（　　）。

A. 报盘　　B. 还盘　　C. 受盘　　D. 递盘

3. 不可撤销的开盘叫作（　　）。

A. 询盘　　B. 实盘　　C. 虚盘　　D. 递盘

4. 外销合同的成交，按照国际贸易惯例是（　　）。

A. 一方发的实盘为另一方有效接受　　B. 双方在书面合同上签字

C. 经双方有关机构批准　　D. 一方对一方的发盘默认

5. 国外某买主向我出口公司来电称“接受你方12日发盘请降价5%”，此来电属于（　　）环节。

A. 发盘　　B. 询盘　　C. 还盘　　D. 接受

6. 根据《公约》的规定，合同成立的时间是（　　）。

A. 接受生效的时间　　B. 交易双方签订书面合同的时间

C. 合同获得国家批准的时间　　D. 发盘送达受盘人的时间

7. 某项发盘于某月12日以有效形式送达受盘人，但在此前的11日，发盘人以传真通知受盘人，发盘无效，此行为属于（　　）。

A. 发盘的撤回　　B. 发盘的修改

C. 一项新发盘　　D. 发盘的撤销

8. 在发盘生效后，发盘人以一定方式解除发盘对其的效力，这在法律上属于发盘的（　　）。

A. 撤回　　B. 撤销　　C. 改发　　D. 取消

9. 在接受迟到的情况下，决定接受是否有效的主动权在（　　）。

A. 受盘人　　B. 邀请发盘人　　C. 发盘人　　D. 询盘人

二、翻译题

1. Thank you for letter of March 20, 2024.
2. The prices we quoted are most favorable if you take the quality into consideration.
3. We can hardly make any price reduction.
4. This offer is valid only for seven days.
5. For the market is firm with an upward tendency, we advise you to accept our prices without delay.

三、案例分析题

某月8日，我方向韩国A公司发盘：“可供一级芝麻10公吨，每公吨1 500美元，适合海运包装，订约后即装船，不可撤销即期信用证，请速复电。”A立即复电：“你方8日电我方接受，用双层新麻袋包装，内加一层塑料袋。”我方收到复电后着手备货，数日后，芝麻的市场价格猛跌，A商来电称：“我方对包装条件做了变更，你方未确认，合同并未成立。”而我方坚持合同已经成立。

请按照《公约》的规定对此案进行分析。

项目五
拟定合同条款

项目导读

合同条款是合同条件的表现和固定化，是确定合同当事人权利和义务的依据。从法律文书的角度而言，合同的内容就是指合同的各项条款。因此，合同条款应当明确、肯定、完整，而且条款之间不能相互矛盾，否则将影响合同成立、生效和履行，无法实现订立合同的目的，所以准确理解条款含义有重要作用。

国际货物买卖合同条款是国际贸易交易磋商、合同签订及合同履行的基础。国际货物买卖合同条款主要包括商品的品名品质条款、数量条款、包装条款、价格条款、运输条款、保险条款、支付条款、检验检疫条款、不可抗力条款、索赔条款、仲裁条款等内容。

本项目根据国际贸易规则和国际惯例，详细阐述这些条款的法律地位和作用，以及订立这些条款的方法、要求及注意事项。“价格条款”和“支付条款”是合同中最重要的条款，本项目对这两个条款进行重点介绍。

任务一

拟定品名、品质条款

学习目标

知识目标：掌握买卖合同中商品品名、品质条款的主要内容；熟悉品名、品质条款的行业规则及注意事项。

技能目标：能够正确拟定商品的品名、品质条款。

素质目标：培养坚持不懈、严谨细致的职业素养；树立合作共赢的全球意识。

情境导入

长沙卡特尔环保科技有限公司业务员彭竣在交易会上得知，本公司产品受到许多非洲客商的青睐。来自卢旺达的 CLEAN SKY TRADING COMPANY 对 HHO 氢氧机（型号 6.0）及配套产品非常感兴趣，彭竣经过几个月与对方采购经理 ENG 先生的跟踪联系，2 月 26 日，终于与客户将该笔订单谈妥，他开始谨慎细致地拟定各项合同条款，但是一个个问题在他脑海里蹦出来。在确定商品品名及描述商品品质时，彭竣应该注意些什么呢？

一、商品的品名

微课 5－1：商品的品名、品质条款

商品的品名即买卖标的物的名称，是指能使某种商品区别于其他商品的一种称呼或概念。商品的名称在一定程度上体现了商品的自然属性、用途以及主要的性能特征。

按照《公约》的规定，对标的物的描述是构成商品说明的一个主要组成部分，也是买卖双方交接货物的一项基本依据，它关系到买卖双方的权利和义务的界定。如果卖方交付的货物不符合合同约定的品名和说明，买方有权提出赔偿损失、拒收货物或撤销合同。

总之，商品的品名在法律上是买卖双方在货物交接方面确定基本权利和义务的依据；在业务上，是交易的物质内容，是交易赖以进行的物质基础和前提。

（一）品名条款的内容

商品品名的规定需要考虑成交商品的品种和特点。在国际货物买卖合同中拟定品名条款通常有两种方法：①在“商品名称”或“品名”的标题下只列明标的物的名称。例如：格力空调——Name of Commodity：Gree Brand Air Conditioner。②商品名称+型号（货号）或规格。如果商品具有不同的品种、等级和型号，为了明确起见，需要把有关具体品种、等级或是型号的概括性描述包括进去，即把品名条款和品质条款合并。例如，长沙卡特尔环保科技有限公司产品：HHO牌氢氧机，货号：6.0。

在具体交易中，商品品名的规定没有统一、固定的格式，可根据买卖双方当事人的意思予以确定。示例见表5-1。

表5-1　商品品名示例

（1）Name of Commodity，Specifications，Packing，and Shipping mark	（2）Quantity	（3）Unit Price	（4）Amount
HHO Carbon Cleaner Machine（Art No. 6.0）	1 SET	CIF KIGALI USD 6 000.00/SET	USD 6 000.00

（二）规定品名条款时应注意的事项

1. 条款内容应明确、具体，切实反映交易标的物的特性

品名条款的内容应当明确、具体、准确，以便双方在履行合同时能够清楚地知道所交易的商品的具体情况。

2. 商品的品名必须要实事求是，切实反映商品的实际情况

对卖方而言，品名必须是卖方所能生产或供应的品种和型号；对买方而言，品名必须是买方所需要进口的商品。凡做不到或者不必要的描述性词句，都不应列入品名，以免给履行合同带来困难。

3. 商品的品名尽可能使用国际上通用的名称

目前，一部分商品的名称并不完全一致，有的商品在不同的地区可以有不同的叫法。为了避免误解，在签订合同时应尽可能使用国际上通用的名称，如果必须使用地方性的名称，交易双方应事先就其名称达成共识。对一些新产品的定名及其译名，应力求准确、易懂，并符合国际上的习惯。

4. 确定品名时应适当地选用有利于降低费用和方便进出口的名称

在确定商品品名时还需考虑运输行业及国家相关政策的要求，选择能够降低费用和方便进出口的商品名称。

阅读拓展

商品名称及编码协调制度

国际上为了便于对商品的统计征税时有共同的分类标准，早在1950年，联合国经

济及社会理事会就发布了《国际贸易标准分类》(SITC)。随后,世界各主要贸易国又在比利时布鲁塞尔签订了《海关合作理事会商品分类目录》(CCCN),又称《布鲁塞尔海关商品分类目录》(BTN)。SITC 与 CCCN 对商品的分类有所不同,为了避免采用不同目录分类在关税和贸易、运输中产生分歧,在上述两个规则的基础上,海关合作理事会主持制定了《协调商品名称及编码制度》(The Harmonized Commodity Description and Coding System),简称 H. S. 编码制度。该制度于 1988 年 1 月 1 日起正式实施,在运输商品的计费统计、计算机数据传输,国际贸易单证简化,贸易统计等方面有非常重要的作用。我国于 1992 年 1 月 1 日起采用该制度,目前各国的海关统计普惠制待遇等都以 H. S. 编码制度为标准。所以,我国在采用商品名称时,应与 H. S. 编码制度规定的品名相适应。

二、商品的品质

(一)品质的含义及重要性

商品的品质是指商品的外观形态和内在质量,前者包括商品的外形、色泽、款式和透明度等,是人们通过感觉器官可以直接获得的商品的外形特征;后者包括商品的物理性能、机械性能、化学成分、生物特征、技术指标和要求等,一般需借助各种仪器设备分析测试才能获得。合同中的品质条件是构成商品说明的重要组成部分,是买卖双方交接货物的依据。商品品质的优劣不仅关系到商品的使用效能,影响着商品售价的高低、销售数量和市场份额的增减,买卖双方经济利益的实现程度,还关系到商品信誉、企业信誉、国家形象和消费者的利益。根据《公约》的规定,若卖方的交货不符合约定的品质条件,买方有权要求损害赔偿,也可要求修理或交付替代物,甚至拒收货物和撤销合同。

(二)表示商品品质的方法

在国际贸易中,表示商品品质的方法主要有用实物表示和用说明表示两大类。

1. 用实物表示商品的品质

用实物表示商品的品质是指以作为交易对象的商品的实际品质或以代表商品品质的样品来表示商品的品质,通常有看货买卖和凭样品买卖两种方式。

(1)看货买卖

看货买卖又称为看货成交,买卖双方根据成交商品的实际品质进行交易,通常是先由买方或代理人在卖方所在地验看货物,达成交易后,卖方即应按看过的商品交付货物。看货买卖是一种现货交易,多用于寄售、拍卖和展卖业务中,尤其适用于数量极少而价值又特别昂贵的商品,如古董、名贵字画等。

(2)凭样品买卖

凭样品买卖是指买卖双方在洽商时,由卖方或买方提出一种或数件或少量足以代表商品质量的实物作为样品请对方确认,样品一经确认便成为买卖双方交接货物的质量依据。在贸易实践中,该方法主要适用于工艺品、服装、轻工业品等不易用文字描述的商品。在国际贸易中，按照样品提供者的不同，样品买卖有以下几种类型：

① 凭卖方样品成交

凭卖方样品买卖是指交易双方约定以卖方的样品作为交货的品质依据。在贸易实践中，卖方提供的样品要具有代表性，订立合同时使用留有余地的词语，卖方向买方寄出样品时，要保留“复样”或“留样”，为了避免纠纷，必要时可使用“封样”。

② 凭买方样品成交

买方为了使其订购的商品符合自身的要求，有时也提供样品交由卖方依样承制，如卖方同意按买方提供的样品成交，称为凭买方样品买卖，亦称“来样成交”或“来样制作”。在实际业务中，卖方应考虑生产原料、加工技术和生产能力的可能性，如果卖方难以做到货物与样品完全一致，应在合同中相应做出灵活的规定，如要求“品质与样品大致相同”。另外，卖方在合同中加列“工业产权争议免责条款”，即注明由买方样品引起的任何国家或地区的有关专利、商标等侵权行为由买方负责，卖方对此概不负责。

③ 凭对等样品成交

在实际业务中，如卖方认为按买方来样供货没有切实把握，卖方可以根据买方来样仿制或从现有货物中选择品质相近的样品提供给买方。这种样品又称为“确认样品”或“回样”。

凭样品买卖时应注意下列事项：

第一，凡凭样品买卖，卖方交货品质必须与样品一致；

第二，以样品表示品质的方法只能酌情采用，能用科学指标表示的不用此法，或仅用样品表示几个方面的指标；

第三，应了解和掌握有关法律对凭样品买卖的具体规定；

第四，应尽量争取把凭“买方样品”买卖变为凭“对等样品”方式成交；

第五，若对品质无把握时，应在合同条款中相应做出灵活的规定，例如在合同中特别订明“品质与样品近似”或“品质与样品大致相同”，以及“若交货品质稍次于样品，买方仍须收领货物，但价格应由双方协商相应降低”；

第六，用于宣传或介绍商品的样品要标明“仅供参考”字样，通常称为“参考样品”，以免产生纠纷。

讨论与思考

我方与越南某客商凭样品成交达成一笔出口镰刀的交易。合同中规定复验有效期为货物到达目的港后的60天。货物到目的港经越商复验后，越商未提出任何异议。但时隔半年，越商来电称：“镰刀全部生锈，只能降价出售。”越商因此要求我方按成交价格的40%赔偿其损失。我方接电后立即查看我方留存的复样，也发现类似情况。

问：我方应否同意对方的要求？为什么？

2. 用说明表示商品的品质

(1) 凭规格买卖

规格是反映商品质量的若干主要指标，如化学成分、含量、容量、性能、长短、大小、粗细等。这种方法比较方便、准确，在国际贸易中应用最为广泛。按照商品的特点不同，规格的内容也各不相同。在贸易实践中，卖方只需在合同中列入主要指标，而不要过多罗列对商品品质不起重大影响的次要指标。例如，凭规格表示中国出口的东北大豆品质，见表 5-2。

表 5-2 中国出口东北大豆规格

含油量（Oil content）	最低（Min）17%
水分（Moisture）	最高（Max）15%
杂质（Admixture）	最高（Max）1%
不完善粒（Imperfect Grains）	最高（Max）7%

（2）凭等级买卖

商品的等级是指同一类商品按其规格的差异分为品质优劣各不相同的若干等级。例如，中国出口钨砂的等级可按表 5-3 划分。

表 5-3 中国出口钨砂等级

钨砂	三氧化钨（最低）	锡（最高）	砷（最高）	硫（最高）
特级	70%	0.2%	0.2%	0.8%
一级	65%	0.2%	0.2%	0.8%
二级	65%	1.5%	0.2%	0.8%

凭等级买卖是由制造商或出口商在长期生产与贸易的实践中归纳出来的，对某种商品按其质量的差异，或尺寸、形状、重量、成分、效能等质量指标的差异而进行的分类，每一个等级对应一定的规格。在贸易实践中，卖方应按规定等级交货，不能以次充好，也不能以好充次。

讨论与思考

法国 A 公司从我国山东 B 公司进口一批红枣，合同和信用证上均规定品质级别为三级。但等到装船发货时，B 公司发现三级红枣库存告罄，于是改为二级品交货，并在发票上加注："二级红枣仍按三级计价"。A 公司收到货之后，以货物品质不符向 B 公司提出索赔。

问：A 公司的索赔要求合理吗？

（3）凭标准买卖

商品的标准是指规格和等级的标准化，一般是由标准化组织、政府机关，行业团体、工商组织及商品交易所制定、公布，并在一定范围内实施。在我国，商品的标准由国家或有关政府部门规定，在国外，除由国家政府机构制定和国际性的商业组织规定外，也可以由同业公会、贸易协会或商品交易所制定。

世界各国都有自己国家的标准，如美国有 ANSI（American National Standards

Institute)、英国有 BS（British Standards）、法国为 NF（Norme Francaise）、德国为 DIN（Deutsches Institut für Normung），其次，还有国际标准，如国际标准化组织 ISO（International Organization for Standardization）标准，国际电工委员会 IEC（International Electrotechnical Commission）标准。我国也有国家标准、专业标准、地方标准和企业标准。有的标准具有法律上的约束力，但有的标准并不具有法律上的约束力，仅供买卖双方参考，另外在援引版本标准时，必须表明版本的年份。例如，利福平，符合英国药典 1993 年版。

在国际贸易中，有些农副土特产品、水产品的品质变化较大，难以确定统一的标准，对此，国际上有两个常用的标准。对于品质变化较大的农副产品，一般采用“良好平均品质”（Fair Average Quality，F. A. Q.）来表示其品质。良好平均品质是指一定时期内某地出口货物的平均品质水平，一般指中等货，俗称“大路货”。由于这种标准比较笼统，除了注明 F. A. Q 字样以外，还要标明商品的具体规格指标。例如，中国出口大米的标准。

表 5-4　中国出口大米标准

2018 年	F. A. Q
水分（最高）	15%
杂质（最高）	1%
碎粒（最高）	35%

上好可销品质（Good Merchantable Quality，G. M. Q.）是指卖方只需保证其交付的货物品质良好，适合商品销售，而在成交时无须以其他方式说明商品的具体品质。G. M. Q. 标准通常适用于国际市场上的木材和冷冻鱼虾类水产品的买卖。由于此标准比较笼统，我国很少使用。

（4）凭说明书和图样买卖

在国际贸易中，有些技术密集型产品，因其结构复杂，对材料和设计的要求严格，用以说明其性能的数据较多，很难用几个简单的指标来标明其品质的全貌，还需介绍该产品的构造、原材料、产品形状、使用方法，并附以图样、照片、设计图纸等完整说明其品质特征，主要适用于结构复杂、难以用几个简单的指标全面反映其品质的商品买卖，如机械产品、电子产品或大型仪表、成套设备、交通工具等。

（5）凭品牌或商标买卖

品牌是指工商企业给其制造或销售的商品所冠的名称，用以与其他企业的同类产品区别开来。一个品牌可用于一种产品，也可用于一个企业的所有产品。

商标是指厂商或销售商用来识别其生产或销售的商品的标志，它通常由字母、数字或图形组成。一般采用这种方法来表示商品品质的商品大多品质比较稳定，并且在国际市场上已树立了良好的信誉。这种方法适用于品质比较稳定的工业制成品和经过科学加工的初级产品，如日用消费品、加工食品和耐用消费品等商品。如“别克汽车”“美加净牌牙膏”“清扬洗发水”等。

（6）凭产地名称买卖

在国际贸易中，某些商品，特别是农副土特产品由于自然条件、传统工艺等因素的影响，在品质方面与其他产区的同类产品比较，具有不同的风格和特色，并在国际上享有一定声誉，如北京烤鸭、阳澄湖大闸蟹等。在国际货物买卖中，可以采用产地名称或地理标志来表示其独特的品质，例如：四川榨菜（Sichuan Preserved Vegetable），中国东北大豆（Chinese Northeast Soybean）。

三、合同中的品质条款

（一）品质条款的基本内容

合同中的品质条款一般要写明货物的名称规格、等级、标准和商标、品牌等。由于表示质量的方法不同，合同中质量条款的内容也不尽相同。凭样品买卖时，应列明样品的编号和寄送日期，有时还加列交货品质与样品一致或相符的说明。凭标准买卖时，一般还应列明所采用的标准和标准版本的年份。示例如下：

【例 5-1】样品号 78，风衣。

【例 5-2】金星牌彩色电视机，型号 SC374，制式 PAL/BG，电压 220 V，双圆头插座带遥控。

【例 5-3】盐酸四环素糖衣片，250 毫克，按英国药典 2011 年版。

（二）品质机动幅度和品质公差

在国际贸易中，由于产品特性、生产加工条件、运输条件以及气候等因素影响，卖方所交商品品质具有不稳定性。为避免因交货品质与合同稍有不符而造成违约，保证合同顺利履行，应灵活约定品质条款，常见做法是规定品质机动幅度和品质公差。

1. 品质机动幅度

品质机动幅度是指允许卖方所交商品的品质指标可在一定幅度内机动掌握，尤其适用于一些农、副、土、特等初级产品。规定品质机动幅度的方法有以下三种：

（1）规定范围，指对某项指标规定有差异的范围。如棉坯布，幅宽 41/42。

（2）规定极限，指对某些商品的规格使用上下限。如最大、最小、最高、最低等。例如，芝麻：水分最高 8%，杂质最高 2%。

（3）规定上下差异，指允许卖方交货的品质在某一指标的上下一定范围内浮动。例如，东北大豆：含油量 18%，水分 14%，杂质 2%，允许上下差异 1%。

在使用品质机动幅度时，为了体现按质论价，有些货物可根据交货品质情况调整价格，即所谓的增减价条款。也就是说，对机动幅度内的品质差异，可按交货实际品质规定予以增价或减价。

2. 品质公差

品质公差是指有些允许交付的货物的特定质量指标在公认的一定范围内的差异。这种方法适合于工业制成品。在工业制成品的生产过程中，产品的品质指标产生一定的误差是难以避免的。例如，手表走时的误差为每天若干秒、圆柱体直径误差百分之若干毫米等，这种品质的差异是被公认和允许的。品质公差即使在合同中没有规定，只要卖方交货品质在公认的误差范围之内，买方不得拒收货物，除非另有规定，也不作价格调整。

(三) 订立条款时应注意的问题

1. 恰当选择品质表示方法

凡能用科学的指标说明其质量的商品，则适于凭规格、等级或标准买卖；有些难以规格化和标准化的商品，如工艺品等，则适于凭样品买卖；某些质量好并具有一定特色的名优产品，适于凭商标或品牌买卖；某些性能复杂的机器、电器和仪表，则适于凭说明书和图样买卖；凡具有地方风味和特色的产品，则可凭产地名称买卖。另外，要学会综合运用各种表示品质的方法。能用一种方法表示品质的，不宜同时用两种或两种以上的方式来表示。如果有些商品确需既用文字说明又用样品表示质量，则一旦成交，卖方必须承担交货质量既符合文字说明又符合样品质量的责任。

讨论与思考

我国A公司向英国B公司出口一批大豆，合同规定大豆含油量最低为17%，杂质不超过1%。在成交前A公司曾向B公司寄过样品，订约后A公司又发传真告诉B公司成交货物与样品相似。当货物运到英国后，B公司提出货物与样品不符，并出示相应的检验证书证明货物的质量比样品低5%，以此要求A公司赔偿2万英镑的损失。而A公司认为该笔交易是凭合同规格进行的买卖，而不是凭样品买卖，于是A公司不予理赔。

问：A公司的做法恰当吗？

2. 注意科学性和灵活性

订立货物的品质规格，应注意科学性、准确性，在贸易实践中，品质描述不宜采用“大约”“左右”等用语，为了便于生产和交货，品质条款的订立应具有一定的灵活性，对于品质规格不易做到完全统一的货物，应合理规定品质机动幅度和品质公差。

3. 从生产实际出发，防止品质条件偏高或偏低

订立货物的品质条款要切合实际，即符合产品内在和外在的实际情况，要在生产上实际做得到的，才能保证对外按时、按质、按量交货。如果品质标准订得过高，会造成生产与对外履约上的困难；品质标准订得过低，会影响外销商品的价格和市场，甚至会影响国家对外的声誉。

4. 卖方对销售的货物的权利应具有担保义务

卖方交付的货物必须是任何第三方不能根据工业产权或其他知识产权提出任何权利或请求的，即卖方应保证对所售货物享有合法的完全的所有权。也就是说，卖方不能把非法侵占他人权利得来的货物出售给买方，而且应保证准备交付的货物是第三方不能根据工业产权或其他知识产权主张任何权利或请求的。

实操训练

拟定商品的品名和品质条款

参加完中非经贸博览会后，外贸业务员小张接到一笔来自埃塞俄比亚 FOTH 公司的订单，购买公司 GT013 及 GT014 型号的女士风衣（具体要求参照订单号 AL5653）。

请根据所学内容，帮助小张拟定商品的品名和品质条款。

Description of Goods	Quantity	Unit Price	Amount
	—	—	—

思政园地

著名质量管理专家朱兰（Juran）博士曾说："20 世纪是生产率的世纪，21 世纪是质量的世纪，质量是和平占领市场最有效的武器。"

张瑞敏是海尔的创始人，也是全球杰出企业领袖，他把一个濒临倒闭、资不抵债的小厂海尔发展成为世界 500 强企业。

这个故事发生在他刚接手海尔厂的时候，有一次，张瑞敏的一个朋友想买一台海尔冰箱，结果挑了很多台都发现有各种各样的小毛病，最后迫于无奈，只能勉强拉走了一台。这让张瑞敏感到非常羞愧，于是他立刻派人把仓库里的 400 多台冰箱全部检查了一遍，结果发现有 76 台冰箱都不合格。作为厂长，张瑞敏把所有职工都叫到了车间，询问大家事情该怎么处理，很多职工提出，这些冰箱虽然存在一些毛病，还是可以使用的，要不就便宜一点处理给职工算了。当时市场上一台冰箱要卖到 800 多元，这相当于一个普通职工两年的收入。但张瑞敏不同意这种做法，他对大家说："我今天要是同意你们把这些不合格的冰箱卖了，明天你们就会生产更多不合格的冰箱，我们决定不这么做，今天必须把这些冰箱砸掉。"他宣布以后不合格的冰箱谁生产，谁砸掉，而且他第一个抡起铁锤砸，当时很多职工在砸冰箱时都难受地流了泪。从此之后，海尔生产的冰箱质量越来越好，成为国产冰箱第一品牌。

张瑞敏砸冰箱事件唤醒了海尔人的质量意识，点燃了海尔的工匠精神，可以说，在海尔每个人都是用户的工匠。砸冰箱事件也体现了张瑞敏作为民族企业家应有的责任与担当以及爱国主义精神，更是值得我们去学习，在学习专业知识的同时激发"严谨认真、精益求精、勇于创新"的工匠精神，树立强烈的爱国主义精神与质量强国意识。

温故知新

一、单项选择题

1. 拍卖是（　　）。

A. 看货买卖　　　　B. 凭卖方样品买卖

C. 凭买方样品买卖　　D. 凭对等样品买卖

2. 对于某些品质变化较大而难以规定统一标准的农副产品，其表示品质的方法通常为（　　）。

A. 看货买卖　　B. 凭样品买卖

C. 良好平均品质　　D. 上好可销品质

3. 对工业制成品交易，一般在品质条款中灵活制定品质指标，通常使用（　　）。

A. 品质机动幅度　　B. 品质公差

C. 品质与样品大致相符　　D. 规定一个约量

4. 凭商标或品牌买卖，一般只适用于（　　）。

A. 一些品质不稳定的工业制成品　　B. 经过科学加工的初级产品

C. 机器、电器和仪表等技术密集产品　　D. 造型上有特殊要求的商品

5.“龙口粉丝”中用来表示商品品质的方法是（　　）。

A. 凭商标或品牌　　B. 凭标准

C. 凭规格　　D. 凭产地名称

6. 适用于在造型上有特殊要求或具有色、香、味方面特征的商品表示品质的方式是（　　）。

A. 凭等级买卖　　B. 凭样品买卖

C. 凭商标买卖　　D. 凭说明书买卖

7. 在国际上，对冷冻鱼或冻虾等没有公认规格和等级的商品，其交货时规定品质的方法常用（　　）。

A. 良好平均品质　　B. 上好可销品质

C. 看货买卖　　D. 凭样品买卖

二、案例分析题

1. 我方某公司向德国出口一批农产品，合同规定其所含水分最高为15%，杂质不超过3%。但在成交前我方曾向买方寄过样品，订约后我方又电告对方成交货物与样品基本相同，货到德国后，买方验货后提出货物的质量明显比样品差的检验证明，并据此提出索赔6 000英镑。

问：我方出口公司没有留存样品，这种情况下我方公司应如何处理？

2. 我方某出口公司销往黎巴嫩巧克力300箱，合同未定“湿度指标”。货抵贝鲁特后，进口商反映经其卫生局检验证明，我方出口商品巧克力的湿度为2.7%，超过当局规定的1.6%，不能在市场销售，必须移运出境，否则就地销毁。我方出口公司为证实此事，专门通过我国驻该地商务参赞进行调查，后商务处来电证实确有此事。因合同上未订“湿度”指标，我方出口公司陷于被动境地，后考虑到该商品市场前景和客户的友好关系，我方最后同意退货，造成了重大损失。

问：应从本案例中吸取什么教训？

任务二

拟定数量条款

学习目标

知识目标： 了解国际货物买卖合同中的计量单位及计量方法；掌握数量机动幅度的规定；掌握国际贸易合同数量条款的订立方法与注意事项。

技能目标： 能够正确拟定合同中的数量条款。

素质目标： 培养严谨细致、诚实守信的职业素养；树立经世济民的大局观念。

情境导入

在确定客户所需商品的品名、品质后，彭竣需要根据双方的谈判记录来拟定数量条款，他有哪些需要注意的事项呢？是否需要注明溢短装条款？

商品的数量是指一定的度量衡单位表示商品的重量、数量、长度、面积、体积、容积等。在数量条款中必须对确定商品数量所采用的计量单位、计量方法、交货数量的机动幅度，以及溢短装部分的计价办法等内容在合同中做出明确规定。根据《联合国国际货物销售合同公约》规定，卖方必须按合同数量条款的规定如数交付货物。如果卖方交货数量多于约定数量，买方可以收取或拒收多交部分货物的全部或一部分；如果卖方实际交货数量少于约定数量，卖方应在规定的交货期届满前补交，但不得使买方遭受不合理的不便或承担不合理的开支，且买方有保留要求损害赔偿的任何权利。

微课 5-2：数量条款

一、商品数量的计量单位

（一）度量衡制度

国际上常用的度量衡制度有四种：公制、英制、美制和国际单位制。各国使用的度量衡制度不同，统一计量单位所代表的量值也各不相同，为了解决这一弊端，国际标准计量组织在各国广为通用的公制的基础上采用国际单位制。国际单位制的实施和推广，标志着计量制度的日趋国际化和标准化，现在已有越来越多的国家采用国际单位制。

我国采用的是以国际单位制为基础的法定计量单位。《中华人民共和国计量法》第3条中明确规定："国家实行法定计量单位制度。国际单位制计量单位和国家选定的其他计量单位，为国家法定计量单位。”目前，除个别特殊领域外，一般不许再使用非法定计量单位。我国出口商品时，除照顾对方国家贸易习惯约定采用公制、英制或美制计量单位外，应使用我国法定计量单位。我国进口的机器设备和仪器等应要求使用法定计量单位，否则，一般不许进口。如确有特殊需要，也必须经有关标准计量管理部门批准。

阅读拓展

度量衡的差异

度量衡	重量单位	公斤	市斤	磅
公制	公吨	1 000.00	2 000.00	2 204.60
英制	长吨	1 016.05	2 032.10	2 240.00
美制	短吨	907.20	1 814.40	2 000.00

（二）计量单位

在国际贸易中，根据商品的不同特性，通常采用以下几种计量方法。

1. 按重量计算

按重量计算是当前国际贸易中使用最多的一种计量方法。常用的重量单位有千克（Kilogram，kg）、克（Gram，g）、公吨（Metric ton，m/t）、盎司（Ounce，oz）、磅（Pound，Lb）、长吨（Long ton，L/T）、短吨（Short ton，S/T）等。该方法适用于大宗农、副产品（如大米、花生等）、矿产品（如煤炭、铁矿等）以及一些工业制成品。

2. 按个数计算

常用的个数计量单位有只（Piece，PC）、双（Pair）、头（Head）、台或套（Set）、打（Dozen，doz）、罗（Gross，gr）、令（Ream，rm）、包（Bundle，bale）、袋（Bag）、卷（Roll）、辆（Unit）等。个数计量通常适用于日用消费品、轻工业品、机械产品及部分土特产品。

3. 按容积计算

常用的容积计量单位有升（Liter，l）、加仑（Gallon，gal）、蒲式耳（Bushel，bu）等。一般各类谷物及液体类货物采用容积计量。

4. 按长度计算

常用的长度计量单位有码（Yard，yd）、米（Meter，m）、英寸（Inch，in）、英尺（Foot，ft）、厘米（Centi-meter，cm）等。通常适用于金属绳索、布匹、丝绸等商品的买卖。

5. 按面积计算

常用的面积计量单位有平方码（Square Yard，sq. yd）、平方米（Square Meter，sq. m）、平方英尺（Square Foot，sq. ft）、平方英寸（Square Inch，sq. in）。通常适用于玻璃板、地毯、皮革等习惯以面积作为计量单位的商品。

6. 按体积计算

常用的计量单位有立方米（Cubic meter，cu. m）、立方码（Cubic Yard，cu. yd）、立方英尺（Cubic Foot，cu. ft）、立方英寸（Cubic Inch，cu. in）。体积计量通常适用于木材及化学气体之类的交易。

计量单位示例见表 5-5。

表 5-5 计量单位示例

（1）Name of Commodity，Specifications，Packing，and Shipping mark	（2）Quantity	（3）Unit Price	（4）Amount
HHO Carbon Cleaner Machine（Art No. 6. 0）	1 SET	CIF KIGALI USD 6 000. 00/SET	USD 6 000. 00

讨论与思考

大连某进出口公司向日本出口大米一批，在洽谈时谈妥出口 2 000 公吨，每公吨 280 美元 FOB 大连，但在签订合同时只是笼统地写了 2 000 吨，我方当事人认为合同上的吨就是公吨，而发货时日商要求按长吨供货。

问：外商要求能否答应？

二、商品重量的计量方法

国际贸易中的许多商品是按重量买卖的。常见的计算重量的方法有以下五种。

（一）毛重

毛重（Gross Weight，G. W）是指商品本身重量加上内外包装的重量，是计算运费的基础。一般适用于低值的商品，可以忽略包装物的重量，如粮食、饲料等产品以毛重作为计算价格的基础。

（二）净重

净重（Net Weight，N. W）是指商品本身的重量，即除去包装物后的实际重量。在国际贸易中，大部分以重量计量的商品都是以净重计价。例如：中国桐油，桶装，净重 1 000 公吨。

散装的大宗低价商品一般无包装物。但是有些价值较低的农产品或其他商品虽有简单包装，但包装物的重量同货物重量相比很小，在计价时以毛重当作净重计，这种方法在国际贸易中称作“以毛作净”（Gross for Net）。例如：天津红小豆，每公吨 300 美元，共 10 000 公吨，以毛作净。在国际贸易中，如果合同中未明确规定用毛重还是用净重计价，按惯例应以净重计价。

在采用净重计重时首先要除去包装物的重量，即皮重，常见的皮重计算方法有以下四种。

1. 实际皮重

实际皮重（Actual Tare/Real Tare）即按包装材料的实际重量计重，是对包装逐件衡量后所得的总和。

2. 平均皮重

平均皮重（Average Tare）即从全部商品中抽取几件，称量其包装的重量，除以抽取的件数，得出平均数，再以平均每件的皮重乘以总件数，即可求得整批货物的皮重。这种方法通常适用于包装比较统一、重量相差不大的商品包装。近年来，随着技术的发展和包装用料及规格的标准化，用平均皮重计算净重的做法已日益普遍。有人把它称为标准皮重。

3. 习惯皮重

习惯皮重（Customary Tare）是指按市场已公认的规格化的包装计算皮重，即用标准单件皮重乘以总件数即可得出总皮重，而无须对包装逐件过秤。例如，每只麻袋习惯皮重 2.5 磅。

4. 约定皮重

约定皮重（Computed Tare）即指按买卖双方事先约定的包装重量作为计算基础，而无须经过实际过秤。

国际上有很多种计算皮重的方法，究竟采用哪一种计算方法求得净重应根据商品的性质、所使用包装的特点、合同数量的多少以及交易习惯，由双方当事人事先约定并列入合同，以免事后引起争议。

（三）公量

公量（Conditioned Weight）是指在计算货物重量时，用科学仪器抽去商品中所含的水分，再加上标准含水量所求得的重量，一般适用于生丝、羊毛、棉纱等有比较强的吸湿性，所含水分受客观环境的影响比较大，其重量也很不稳定的商品。

公量的计算公式为：

$$公量=\frac{实际重量\times（1+标准回潮率）}{1+实际回潮率}$$

讨论与思考

某公司进口一批生丝，海运后到港重量为 600 千克，经测算，该批生丝的实际回潮率为 20%，国际结算以公量为准，如何计算其公量？（注：生丝国际公认标准回潮率为 11%）

（四）理论重量

理论重量（Theoretical Weight）是指对于一些按固定规格生产和买卖的商品，只要其规格一致，每件重量大体是相同的，一般可以从件数推算出总量。例如：马口铁、钢板。

（五）法定重量

按照一些国家海关法的规定，在征收从量税时，商品的重量是以法定重量计算的，法定重量（Legal Weight）是指商品重量加上直接接触商品的包装物料，如销售包装的重量。

三、合同中的数量条款

（一）数量条款的基本内容

合同中的数量条款是买卖双方交接货物和处理争议的根据，因此，买卖双方签订合同时，必须对数量条款做出明确合理的规定。数量条款一般由交货数量、计量单位和数量机动幅度组成。例如：中国大米，FAQ，100MT，5%增减，由买方选择，增减部分按合同价格计算。数量条款的内容及繁简，应视商品的特性而定。

（二）数量机动幅度的有关规定

1. “约量”法

使用“约”数条款来表示实际交货数量时，由于约数的含义在国际贸易中有不同解释，容易引起纠纷，如果买卖双方一定要使用约数条款，双方应事先在合同中明确允许增加或减少的百分比，或在“一般交易条件”协议中加以规定，否则不宜采用。根据《跟单信用证统一惯例》（以下简称UCP600）的规定，凡“约”或“大约”等类似意义的词语用于涉及信用证金额或信用证规定的数量或单价时，解释为允许有关金额、数量或单价可有10%的增减。这项规定既适用于散装货，也适用于包装单位以个数计数的商品。

讨论与思考

我国某公司出口布匹以信用证结算，买方银行来证规定，数量大约为5 000码，每码1美元，信用证总额为5 000美元。

问：我国某公司应如何掌握装运数量？

2. 溢短装条款

溢短装条款即在规定具体数量的同时，再在合同中规定允许多装或少装的一定百分比，卖方交货数量只要在允许增减的范围内即为符合合同有关交货数量的规定。主要内容包括以下几个方面。

（1）溢短装的选择权

大多数情况下由卖方决定，但如果涉及海洋运输，交货量的多少与承载货物的船只的舱容量关系密切，一般由负责安排船只的一方选择或者直接由船长选择。例如，当买方派船装运时由买方决定，采用租船运输时也可以由承运人决定。总之，溢短装的选择权可以由卖方行使，也可以由买方或船方行使。为了避免产生纠纷，最好在合同中做出明确的规定。

（2）溢短装的百分比

应根据商品本身的特性、行业或贸易习惯以及运输方式等因素来确定数量变动幅度的大小。

（3）溢短装部分的计价方法

在数量机动幅度内多装或少装的货物，一般按合同价格计价。但为了防止当事人利用溢短装条款故意增加或减少数量以取得额外收益，也可规定按装运日或到货日的市场价格计算。对数量机动幅度范围之外的部分可以拒收。

讨论与思考

一笔出口矿砂合同规定：矿砂，FAQ，25 000 μT，3%增减，由卖方选择。卖方准备交货时，矿砂的国际市场价格上涨，作为卖方你准备交付多少？为什么？如果站在买方的立场上，磋商合同条款时应注意什么？

3. 合同中未明确数量机动幅度

若合同和信用证中未明确规定数量机动幅度，根据 UCP600 第 30 条的规定：a.“约”或“大约”用于信用证金额或信用证规定的数量或单价时，应解释为允许有关金额或数量或单价有不超过 10%的增减幅度。b. 在信用证未以包装单位件数或货物自身件数的方式规定货物数量时，货物数量允许有 5%的增减幅度，只要总支取金额不超过信用证金额。c. 如果信用证规定了货物数量，而该数量已全部发运，以及如果信用证规定了单价，而该单价又未降低，或当 b 款不适用时，则即使不允许部分装运，也允许支取的金额有 5%的减幅。若信用证规定有特定的增减幅度或使用 a 款提到的用语限定数量，则该减幅不适用。

讨论与思考

某公司出口中东电风扇 1 000 台，L/C 规定不允许分批装运。装运时发现有 40 台严重损坏，临时更换又来不及。为确保质量，业务员决定少交这 40 台风扇，认为符合 UCP600 的规定。

问：该公司到银行去议付是否会遭到拒付？请说明原因。

实操训练

拟定数量条款

湖南卡特尔进出口有限公司外贸业务员小张经与埃塞俄比亚 FOTH 公司确认，其购买公司 GT013 及 GT014 型号的女士风衣（具体要求参照订单号 AL5653），订购数量分别为 1 000 件和 2 000 件。请根据所学内容，填写商品的品名、品质及数量条款。

Description of Goods	Quantity	Unit Price	Amount
		—	—
Total			

思政园地

美国作为世界第一的科技大国、强国，在宇宙探索这样高精尖的领域中都曾因计量单位不统一遭受过惨痛的教训。火星气候探测者号是美国国家航空航天局的火星探测卫星，主要任务是研究火星大气层、火星气候及火星地表，并帮助火星极地着陆者号与地球来通信。火星气候探测者号于1999年发射升空，同年9月23日在进入火星轨道的过程中失去联络，最终任务失败。

1999年11月10日，火星气候轨道器事故调查委员会发布了第一阶段报告，指出探测器在进入火星轨道前24小时，探测器最后的高度只有57公里，低于其能够存活的最低高度80公里，很有可能因为大气压力导致探测器瓦解。

火星气候探测者号任务失败是人为因素导致的，因为火星气候探测者号上的飞行系统软件使用公制单位牛顿计算推进器动力，而地面人员输入的方向校正量和推进器参数则使用英制单位磅力，导致探测器进入大气层的高度有误，最终瓦解碎裂。美国国家航空航天局在此后的所有任务中都小心地避免这个因计量单位混淆所造成的错误。

我国有个成语"差之毫厘，谬以千里"，也表达了类似的含义，意思是开始相差很小，结果造成很大的错误，强调不能有一点错误。因此，同学们在学习和工作中，一定要秉承科学严谨的治学态度和工作精神。

温故知新

一、单项选择题

1. 大宗农、副产品、矿产品习惯于（　　）。

A. 按长度计算　　B. 按数量计算
C. 按体积计算　　D. 按重量计算

2. 如果在合同中未明确规定用何种方法计算重量和价格，按惯例应以（　　）计。

A. 毛重　　B. 净重
C. 理论重量　　D. 公量

3. 出口羊毛、生丝、棉纱等经济价值较大而水分含量极不稳定的商品时，计量方法通常采用（　　）。

A. "以毛作净"　　B. 净重
C. 理论重量　　D. 公量

4. 目前国际贸易中使用最多的一种计量方法是（　　）。

A. 按重量计算　　B. 按数量计算
C. 按体积计算　　D. 按面积计算

5. 根据国际商会《跟单信用证统一惯例》(UCP600) 的规定，在以信用证支付方式进行散装货物的买卖时，若合同中未明确规定机动幅度，其交货数量可有的增减幅度为(　　)。

A. 3%　　B. 5%　　C. 10%　　D. 15%

6.《跟单信用证统一惯例》(UCP600) 规定“约”允许有关金额或数量或单价的增减幅度不超过(　　)。

A. 9%　　B. 10%　　C. 13%　　D. 15%

二、多项选择题

1. 目前，国际贸易中通常使用的度量衡制度有(　　)。

A. 公制　　B. 英制　　C. 美制

D. 国际单位制　　E. 法制

2. 溢短装条款主要包括(　　)。

A. 数量机动幅度　　B. 机动幅度选择权

C. 交货数量　　D. 计量单位

E. 溢短装部分计价方法

3. 采用重量计量商品时主要的计算办法有(　　)。

A. 毛重　　B. 净重　　C. 公量

D. 理论重量　　E. 法定重量

三、计算题

某公司出口生丝，合同数量为 100 公吨，溢短装 5%，约定标准回潮率为 11%，现有生丝 104 公吨，实际回潮率 9%。

问：(1) 这批生丝符合约定回潮率的重量是多少?

(2) 是否符合溢短装条款规定的重量?

(3) 应取出多少回潮率为 9%的生丝?

四、案例分析题

1. 我国某出口公司向某国出口一批黄豆，合同规定：每公吨 180 美元，共计 1 000 公吨，并且规定数量可以增减 10%。从国外开来的信用证中规定的金额是 18 万美元，1 000 公吨。我方工作人员认为数量可以增减 10%，便以 1 100 公吨发送货物。

问：我方凭单证向银行议付是否会造成拒付? 为什么?

2. 合同中规定“约 1 000 M/T”或“1 000 M/T，5%增减，由卖方选择”条款。

问：(1) 两种表述有无不同? 为什么?

(2) 在后一规定条件下，卖方最多和最少可交多少吨? 这部分如何计价?

3. 我国某出口公司与俄罗斯进行一笔黄豆出口交易，规定：每袋黄豆净重 100 千克，共 1 000 袋，合计 100 公吨，信用证结算。货物运抵俄罗斯后，经俄方海关检查发现每袋黄豆净重 94 千克，1 000 袋，合计 94 公吨。当时正遇市场黄豆价格下跌，俄罗斯以单货不符为由，提出降价 5%的要求，否则拒收。

问：俄罗斯的要求是否合理? 我方应采取什么补救措施?

任务三

拟定包装条款

学习目标

知识目标： 掌握国际贸易货物买卖合同中商品包装条款的内容；熟悉包装的分类、包装标志及中性包装的基本知识；熟悉国际贸易合同包装条款的订立方法与注意事项。

技能目标： 能够根据交易国别及商品特征选择合适的包装；能够根据客户要求缮制运输标志；能够正确拟定合同中的包装条款。

素质目标： 培养严谨细致、诚实守信的职业素养；树立主人翁意识和高度责任意识。

情境导入

对于国际运输的商品来说，包装非常重要。彭竣开始思考：在给非洲客户订购的氢氧机产品进行包装时，应该采用哪种包装材料？包装表面是否需要印制运输标志？

微课 5-3：包装条款

一、包装概述

商品的包装是指为了有效地保护商品品质的完好和数量的完整，采用一定的方法将商品置于合适容器的一种措施。良好的包装有利于保护商品、美化商品，扩大销路和增加售价，因此许多国家都把改进包装作为加强对外竞销的一种手段。从法律上看，包装是货物的重要组成部分，一方违反这方面的规定，另一方即有权拒收货物或要求损害赔偿。由此可见，包装条款是买卖合同中的主要条款之一。

讨论与思考

我方公司出口自行车 800 辆。合同规定木箱装，来证：Packed in Wooden Case C. K. D，但在 Case 之后 C. K. D 三个缩写字母未引起我方公司的注意。此后，我方公司凭信用证规定制单结汇完毕，结果货到目的港被海关罚款并多交税，因而买方向我方公司索赔。

问：我方有无责任？

二、商品包装的种类

出口商品的包装可分为运输包装和销售包装。

(一) 运输包装

运输包装又称大包装或外包装，其主要作用在于保护商品，防止在储运过程中发生货损货差，并最大限度地避免运输途中各种外界条件对商品可能产生的影响，方便检验、计数和分拨。商品的运输包装一般有散装、裸装和包装三种形式。散装是指不需要也不必进行包装，直接将商品装载在运输工具内的包装方式，石油、煤炭、原盐等均可采用这种方式。裸装是指那些自然成件，产品能抵抗外界作用，在储运过程中可以保持原状，不必另行包裹的包装方式，钢板、原木等均可采用这一方式。包装是指需要外加包裹物，使商品形成包、箱、袋、桶或捆件等形状的包装方式。除可采用散装和裸装的商品外，大多数商品都要经过包装方可运输。

国际市场上常见的运输包装按照包装方式划分可分为两大类：单件运输包装和集合运输包装。

单件运输包装是指货物在运输过程中作为一个计件单位的包装。单件运输包装按造型可以分为箱装、捆装、袋装、桶装、灌装和瓶装等。集合包装是指将若干个单件包装组合成一件大包装或装在一个大的包装容器内，又称为成组合运输包装。

集合运输包装可以提高港口装卸速度，便利货运，减轻装卸搬运的劳动强度，降低运输成本和节省运杂费用，更好地保护商品的质量和数量，并促进包装的标准化。集合运输包装主要包括集装箱、集装袋和托盘。

运输包装示例见表 5-6。

表 5-6 运输包装示例

(1) Name of Commodity, Specifications, Packing, and Shipping mark	(2) Quantity	(3) Unit Price	(4) Amount
HHO Carbon Cleaner Machine (Art No. 6. 0) HHO Carbon Cleaner Agent (Art No. 6. 0) Packing: Plywood pallet and carton Shipping mark: N/M	1 SET 3 CARTONS	CIF KIGALI USD 6 000. 00/SET	USD 6 000. 00

讨论与思考

我方出口某种化工原料 500 吨。合同与来证均规定麻袋装，但发货时发现麻袋装只够 450 吨，剩下的 50 吨便以塑料袋包装。

问：我方做法有无问题？

(二) 销售包装

销售包装又称小包装或内包装，它是指直接接触商品，随着商品进入零售环节，和消费者直接见面的包装，是一种零售包装。销售包装除保护商品的功能外，还便于销售和使用，更重要的是它还可以美化商品、宣传商品，起到吸引消费者的作用。美观的销售包装能激发消费者的购买欲望，因此销售包装又被称作“无声的售货员”，各国厂商无不在销售包装上下功夫。

在销售包装上，除附有装潢画面和文字说明外，有的还印有条形码的标志。条形码是用来表示产品的品名、生产日期、制造厂商、产地等，由数字和黑白相间的平行条纹组成的、可供光电扫描仪阅读的特殊代码语言。近年来，随着计算机应用的不断普及，条形码得到了很大的发展。只要将条形码对准光电扫描仪，计算机就能自动识别条形码上的信息，确定商品的可生产国、制造厂家、商品名称、生产日期、类别、产地等，并据此在数据库中查询其单价，进行结算，提高了结算的准确性和工作效率。

国际上通用的条形码主要有两种，一种是由美国、加拿大组成的统一编码委员会编制的，标识符为 UPC 码；另一种是由欧洲共同体 12 国组成的国际物品编码协会编制的，标识符为 EAN 码。

为了与国际市场接轨，我国于 1988 年成立中国物品编码中心，并于 1991 年 4 月正式加入国际物品编码协会。该中心在全国设有 47 个分支机构，生产和经营出口商品的企业需要使用条形码，可向物品编码机构申请，而后统一向国际条形码组织申请办理注册手续。标准版 EAN 条码的条空图形结构线条为 30 条，其相应字符为 13 位数，前 3 位数是国家代码，第 4 至 7 位为厂商代码，第 8 至 12 位为产品代码，最后 1 位数为校正码。目前我国商品使用的前缀码就是国际物品编码协会分配的 690、691、692、693、694、695，这 6 个前辍码代表中国产品（不包括港、澳、台地区）。此外，我国书籍代码是“978”，杂志代码是“977”。

三、商品包装的标志

为了便于货物交接、防止错发错运，便于运输、仓储和海关等有关部门识别以进行查验等工作，也便于收货人提取货物，在商品包装上要刷制一定的包装标志。包装标志主要有运输标志、指示性标志、警告性标志、其他标志等。

（一）运输标志

运输标志（Shipping Mark）俗称“唛头”，它通常由一个简单的几何图形和一些字母、数字及简单的文字组成，其作用主要是便于识别货物，便于运输、易于计数、防止遗失和错发。运输标志的主要内容有：①收货人、发货人的代号、合同号、信用证号码，一般用简单的文字、字母及几何图形说明，如三角形等；②目的港的名称（有时还增列中转港名称）或目的地名称；③件号、批号，包括顺序的件号和该批货物的总件数。

鉴于运输标志的内容差异较大，有的过于繁杂，不适应货运量增加、运输方式变革和电子计算机在运输与单据流转方面应用的需要，因此，联合国欧洲经济委员会简化国际贸易程序工作组，在国际标准化组织和国际货物装卸协调协会的支持下，制定了标准运输标志（图 5-1）并向各国推荐使用。与一般运输标志（图 5-2）不同的是，标准运输标志不使用任何图形，目的是便于电子商务操作。另外还增加了“参考号码”这一内容，一般是合同号、订单号或发票号。

图 5-1　标准运输标志示例

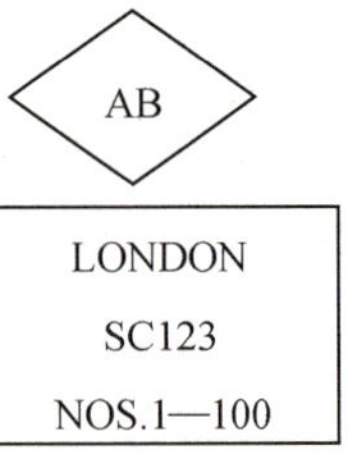

图 5-2　一般运输标志示例

在国际贸易中，运输标志由卖方设计时并无必要在合同中作具体规定，但如果由买方指定运输标志，买卖双方须在包装条款中对买方提供运输标志的时间做出规定。若买方逾期尚未指定，则卖方可以自行决定。

讨论与思考

我国出口某商品，在与外商签订合同时规定由我方决定和刷制运输标志。因此我方备货时就将运输标志刷好。但装船前不久，国外开来的信用证上又指定了运输标志。

问：这种情况下我方应如何处理？

（二）指示性标志

指示性标志（Indication Mark）是指根据商品的性能和特点，用简单醒目的图形或文字对一些易碎、易坏、易潮的商品提出某些在装卸搬运操作和存放保管条件方面的要求和注意事项，以便提醒搬运人员注意，保障货物及人员的安全。例如，“此端向上”（This Side Up）、“小心轻放”（Handle With Care）、“保持干燥”（Keep Dry）和“易碎”（Fragile）等，如图 5-3 所示。

图 5-3　几种常用的指示性标志

（三）警告性标志

警告性标志（Warning Mark）是针对危险货物，如易燃、易爆、有毒和放射性等危险物品，为了在运输、保管和装卸过程中提醒有关人员加强防护措施，以保护物资和人身的安全而印在外包装上的醒目的图形和文字。联合国政府海事协商组织制定的《国际海运危险品标志》是国际上各个国家惯用的警告标志，在出口危险品时，除印刷出口国内危险品标志外，还应印刷国际海运危险品标志，否则将不准在进口国口岸卸货。例如，“有毒品”（Poison）、“易爆品”（Explosive）、“腐蚀品”（Corrosive）等，如图 5-4 所示。

图 5-4　几种常用的警告性标志

（四）其他标志

其他标志是根据进口国的有关规定，或根据收货人的要求而附加的一些作为运输标志补充的标志，通常有体积标志、重量标志、进口许可证号、商标、品牌、条形码和产地等。

四、中性包装和定牌包装

（一）中性包装

中性包装（Neutral Packing）是国际贸易中的一种习惯做法，指在商品上的内外包装上不注明生产国别、地名和生产厂商名。中性包装有两种形式，即无牌中性包装和定牌中性包装。前者是指包装上既无生产国别、地名和厂商名称，又无商标、品牌；后者是指包装上仅有买方指定的商标或品牌，但无生产国别和出口厂商的名称。

在国际贸易中，使用中性包装主要是为了适应国际市场的特殊需要，打破某些进口国家和地区实行的关税壁垒、配额限制和其他一些限制进口的歧视性措施。我国出口业务可以接受中性包装。

（二）定牌包装

定牌包装（Packing of Nominated Brand）是指卖方按买方要求在其出售的商品或包装上标明买方指定的商标或品牌的包装。国外买方要求卖方使用定牌的目的主要是使经营出售的商品商标或品牌与自己商店使用的商标或品牌一致，以扩大自己商店的知名度，并显示该商品的身份。在定牌生产中要谨防侵权行为，还应警惕有的外商利用向我方订购定牌商品来排挤我方商标货物的销售。在我国出口贸易中，采用定牌生产时，除非另有规定，出口商品或包装上均须标明“中国制造”字样。

讨论与思考

菲律宾某公司与上海某自行车公司洽谈进口中国“永久”牌自行车 2 000 辆，采用定牌生产，但要求我方改用“箭”牌商标，且不得在包装上注明“Made in China”字样。

问：我方可否接受？在处理此类业务时要注意什么问题？

五、合同中的包装条款

（一）包装条款的内容

包装条款一般包括对包装材料、方式、规格、标志和费用负担等内容做出的规定，在实际应用中，应根据商品的性能、特点及采用的运输方式规定包装条款的内容。例如：

（1）铁桶装，每桶净重 185～190 千克。In iron drums of 185～190 kgs net each.

（2）纸箱装，每箱 4 盒，每盒约 9 磅，每个水果涂蜡，包纸。In cartons, each containing 4 boxes, about 9 pounds each, each fruit waxed and wrapped with paper.

（3）单层新麻袋装，每个约 100 千克。In new single gunny bags of about 100 kg each.

（4）布袋装，内衬聚乙烯袋，每袋净重 50 千克。In cloth bags, lined with polythene bags of 50 kgs net each.

（5）纸箱装，每箱 100 套，每套用塑料袋包装。In cartons of 100 sets, each set packed in a poly bag.

（二）订立包装条款应注意的问题

1. 对包装的要求应具体明确

对于有些包装术语，如“适合海运包装”“习惯包装”等，因可以有不同理解而易引起争议，应避免使用，除非买卖双方事先取得一致认识。尤其应在合同中对设备包装条件做出具体明确的规定，例如，对特别精密的设备包装要求除必须符合运输要求外，还应规定防震措施等条件。

2. 包装费用一般都包括在货价内，不另行计价

按照惯例，包装费用一般在货价之内，包装条款中无须另行订明。如果买方要求特

殊包装，其超出的包装费用应由买方负担，并应在合同中具体规定负担的费用和支付办法。如果包装材料由买方供应，则条款中应明确包装材料到达时间，以及逾期到达时买方应负的责任。

3. 注意进口国家对包装的规定和惯例

许多国家对进口商品的运输包装有某些具体规定，如不符合其规定，则要求出口方缴纳罚金或课以重税，甚至不准进口。在包装材料方面，有的国家禁止用麻袋或用玻璃、陶瓷等材料制作的包装容器包装；有的国家禁用虫蛀或带有树皮的木材做包装木箱；有的国家禁止用稻草、干草、废棉、报纸作为衬垫物；等等。在重量方面，有的国家规定油脂品每件净重不得超过 10 千克；各国班轮公司对超长、超重的货物都加收附加费。在包装方式方面，有的国家规定必须使用托盘或集装箱。因此，在订立包装条款时应注意各国的法规，以免日后由于包装问题对方拒收而造成经济损失。

实操训练

拟定包装条款

埃塞俄比亚 FOTH 公司要求将其订购的女士风衣（GT013：1 000 件；GT014：2 000 件）采用出口标准纸箱运往蒙巴萨港，每 20 件装一箱，并要求在纸箱上印刷运输标志（Main mark including：FOTH，ART NO.，PORT OF DESTINATION，CARTON NO.）。请根据所学内容，完善以下包装条款，并制作运输标志。

Packing：

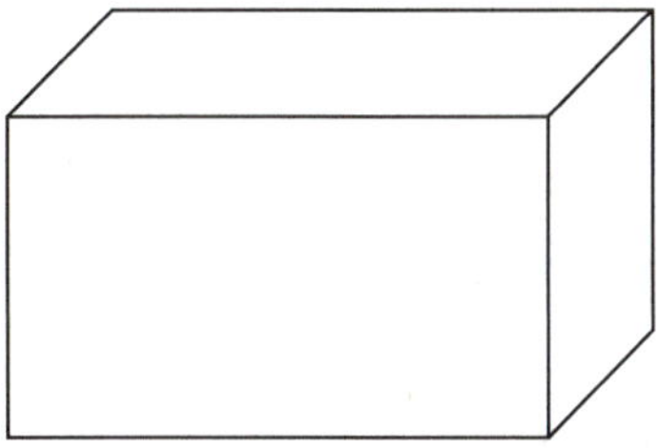

思政园地

茅台酒是中国的传统特产酒，是三大名酒“茅五剑”之一，也是大曲酱香型白酒的鼻祖，已有 800 多年的历史。

然而从进出口来看，中国白酒国际化程度却处于较低水平，远远落后于威士忌等酒种。根据权威统计 2021 年数据，全球烈酒出口国中，英国、法国、墨西哥分别为 76.7 亿美元、60.8 亿美元和 32.8 亿美元，中国白酒出口额不足 10 亿美元。2016 年，白酒总产量达到顶峰，随后逐年下滑，2022 年产量已接近 2016 年的 50%。为了发展中国白酒行业，推进中国白酒的国际化，有着悠久历史的茅台酒，作为中国白酒的代表，扛起了白酒出口的大旗。2022 年，茅台酒进出口公司开展了三年来最大规模的一次市场调研，摸清了后疫情时代茅台出口市场的整体情况，根据国际市场的需求，调整了茅台酒的口感，还提升了茅台酒的产品包装，在外包装箱和包装数量上都做了调整。2022年，茅台集团全年累计出口茅台酒、酱香系列酒及集团其他子公司产品1 976.15吨，实现海外市场销售收入42.39亿元，比上年增长了61.61%。

随着“一带一路”的推进，中国产品走向国际是大势所趋，同时它必将要求产品自身内涵的提升和外延的创新。因此，中国企业不仅仅要重视产品质量的提升，还要重视产品包装的创新，满足更广阔的国际市场的需求，让更多带有中国文化标签的产品用看得见的方式乘着东风出海，走向世界。

温故知新

一、名词解释

1. 中性包装
2. 唛头
3. 指示性标志
4. 警告性标志

二、不定项选择题

1. 直接接触商品并随商品进入零售网点与消费者见面的包装叫（　　）。

A. 运输包装　B. 销售包装　C. 中性包装　D. 定牌

2. 大包装又可称为（　　）。

A. 全部包装　B. 运输包装　C. 销售包装　D. 中性包装

3. 按照国际贸易惯例，在合同中不作规定时运输标志的式样和文字一般由（　　）。

A. 买方提供　B. 卖方提供
C. 运输部门设计并刷制　D. 生产经营单位设计并刷制

4. 在商品和包装上使用买方指定的商标、品牌，但不注明生产国别的包装方式是（　　）。

A. 定牌包装　B. 中性包装
C. 定牌中性包装　D. 无牌中性包装

5. 必须在运输包装上打印警告性标志的商品有（　　）。

A. 易燃物品　B. 易爆物品　C. 氧化剂
D. 易潮物品　E. 易碎物品

三、案例分析题

1. 某外商欲购我方闪电牌电钻，但要求改用鲨鱼牌商标，并不得在包装上注明“Made in China”字样。

问：我方是否可以接受？应注意什么问题？

2. 我方出口水果罐头一批，合同规定为纸箱装，每箱30听，共80箱。但我方公司发货时擅自改为每箱24听，共100箱，总听数相等。

问：这样做妥当吗？

任务四

拟定价格条款

学习目标

知识目标： 了解贸易术语的相关国际惯例；掌握《2020 年国际贸易术语解释通则》中的 11 种贸易术语的含义、特点及运用，特别是 FOB/CFR/CIF 和 FCA/CPT/CIP 的使用规则；掌握净价、含佣价的计算方法；熟悉价格条款的主要内容。

技能目标： 能够针对不同的交易情况，选择合适的贸易术语，并分析买卖双方的责任和义务；能够进行 FOB、CFR 和 CIF 术语下的价格换算；能够拟定合同中的价格条款。

素质目标： 培养谨慎细致、诚实守信的职业素养；树立主人翁意识和高度的责任意识。

情境导入

在与国外客户进行价格磋商时，一般有哪些因素会影响商品报价的高低？在与非洲客户的这笔交易中，长沙卡特尔环保科技有限公司外贸业务员彭竣应该注意哪些事项？他该选用何种贸易术语成交更加合适？

第一节　贸易术语概述

微课 5-4：贸易术语概述

一、贸易术语的含义

贸易术语（Trade Terms）是指用一个简短的概念或英文缩写字母来表明货物的单价构成和买卖双方各自承担的责任、费用与风险的划分界线，以确定买卖双方在交换货物过程中应尽的责任和义务。例如，装运港船上交货（Free on Board，FOB），成本加运费（Cost and Freight，CFR），货交承运人（Free Carrier，FCA）。

在国际贸易中，使用贸易术语有利于买卖双方洽商交易和订立合同。各种贸易术语对于成本、运费和保险费等各项费用由谁负担都有明确的界定，所以买卖双方比较容易核算价格和成本。使用贸易术语还有利于解决履约当中的争议，也对明确买卖双方各自承担的责任、费用与风险，简化买卖双方洽商的内容，缩短交易洽商的进程与促进成交、节省业务费用和时间都有积极的作用。

“责任”是指因交货地点不同而产生的租船订舱、装卸、投保、申请进出口许可、报关等项事宜；“费用”是指因货物的移动而产生的运杂费、保险费、仓储费等；“风险”是指由于各种原因导致的货物被盗、串味、锈损、水渍、灭失等危险。

二、有关贸易术语的国际惯例

(一) 国际贸易惯例的含义

国际贸易惯例（International Trade Practice）是一种适用于国家与国家之间的，或者说适用于国际经济贸易和海事活动的惯例，是在国际贸易长期实践中形成的若干具有普遍意义的一些习惯做法和解释。

国际贸易惯例在解决纠纷时能起到一定的作用，如合同中对某一问题未做出明确规定，也未注明采用某一惯例，当发生争议并付诸诉讼或提交仲裁时，法庭和仲裁机构可引用国际贸易惯例作为判决或裁决的依据。然而，惯例并非法律，对买卖双方没有约束力与强制性，故买卖双方有权在合同中做出与某项惯例不符的规定。但需要注意的是，如果双方同意采用某种惯例来约束这项交易，并在合同中做出明确规定，这项惯例就有约束性。

(二) 目前主要的国际贸易惯例和公约

目前主要的国际贸易惯例和公约，见表 5-7。

表 5-7 目前主要的国际贸易惯例和公约

项目	制定国家或组织	具体名称	最后修订时间（年）
合同契约方面	联合国	《联合国国际货物销售合同公约》	1980
	英国	《1893 年货物买卖法案》	1973
贸易术语方面	国际商会	《2020 年国际贸易术语解释通则》	2019
	国际法协会	《1932 年华沙—牛津规则》	1932
	美国对外贸易联合委员会	《1990 年美国对外贸易定义修订本》	1990
支付方面	国际商会	《跟单信用证统一惯例》	2007
	国际商会	《托收统一规则》	1995
运输和保险方面	国际法协会所属的海商法委员会	《海牙规则》	1924
	国际海事委员会	《维斯比规则》	1968
	联合国	《汉堡规则》	1978

（续表）

项目	制定国家或组织	具体名称	最后修订时间（年）
运输和保险方面	国际商会	《联合运输单证统一规则》	1975
	国际海事委员会	《1974 年约克—安特卫普规则》	1974
仲裁方面	联合国	《联合国国际贸易法委员会仲裁规则》	2010
	联合国	《关于承认及执行外国仲裁裁决的公约》	1958
专利和商检方面	世界知识产权组织	《保护工业产权巴黎公约》	1979
	世界知识产权组织	《商标国际注册马德里协定》	1979
	世界知识产权组织	《商标注册条约》	1973
	联合国	《建立世界知识产权组织公约》	1979

（三）国际贸易惯例的性质

（1）惯例本身不是法律，对贸易双方不具有强制性；
（2）如双方同意采用某惯例，且在合同中注明，则受其约束；
（3）如合同规定与惯例不一致，以合同为准；
（4）如双方对某问题未具体规定，合同也未注明，在仲裁和诉讼时引用国际惯例。

（四）有关贸易术语的国际惯例

有关贸易术语的国际惯例主要有三种。

1.《1932 年华沙—牛津规则》

该规则是由国际法协会制定的。该协会于 1928 年在华沙举行会议，制定了关于 CIF 买卖合同的统一规则，共 22 条，称《1928 年华沙规则》，后又经过 1930 年纽约会议、1931 年巴黎会议和 1932 年牛津会议修订为 21 条，定名为《1932 年华沙—牛津规则》。该规则主要说明 CIF 买卖合同的性质，具体规定了买卖双方所承担的费用、风险和责任。

2.《1990 年美国对外贸易定义修订本》

1919 年，美国九个大商业团体制定了《美国出口报价及其缩写条例》。其后，因贸易习惯发生了很多变化，1940 年举行的美国第 27 届全国对外贸易会议对其做了修订，并于 1941 年经美国商会、美国进口商理事会和全国对外贸易理事会所组成的联合委员会通过，称为《1941 年美国对外贸易定义修订本》。1990 年再次对该定义进行了修订，称为《1990 年美国对外贸易定义修订本》，该规则对以下六种术语做了解释。

（1）EXW——产地交货价。按此术语，所报价格仅适用于原产地交货，卖方同意在规定日期或期限内在双方商定地点将货物置于买方控制之下。

（2）FOB——运输工具上交货价。如果运输工具为船，则是装运港船上交货价——FOB Vessel。按此术语，卖方所报价格包括在指定装运港将货物交到由买方提供或为买方提供的海洋轮船上的全部费用。

(3) FAS——运输工具旁边交货价。

(4) CFR——成本加运费（目的港）价。按此术语，卖方报价包括将货物运到指定目的地的运输费用在内。

(5) CIF——成本加保险费、运费（目的港）价。

(6) EX Dock——目的港码头交货价。

3.《国际贸易术语解释通则》

《国际贸易术语解释通则》（International Rules for the Interpretation of Trade Terms，INCOTERMS），它是国际商会为了统一对各种贸易术语的解释而制定的，也是目前在国际贸易中最流行的有关贸易术语的国际惯例。最早的版本于 1936 年颁布，随后为了适应新的贸易形势的发展以及国际货物运输方式的新发展，国际商会先后于 1953 年、1967 年、1976 年、1980 年进行过多次修订和补充。

为了保证 EDI 单据的提供和高级运输技术的实施，1989 年 7 月，国际商会对《1980 年国际贸易术语解释通则》进行了全面修订，形成《1990 年国际贸易术语解释通则》。在该通则实施 10 年后，为了适应经济全球化发展的趋势，国际商会在广泛征求 INCOTERMS 使用者意见的基础上，在 1999 年对《1990 年国际贸易术语解释通则》进行了部分修改，形成了《2000 年国际贸易术语解释通则》（以下简称《2000 通则》），于 2000 年 1 月 1 日正式实施。为了适应国际贸易的快速发展和国际贸易实践领域发生的新变化，《2010 年国际贸易术语解释通则》（以下简称《2010 通则》）的修订工作历时三年，最终版本于 2010 年 9 月面世，并于 2011 年 1 月 1 日起正式生效。2019 年 9 月，国际商会根据国际货物贸易发展修订了最新版本的《2020 年国际贸易术语解释通则》（以下简称《2020 通则》），新修订的《国际贸易术语解释通则》于 2020 年 1 月 1 日起生效。但《2020 通则》实施后，《2010 通则》并非自动作废。国际贸易惯例在适用的时间效力上并不存在“新法取代旧法”的说法，因此当事人在订立贸易合同时仍然可以选择适用《2010 通则》。

上述各项国际贸易惯例并不具有普遍的约束力，双方当事人可以采用，也可以不采用，如双方当事人在合同中采用了某种贸易惯例，它对当事人就具有约束力。

4.《2020 年国际贸易术语解释通则》的主要变化

《2020 通则》相较《2010 通则》有了明显的升级，买卖双方的权利和义务关系更加明晰，用户友好度更高。新版通则于 2020 年 1 月 1 日起正式生效，企业在订立合同时可以采用《2020 通则》。

国际商会新修订的《2020 通则》与《2010 通则》相比，新修订的版本主要在以下六个方面发生了变化。

(1) 货交承运人提单

货交承运人是指卖方在卖方所在地或其他指定地点将货物交给买方指定的承运人或其他人，其效力在货物装船前就已经随着货交承运人而截止，卖方不能从承运人处获得已装船提单。但是在一般情况下，已装船提单是银行在信用证项下的常见单据要求，因此《2020 通则》的 FCA 价格术语中 A6 和 B6 条款（A6 和 B6 条款内容可参阅《2010

通则》）提供了一个附加选项，买方可以指示其承运人在货物装船后向卖方签发已装船提单，卖方有义务向买方提交该提单（通常是通过银行提交）。

（2）成本的列出位置

在《2020 通则》中，各个贸易术语项下买卖双方的费用承担在 A9（卖方承担）和 B9（买方承担）中详细载明，该部分为每一个贸易术语都提供了“一站式成本清单”。也就是说，除在具体规定有关义务的条款中对承担该义务产生的费用成本进行分配以外，还新加入将买方和卖方各自承担的费用成本一并汇总的部分。例如，在 FOB 贸易术语项下，取得交付或运输相关单据产生的成本除在说明该项义务的 A6 和 B6 部分载明外，在汇总费用承担的 A9 和 B9 部分也有载明。

（3）增加运费、保险费付至的保险范围

《2020 通则》中成本加保险费、运费（Cost Insurance and Freight，CIF）和运费、保险费付至（Carriage and Insurance Paid To，CIP）术语的最低保险范围规定有所不同。CIF 术语继续要求卖方购买符合《伦敦保险协会货物保险条款》（以下简称《协会货物保险条款》）中 C 条款要求的货物保险。但是，在适用 CIP 术语的贸易中，最低保险范围已经提高到《协会货物保险条款》中 A 条款的要求（即“一切险”，不包括除外责任）。这是涵盖了所有风险的最高保险级别，其背后的原因是，CIF 通常用于大宗商品，而 CIP 则更常用于制成品。

（4）自定义运输方式的承运

在《2020 通则》中，当采用货交承运人（Free Carrier，FCA）、目的地交货（Delivered at Place，DAP）、卸货地交货（Delivered at Place Unloaded，DPU）和完税后交货（Delivered Duty Paid，DDP）术语进行贸易时，买卖双方可以使用自定义运输方式承运货物，不再像《2010 通则》那样推定使用第三方承运人进行运输。

（5）DAT 变成了 DPU

在《2020 通则》中，DAT（Delivered at Terminal，运输终端交货）术语已被重命名为 DPU。这是为了反映作为目的地的交货地点可以是任何地方而不仅仅是终点。

在 2010 年之前版本的《国际贸易术语解释通则》中，DAT 指货物在商定的目的地卸货后即视为交货。在国际商会收集的反馈中，用户要求《国际贸易术语解释通则》中涵盖在其他地点交货的情形，例如厂房。这就是现在使用更通用的措辞 DPU 来替换 DAT 的原因。

（6）在运输义务和费用中列入与安全有关的要求

《2020 通则》中对每个国际贸易术语项下的 A4 和 A7 部分都明确规定了与安全有关的义务的分配规则，为履行该义务产生的费用的承担方式也在 A9 和 B9 部分载明。例如，FOB 术语项下的 A4 部分载明“卖方必须遵守任何与运输安全有关的要求，直至交付”。这些规定反映了当前国际贸易领域对安全问题日益增长的关注。《2020 通则》部分术语解释见表 5-8。

表 5-8　《2020 通则》对国际贸易术语的分类表

适用于任何运输方式类（Any Mode of Transport）		
EXW	Ex Works	工厂交货
FCA	Free Carrier	货交承运人
CPT	Carriage Paid To	运费付至
CIP	Carriage and Insurance Paid To	运费保险费付至
DPU	Delivered at Place Unloaded	卸货地交货
DAP	Delivered At Place	指定目的地交货
DDP	Delivered Duty Paid	完税后交货
仅适用于水运类（Sea and Inland Waterway Transport Only）		
FAS	Free Alongside Ship	装运港船边交货
FOB	Free On Board	装运港船上交货
CFR	Cost and Freight	成本加运输费
CIF	Cost，Insurance and Freight	成本加运输保险费

第二节　六种常用贸易术语

现代国际贸易中使用的价格术语，基本上是国际商会在《2020 通则》中归纳整理的 11 种术语，其中 FOB、CFR、CIF、FCA、CPT、CIP 运用较广。

装运港交货：
- FOB（Free On Board），装运港船上交货
- CFR（Cost and Freight），成本加运输费
- CIF（Cost，Insurance and Freight），成本加运输保险费

货交承运人：
- FCA（Free Carrier），货交承运人
- CPT（Carriage Paid To），运费付至
- CIP（Carriage and Insurance Paid To），运费保险费付至

一、装运港交货

（一）FOB

微课 5-5：FOB

Free on Board (... named port of shipment)——装运港船上交货（……指定装运港），是指卖方在约定的装运港将货物交到买方指定的船舶，或通过取得已交付至船上货物的方式交货。货物损失或损坏的风险在货物交到船上时转移，同时买方承担转移之后的一切费用。FOB 条件只适用于海运和内河航运，如合同当事人不采用船上交货，而是上船前交给承运人，则使用 FCA 条件更为适宜。

1. 买卖双方基本义务的划分

按国际商会对 FOB 的解释，买卖双方各自承担的基本义务概括起来可作如下划分。

(1) 卖方义务

① 在合同规定的时间或期限内，在装运港按照习惯方式将货物交到买方指派的船

上并及时通知买方；

② 自负风险和费用，取得出口许可证或其他官方批准证件，并在需要办理海关手续时办理货物出口所需的一切海关手续；

③ 负担货物在装运港交到船上为止的一切费用和风险；

④ 自付费用提供证明货物已交至船上的通常单据，如果买卖双方约定采用电子通信，则所有单据均可被具有同等效力的电子数据交换（Electronic Data Interchange，EDI）信息所代替。

（2）买方义务

① 负责租船或订舱，支付运费，并给予卖方关于船名、装船地点和要求交货时间的充分的通知；

② 自负风险和费用，取得进口许可证或其他官方批准的证件，在需要办理海关手续时，办理货物进口以及经由他国过境的一切海关手续，并支付有关费用及过境费；

③ 负担货物在装运港装到船上后的一切费用和风险；

④ 接受卖方提供的有关单据，受领货物，并按合同规定支付货款。

讨论与思考

我国某公司以 FOB 条件出口苹果一批，装船前检验合格，但货到目的港后检验不合格，有部分腐烂。经查乃因装船前苹果内有幼虫，运输过程中将苹果毁坏。

问：损失应当由哪一方承担？为什么？

2. FOB 的变形

在按 FOB 条件成交时，卖方要负责支付货物装上船之前的一切费用。但各国对“装船”的概念没有统一的解释，有关装船的各项费用由谁负担，各国的惯例或习惯做法也不完全一致。如果采用班轮运输，船方管装管卸，装卸费计入班轮运费之中，自然由负责租船的买方承担；而采用程租船运输，船方一般不负担装卸费用，这就必须明确装船的各项费用应由谁负担。为了说明装船费用的负担问题，双方往往在 FOB 术语后加列附加条件，这就形成了 FOB 的变形，主要包括以下几种。

（1）FOB Liner Terms（FOB 班轮条件）

这一变形是指装船费用按照班轮的做法处理，即由船方或买方承担。采用这一变形时，卖方不负担装船的有关费用。

（2）FOB Under Tackle（FOB 吊钩下交货）

这是指卖方负担费用将货物交到买方指定船只的吊钩所及之处，而吊装入舱以及其他各项费用由买方负担。

（3）FOB Stowed（FOB 理舱费在内）

这是指卖方负责将货物装入船舱并承担包括理舱费在内的装船费用。理舱费是指货物入舱后进行安置和整理的费用。

（4）FOB Trimmed（FOB 平舱费在内）

这是指卖方负责将货物装入船舱并承担包括平舱费在内的装船费用。平舱费是指对装入船舱的散装货物进行平整所需的费用。

在许多标准合同中，为表明由卖方承担包括理舱费和平舱费在内的各项装船费用，常采用 FOBST（FOB Stowed and Trimmed）方式。

FOB 的上述变形只是为了表明装船费用由谁负担而产生的，并不改变 FOB 的交货地点以及风险划分的界限。《2020 通则》对这些术语后的添加词句不提供任何指导规定，建议买卖双方应在合同中加以明确。

3.《1941 年美国对外贸易定义修订本》对 FOB 的解释与《2020 通则》的不同

（1）交货地点不同

根据《2020 通则》解释，卖方交货的地点在装运港的船上；而根据《1941 年美国对外贸易定义修订本》解释，FOB 适应于各种运输工具，如果采用船运并在装运港的船上交货，应在 FOB 后加上 Vessel 字样。

（2）风险划分的界限不同

根据《2020 通则》解释，买卖双方风险划分的界限以装运港的船舷为界；而根据《1941 年美国对外贸易定义修订本》解释，买卖双方风险划分的界限以装运港的船舱为界。《2020 通则》实施后，二者的规定趋于统一。

（3）办理出口手续的费用由谁承担不同

根据《2020 通则》解释，办理出口手续的费用由卖方负担；而根据《1941 年美国对外贸易定义修订本》解释，只有在买方提出请求，并由买方负责费用的情况下，卖方才有义务协助买方取得由出口国签发的为货物出口或在目的地进口所需的各种证件，同时出口税和其他税费也需由买方负担。

讨论与思考

我国某进出口公司欲从美国进口小麦，美方报价为每公吨 200 美元 FOB 纽约。问：在合同签订时，应明确哪些问题？

微课 5-6：CFR

（二）CFR

Cost and Freight（... named port of destination）——成本加运输费（……指定目的港），是指卖方在船上交货或以取得已经这样交付的货物方式交货，货物灭失或损坏的风险在货物交到船上时转移。卖方负责租船订舱，支付从装运港到目的港的正常运费，并由承运人将货物运至指定的目的港。在《2020 通则》中明确规定 CFR 条件只能适用于海运和内河航运，如合同当事人不采用船上交货，而是上船前交给承运人，则应使用 CPT 条件。

1. 买卖双方基本义务的划分

按国际商会对 CFR 的解释，买卖双方各自承担的基本义务概括起来可作如下划分。

（1）卖方义务

① 自负风险和费用，取得出口许可证或其他官方批准的证件，在需要办理海关手续时办理货物出口所需的一切海关手续；

② 签订从指定装运港承运货物运往指定目的港的运输合同，在买卖合同规定的时间和港口将货物装上船并支付至目的港的运费，并在装船后及时通知买方；

③ 承担货物在装运港装到船上为止的一切风险；

④ 向买方提供通常的运输单据，如买卖双方约定采用电子通信，则所有单据均可被同等效力的电子数据交换信息所代替。

（2）买方义务

① 自负风险和费用，取得进口许可证或其他官方批准的证件，在需要办理海关手续时办理货物进口以及必要时经由另一国过境的一切海关手续，并支付有关费用及过境费；

② 承担货物在装运港装到船上以后的一切风险；

③ 接受卖方提供的有关单据，受领货物，并按合同规定支付货款；

④ 支付除通常运费以外的有关货物在运输途中所产生的各项费用，以及包括驳运费和码头费在内的卸货费。

讨论与思考

我方以 CFR 宁波条件与 B 国的 H 公司签订一批消毒碗柜的出口合同，合同规定装运时间为 4 月 15 日前。我方备妥货物，并于 4 月 8 日装船完毕。由于遇星期日休息，我公司的业务员未及时向买方发出装船通知，导致买方未能及时办理投保手续，而货物在 4 月 8 日晚因发生了火灾被烧毁。

问：货物损失责任由谁承担？为什么？

2. 使用 CFR 的注意事项

（1）卖方应及时发出装船通知

按 CFR 条件成交时，由卖方安排运输，由买方办理货运保险。如卖方不及时发出装船通知，买方就无法及时办理货运保险，甚至有可能出现漏保货运险的情况。因此，卖方装船后务必及时向买方发出装船通知，否则，卖方应承担货物在运输途中的风险和损失。

（2）按 CFR 条件进口应慎重行事

在进口业务中按 CFR 条件成交时，鉴于由外商安排装运，由进口方负责保险，故应选择资信好的国外客户成交，并对船舶提出适当要求，以防外商与船方勾结，出具虚假提单，租用不适航的船舶，或伪造品质证书与产地证明。若出现这类情况，会使进口方蒙受不应有的损失。

（3）CFR 的变形

按 CFR 条件成交时，如货物是使用班轮运输，运费由 CFR 合同的卖方支付，在目的港的卸货费用实际上由卖方负担。大宗商品通常采用租船运输，如船方按不负担装卸费条件出租船舶，则买卖双方应在合同中订明卸货费究竟由何方负担。为了明确责任，可在 CFR 条件后加列表明卸货费由谁负担的具体条件。

① CFR Liner Terms（CFR 班轮条件）

这是指卸货费按班轮办法处理，即买方不负担卸货费。

② CFR Landed（CFR 卸到岸上）

这是指由卖方负担卸货费，其中包括驳运费。

③ CFR EX Tackle（CFR 吊钩下交货）

这是指卖方负担将货物从船舱吊起卸到船舶吊钩所及之处（码头上或驳船上）的费用。在船舶不能靠岸的情况下，租用驳船的费用和货物从驳船卸到岸上的费用概由买方负担。

④ CFR Ex Ship's Hold（CFR 舱底交货）

这是指货物运到目的港后，由买方自行启舱并负担货物从舱底卸到码头的费用。

CFR 术语的附加条件只是为了明确卸货费由何方负担，其交货地点和风险划分的界线并无任何改变。

微课 5-7：CIF

（三）CIF

Cost，Insurance and Freight（... named port of destination）——成本加运输保险费（……指定目的港），是指卖方在船上交货或以取得已经这样交付的货物方式交货，货物灭失或损坏的风险在货物交到船上时转移。按 CIF 条件成交时，由卖方负责租船订舱，支付从装运港到目的港的正常运费，并由承运人将货物运至指定的目的港。卖方还要为买方在运输途中货物的灭失或损坏的风险办理保险，支付保险费。按《2020 通则》的规定，CIF 条件只能适用于海运和内河航运，如合同双方不采用船上交货，而是上船前交给承运人，则使用 CIP 条件更为适宜。

1. 买卖双方基本义务的划分

按 CIF 条件成交，是指卖方必须在合同规定的日期或期间内在装运港将货物交至运往指定目的港的船上，负担货物装上船为止的一切费用和货物灭失或损坏的风险，负责租船订舱，支付从装运港到目的港的正常运费，并负责办理货运保险，支付保险费。由此可以看出，CIF 条件除具有 CFR 条件相同的义务外，卖方还应负责办理货运保险和支付保险费。

2. 使用 CIF 的注意事项

（1）CIF 合同属于“装运合同”

在 CIF 条件下，卖方在装运港将货物装上船即完成了交货义务，因此，采用 CIF 条件订立的合同属于“装运合同”。但是，由于在 CIF 条件后所注明的是目的港（如“CIF 伦敦”），在我国曾将 CIF 条件译作“到岸价”，所以 CIF 合同的法律性质常被误解为“到货合同”。为此必须明确指出，CIF 以及其他 C 组术语（CFR、CPT、CIP）与 F 组术语（FCA、FAS、FOB）一样，由卖方在装运地完成交货义务，采用这些条件订立的买卖合同均属“装运合同”性质。按此类条件成交的合同，卖方在装运地（港）将货物交付装运后，对货物可能发生的任何风险不再承担责任。

（2）卖方办理保险的责任

在采用 CIF 条件下，卖方是为了买方的利益办理货运保险的，因为此项保险主要是为了保障货物装船后在运输途中的风险。如无相反的明示协议，卖方只需按《协会货物保险条款》或其他类似的保险条款中最低责任的保险险别投保。买方如要投保其他险别或特别险，应在合同中说明并自负该项加保费用，最低保险金额应为合同规定的价款加10%，并以合同货币投保。

在实际业务中，为了明确责任，我外贸企业在采用 CIF 条件与国外客户洽谈交易时，一般都在合同中具体规定保险金额、保险险别和适用的保险条款。

(3) 象征性交货问题

从交货方式来看，CIF 是一种典型的象征性交货（Symbolic Delivery）。所谓象征性交货，是针对实际交货（Physical Delivery）而言的，前者指卖方只要按期在约定地点完成装运，并向买方提交合同规定的包括物权凭证在内的有关单证就算完成了交货义务，而无须保证到货；后者则是指卖方要在规定的时间和地点将符合合同规定的货物提交给买方或其指定人，而不能以交单代替交货。在象征性交货方式下，卖方是凭单交货，买方是凭单付款，只要卖方按时向买方提交了符合合同规定的全套单据，即使货物在运输途中损坏或灭失，买方也必须履行付款义务；反之，如果卖方提交的单据不符合要求，即使货物完好无损地运达目的地，买方仍有权拒付货款。

由此可见，CIF 交易实际上是一种单据的买卖，所以装运单据在 CIF 交易中具有特别重要的意义。必须指出，按 CIF 条件成交时，卖方履行其交单义务只是得到买方付款的前提条件，除此之外，卖方还必须履行交货义务。如果卖方提交的货物不符合要求，买方即使已经付款，仍然可以根据合同的规定向卖方提出索赔。

CIF 条件示例见表 5-9。

表 5-9 CIF 条件示例

(1) Name of Commodity, Specifications, Packing, and Shipping mark	(2) Quantity	(3) Unit Price	(4) Amount
HHO Carbon Cleaner Machine (Art No. 6.0) HHO Carbon Cleaner Agent (Art No. 6.0) Packing: Plywood pallet and carton Shipping mark: N/M	1 SET 3 CARTONS	CIF KIGALI USD 6 000.00/SET	USD 6 000.00

讨论与思考

某出口公司按 CIF 伦敦条件向英商出售一批核桃仁，由于该商品季节性较强，双方在合同中规定，买方须于 9 月底前开具信用证，卖方保证货运船只不迟于 12 月 2 日驶抵目的港。如货轮迟于 12 月 2 日抵达目的港，买方有权取消合同，如货款已收，卖方必须将货款退还买方。

试分析合同中有关条款存在的问题。

(4) CIF 的变形

在国际贸易中，大宗商品的交易通常采用程租船运输，在多数情况下船舶公司是不负担装卸费的，因此，在 CIF 条件下买卖双方容易在卸货费由何方负担的问题上引起争议。为了明确责任，买卖双方应在合同中对卸货费由谁负担做出明确具体的规定。如买方不愿负担卸货费，在商订合同时，可要求在 CIF 条件后加列 Liner Terms（班轮条件）或 Landed（卸到岸上）或 Ex Tackle（吊钩下交货）字样；如卖方不愿负担卸货费，在商订合同时，可要求在 CIF 条件后加列 Ex Ship's Hold（舱底交货）字样。

上述 CIF 条件后加列各种附加条件，如同 CFR 条件后加列各种附加条件一样，只是为了明确卸货费由谁负担，并不影响交货地点和风险转移的界线。

微课 5-8：FCA、CPT、CIP

二、货交承运人

（一）FCA

Free Carrier (... named place) ——货交承运人（……指定地点），是指卖方在指定地点将货物交给买方指定的承运人。当卖方将货物交给承运人照管，并办理了出口结关手续时就算履行了其交货义务。FCA 条件适用于各种运输方式，包括多式联运。

1. 买卖双方基本义务的划分

（1）卖方义务

① 自负风险和费用，取得出口许可证或其他官方批准证件，在需要办理海关手续时办理货物出口所需的一切海关手续；

② 在合同规定的时间、地点，将符合合同规定的货物置于买方指定的承运人控制下，并及时通知买方；

③ 承担将货物交给承运人之前的一切费用和风险；

④ 自负费用向买方提供交货的通常单据，如买卖双方约定采用电子通信，则所有单据均可被具有同等效力的电子数据交换信息所代替。

（2）买方义务

① 自负风险和费用，取得进口许可证或其他官方证件，在需要办理海关手续时办理货物进口和经由他国过境的一切海关手续，并支付有关费用及过境费；

② 签订从指定地点承运货物的合同，支付有关的运费，并将承运人名称及有关情况及时通知卖方；

③ 承担货物交给承运人之后的一切费用和风险；

④ 根据买卖合同的规定受领货物并支付货款。

2. 使用 FCA 的注意事项

（1）关于交货问题

《2020 通则》规定，在 FCA 条件下，卖方交货的指定地点如是在卖方货物所在地，则当货物被装上买方指定的承运人的运输工具时，交货即算完成；如指定的地点是在任何其他地点，当货物在卖方运输工具上尚未卸货而交给买方指定的承运人处置时，交货即算完成。

（2）关于运输合同

《2020 通则》中的 FCA 条件下，应由买方自付费用订立从指定地点承运货物的运输合同，并指定承运人，但《2020 通则》又规定，当卖方被要求协助与承运人订立合同时，只要买方愿意承担费用和风险，卖方也可以办理。当然，卖方也可以拒绝订立运输合同，如若拒绝，则应立即通知买方，以便买方另作安排。

(3) 货交承运人提单

货交承运人（FCA）是指卖方在卖方所在地或其他指定地点将货物交给买方指定的承运人或其他人，卖方相应责任在货物装船前就已经随着货交承运人而截止。卖方不能从承运人处获得已装船提单，但是在一般情况下，已装船提单是银行在信用证项下的常见单据要求，因此，《2020 通则》的 FCA 价格术语中提供了一个附加选项，买方可以指示其承运人在货物装船后向卖方签发已装船提单，同时，卖方有义务向买方提交该提单（通常是通过银行提交）。

(4) FCA 与 FOB 的异同点

FCA 与 FOB 两种术语均属 F 组术语，按这两种条件成交的合同均属装运合同，买卖双方责任划分的基本原则是相同的。FCA 与 FOB 的主要不同在于适用的运输方式、交货和风险转移的地点不同。FCA 条件适用于各种运输方式，交货地点视不同运输方式的不同约定而定，其风险划分是卖方将货物交至承运人时转移；FOB 条件仅用于海运和内河运输，交货地点为装运港，风险划分以装运港船上为界。此外，FCA 与 FOB 术语适用场合在装卸费的负担和运输单据的使用上也有所不同。

讨论与思考

北京 A 公司拟向美国纽约 B 公司出口某商品 5 000 箱，B 公司提出按 FOB 新港条件成交，而 A 公司主张采用 FCA 北京的条件。

试分析 A、B 公司各自提出上述条件的原因。

(二) CPT

Carriage Paid To (... named place of destination) ——运费付至（……指定目的地）。按这一条件成交时，卖方应向其指定的承运人交货，并支付将货物运至目的地的运费，办理出口清关手续后，由买方承担交货之后的一切风险和其他费用。CPT 条件适用于各种运输方式，包括多式联运。

1. 买卖双方基本义务的划分

(1) 卖方义务

① 自负风险和费用，取得出口许可证或其他官方批准证件，在需要办理海关手续时办理货物出口所需的一切海关手续。

② 订立将货物运往指定目的地的运输合同，并支付有关运费；在合同规定的时间、地点，将合同规定的货物交给承运人，并及时通知买方。

③ 承担将货物交给承运人之前的一切风险。

④ 自付费用向买方提供交货的通常单据，如买卖双方约定采用电子通信，则所有单据可被同等效力的电子数据交换信息所代替。

(2) 买方义务

① 自负风险和费用，取得进口许可证或其他官方证件，在需要办理海关手续时办理货物进口所需的海关手续，支付有关关税及从他国过境的费用；

② 承担自货物在约定交货地点交给承运人之后的风险；

③ 接受卖方提供的有关单据，受领货物，并按合同规定支付货款；

④ 支付除通常运费之外的有关货物在运输途中所产生的各项费用和卸货费。

2. 使用 CPT 的注意事项

(1) 风险划分的界限问题

按照 CPT 条件成交，虽然卖方要负责订立从启运地到指定目的地的运输契约并支付运费，但是卖方承担的风险并没有延伸至目的地。按照《2020 通则》的解释，货物自交货地点至目的地的运输途中的风险由买方承担，卖方只承担货物交给承运人控制之前的风险。在多式联运情况下，卖方承担的风险自货物交给第一承运人控制时即转移给买方。

(2) 责任和费用的划分问题

采用 CPT 条件时，由卖方指定承运人，自费订立运输合同将货物运往指定的目的地并支付正常运费。正常运费之外的其他有关费用一般由买方负担。卖方将货物交给承运人之后，应向买方发出货物已交付的通知，以便于买方在目的地办理货运保险和受领货物。如果双方未能确定买方受领货物的具体地点，卖方可以在目的地选择最适合其要求的地点。

(3) CPT 与 CFR 的异同点

CPT 与 CFR 同属 C 组术语，按这两种条件成交时，卖方承担的风险在交货地点随着交货义务的完成而转移，卖方负责安排自交货地至目的地的运输事项并承担其费用。另外，按这两种条件订立的合同都属于装运合同，卖方无须保证按时交货。

CPT 与 CFR 的主要区别在于适用的运输方式不同，交货地点和风险划分界线也不相同。CPT 条件适用于各种运输方式，交货地点因运输方式的不同由双方约定，风险划分以货交承运人为界；CFR 条件适用于水上运输方式，交货地点在装运港，风险划分以船上为界。除此之外，CPT 与 CFR 术语适用场合在卖方承担的费用以及需提交的单据等方面也有区别。

(三) CIP

Carriage and Insurance Paid To (... named place of destination) ——运费保险费付至（……指定目的地）。按《2020 通则》规定，CIP 条件适用于各种运输方式，包括多式联运。

1. 买卖双方基本义务的划分

按 CIP 条件成交时，卖方除负有与 CPT 条件相同的义务外，还须办理货物在运输途中的保险，即卖方除应订立运输合同和支付通常的运费外，还应负责订立保险合同并支付保险费。使用 CIP 条件时，卖方将货物交给指定的承运人即完成交货。

2. 使用 CIP 的注意事项

(1) 风险和保险问题

按 CIP 条件成交的合同，卖方要负责办理货运保险并支付保险费，但货物从交货地点运往目的地的运输途中的风险由买方承担。所以，卖方的投保仍属于代办性质。根据

《2020 通则》的解释，在适用 CIP 条件的贸易中，卖方购买保险最低保险范围已经提高到《协会货物保险条款》中 A 条款的要求（即“一切险”，不包括除外责任），这是涵盖了所有风险的最高保险级别，保险金额一般是在合同总值的基础上加 10%，即 CIP 总值的 110%，并以合同货币投保。

（2）应合理确定价格

与 FCA 相比，CIP 条件下卖方要承担较多的责任和费用。CIP 条件下，卖方要负责办理从交货地至目的地的运输合同，并承担有关运费；办理货运保险，并支付保险费，这些都反映在货价之中。所以，卖方对外报价时要认真核算成本和价格，在核算时应考虑运输距离、保险费用、各种运输方式和最高级别保险的收费情况，并要预计运价和保险费的变动趋势等方面的问题。

（3）CIP 与 CIF 的异同点

CIP 与 CIF 有相似之处，它们的价格构成中都包括了通常的运费和约定的保险费。按这两种术语成交的合同均属于装运合同，但 CIP 和 CIF 条件在交货地点、风险划分界线以及卖方承担的责任和费用方面又有明显的区别，主要表现在：CIF 条件适用于水上运输，交货地点在装运港，风险划分以装运港船上为界，卖方负责租船订舱、支付从装运港到目的港的运费，以及办理水上运输保险，可投保最低保险级别；CIP 条件则适用于各种运输方式，交货地点要根据运输方式的不同由双方约定，风险在承运人控制货物时转移，卖方应办理最高保险级别，包括水上运输险和其他各种运输险。

三、FOB、CFR、CIF 与 FCA、CPT、CIP 的比较

FOB、CFR、CIF 三种术语与 FCA、CPT、CIP 三种术语买卖双方责任划分的基本原则是相同的，但在实施过程中又有不同，主要表现在以下几方面。

（一）适用的运输方式不同

FOB、CFR、CIF 三种术语仅适用于海运和内河运输，其承运人一般只限于船舶公司；FCA、CPT、CIP 三种术语则适用于各种运输方式，包括多式联运，其承运人可以是船舶公司、铁路局、航空公司，也可以是安排多式联运的多式联运经营人。

（二）交货和风险转移的地点不同

FOB、CFR、CIF 的交货地点均为装运港，风险均已在货物在装运港装上船时从卖方转移至买方；而 FCA、CPT、CIP 的交货地点需视不同的运输方式和不同的约定而定，它可以是在卖方处所由承运人提供的运输工具上，也可以是在铁路、公路、航空、内河、海洋运输承运人或多式联运承运人的运输站或其他收货点，至于货物灭失或损坏的风险，则于卖方将货物交由承运人保管时自卖方转移至买方。

（三）装卸费用负担不同

FOB、CFR、CIF 在租船运输时，有关装卸货费用可以通过价格术语的变形或合同

的具体规定来确定；而在 FCA、CPT、CIP 条件下，由于其风险费用的转移以货交承运人为界，不存在上述问题，装卸费用均由支付运费的一方承担。

（四）运输单据不同

在 FOB、CFR、CIF 条件下，卖方一般应向买方提交已装船清洁提单。而在 FCA、CPT、CIP 条件下，卖方提交的运输单则视不同的运输方式而定，如在海运和内河运输方式下，卖方应提供可转让的提单，有时也可提供不可转让的海运单和内河运单；在铁路、公路、航空运输或多式联运方式下，则应分别提供铁路运单、公路运单、航空运单或多式联运单据。

（五）保险内容不同

FOB、CFR、CIF 主要涉及海洋货物运输保险；FCA、CPT、CIP 则涉及各种运输方式下的货物保险。

讨论与思考

1. 某公司向外商出售一级大米 300 公吨，成交条件为 FOB 上海。装船时货物经检验符合合同要求，货物出运后，卖方及时向买方发出装船通知。但是航运途中，因海浪过大，货物大半被海水浸泡，大米的品质受到影响，货物到达目的港后只能按三级大米价格出售，于是买方要求卖方赔偿差价损失。

问：买方要求是否合理？

2. 我方按 CFR 上海条件与法国一家进口商签订一笔抽纱台布出口合同，价值 8 万美元，即期托收方式支付。货物于 2016 年 5 月 4 日（周三）上午装“昌盛轮”完毕，当天我方业务员工作较忙，忘记发出装船通知，5 月 5 日（周四）上午才向买方发出通知。法商收到装船通知向保险公司申请投保时，不料该保险公司已获悉“昌盛轮”5 日凌晨在海上遇难，拒绝承保。于是法商立即来电：“由于你方迟发装船通知，致使我方无法投保，现货轮已罹难，该批货物损失应由你方负担，并赔偿我方利润及费用 8 000 美元。”不久，我方通过托收行（出口地银行）寄出的全部货运单证也因进口商拒付，被代收行（进口地银行）退回。

问：该笔业务中我方哪些地方做得不妥？

第三节　其他贸易术语

微课 5-9：其他贸易术语

一、EXW

Ex Works (... named place) ——工厂交货（……指定地点），是指卖方在其所在地或其他指定的地点（仓库等）将货物交给买方处置时即完成交货。在 EXW 条件下，由买方承担在卖方所在地受领货物、办理出口清关手续、将货物装上运输工具及检验等全部费用和风险，这是卖方承担责任最少的条件。但是，买方不能办理出口手续时，不应使用该条件。该条件适用于各种运输方式。

二、FAS

Free Alongside Ship (... named port of shipment)——船边交货（……指定装运港），是指卖方在指定的装运港将货物交到船边即完成交货。如果买方船只不能靠岸，卖方要负责用驳船把货物运到船边，再在船边交货。在 FAS 条件下，由卖方办理出口清关手续，买方承担交货后的一切费用和风险。该条件适用于水上运输。

三、DPU

Delivered at Place Unloaded (... named place)——卸货地交货（……指定地点），是指卖方在指定的目的地卸货后完成交货。目的地卸货，卸货地不一定是“终点站”。DPU 条件适用于铁路、公路、空运、海运、内河航运或者多式联运等任何形式的贸易运输方式。在 DPU 条件下，由卖方承担将货物运至指定的目的地的运输风险和费用（除进口费用外）。卖方必须办理出口清关手续，无义务办理进口清关手续，但负担卸货费用和风险，买方负责办理进口清关手续。该条件适用于任何运输方式。

四、DAP

Delivered at Place (... named place of destination)——目的地交货（……指定目的地），是指卖方在指定目的地将仍处于抵达运输工具之上，且已经做好卸货准备的货物交给买方处置时即为交货。卖方承担在特定地点交货前的风险，建议双方尽可能清楚地约定目的地的交货点。如果卖方按照运输合同在目的地发生了卸货费用，除非双方另有约定，卖方无权向买方要求偿付。卖方必须办理出口清关手续，但无义务办理进口清关手续，如果双方希望卖方办理进口清关手续、支付所有进口关税并办理所有进口清关手续，则应当使用 DDP 术语。该条件适用于任何运输方式。

五、DDP

Delivered Duty Paid (... named place of destination)——完税后交货（……指定目的地），是指卖方在指定目的地的约定地点办理进口清关手续后，将货物交给买方完成交货。卖方须承担将货物运至目的地的一切风险和费用，包括在目的地应缴纳的进口“税费”。该条件适用于所有运输方式，是卖方承担责任最大的条件。但若卖方不能取得进口许可证，则不应使用该条件。

DDP 和 DPU 条件最大的区别在于：DDP 是出口方负责办理进口清关手续，DPU

是进口方负责办理进口清关手续；DDP 是买方负担卸货费用和风险，DPU 是卖方负担卸货费用和风险。

讨论与思考

某公司按 EXW 条件出口一批电缆，但在交货时，买方以电缆的包装不适宜出口运输为由，拒绝提货和付款。

问：买方的行为是否合理？

第四节 价格条款

一、折扣和佣金

在国际贸易中，为了推销商品促成交易、开拓市场、鼓励当地商人经销我方商品，或者为了对付竞争对手、扩大市场销量，经常使用折扣和佣金调节价格，我们在进行出口价格或进口价格的计算时，要了解佣金与折扣的概念，掌握佣金与折扣的使用方法。

(一) 折扣

折扣（Discount）是指卖方在原来价格的基础上给予买方一定百分比的减让，一般由卖方在买方付款时预先扣除。在合同中，通常用文字说明的方法表示折扣。例如，CIF 中国香港价每公吨 3 000 港元减 3%的折扣。折扣的计算方法为：

折扣＝金额×折扣率

折后价＝原价×（1－折扣率）

讨论与思考

在某次交易中，我方向国外客户的报价为每公吨 1 000 美元 CFR 曼谷，经谈判，折扣为 3%，该笔交易的数量为 300 公吨。

问：我方扣除折扣后的总收入是多少？

解：实际总收入（折后价）＝原价×（1－折扣率）＝1 000×300×（1－3%）＝291 000（美元）

答：我方扣除折扣后的总收入是 291 000 美元。

价格折扣的种类很多，因折扣的原因不同而名称各异。常用的折扣有数量折扣、季节折扣、现金折扣以及其他种类的折扣。有时，由于诸多因素的共同影响，买方可能享受的折扣不止一种。

(二) 佣金

佣金（Commission）是指中间商因介绍交易或者代理买卖而向卖方或买方收取的

酬金。佣金可分为明佣与暗佣。明佣会在成交价格上体现出来，或者用文字加以说明。例如，USD 300 per dozen CIF New York including 5% commission，或 USD 300 per dozen CIFC5 Seattle。此时 CIF 价为含佣价，含佣价是指包含佣金的合同价格。暗佣通常不在价格中明示。例如，HK $300 per dozen CIF Seattle。从表面上看 CIF 价并不包含佣金，但实际上是含佣价，交易双方合同外另有协议约定出口商应付的佣金数额或百分比。为了明确起见，一般在净价的贸易术语后加“Net”字样。例如，USD 295 per dozen CIF Net Seattle。佣金的计算方法为：

佣金＝含佣价×佣金率

含佣价和净价之间换算公式为：

含佣价＝净价÷（1－佣金率）

FOB 含佣价＝FOB 净价÷（1－佣金率）

CFR 含佣价＝CFR 净价÷（1－佣金率）

CIF 含佣价＝CIF 净价÷（1－佣金率）

（三）FOB、CFR、CIF 之间的换算

FOB、CFR、CIF 之间的换算公式为：

CFR＝FOB＋F

CIF＝FOB＋F＋I（式中：F—海运费　I—保险费）

CIF＝CFR÷［1－保险费率×（1＋投保加成率）］

讨论与思考

1. 设 CFR 纽约为 840 美元，中间商要求卖方给予 3%的佣金。试求其含佣价 CFRC 3% 纽约。

解：CFRC 3%＝CFR 净价÷（1－佣金率）＝840÷（1－3%）＝865.98（美元）

答：CFRC 3%纽约的价格为 865.98 美元。

2. 我方某出口商品对外报价为每公吨 1 000 美元 FOB 广州，后客户来电要求改报 CIF 新加坡的价格。已知运费每公吨为 50 美元，保险费率为 1%，投保加一成。试求每公吨 CIF 新加坡价。

解：CIF＝（FOB＋F）÷［1－保险费率×（1＋投保加成率）］＝（1 000＋50）÷（1－1%×1.1）＝1 061.68（美元）

答：CIF 新加坡的价格为每公吨 1 061.68 美元。

3. 我方公司出口某商品 300 箱，对外报价为每箱 200 欧元 FOB 广州，外商要求将价格改报为每箱 CFRC 5% 洛杉矶。已知运费每箱 8 欧元，保险费率为 0.4%，则 CFRC 5% 洛杉矶应改报为多少？

解：CFR＝FOB＋F＝200＋8＝208（欧元）

CFRC 5%＝CFR 净价÷（1－佣金率）＝208÷（1－5%）＝218.95（欧元）

答：CFRC 5% 洛杉矶应报每箱 218.95 欧元。

二、合同中的价格条款

（一）价格条款的内容

合同中的价格条款一般包括商品的单价和总值两项基本内容，确定单价的作价办法和与单价有关的佣金与折扣的运用也属于价格条款的内容。商品的单价通常由四个部分组成，即计量单位（如公吨）、单位价格金额（如 200）、计价货币（如美元）和贸易术语（如 CIF 伦敦）。例如，在价格条款中可规定："每公吨 200 美元，CIF 伦敦"（USD 200 per M/T CIF London）。总值是指单价与成交商品数量的乘积，即一笔交易的货款总金额。

（二）作价方法

根据国际惯例，买卖双方应该经协商后在合同中订明商品的具体价格。合同价格一经确定，除非另有约定或对方同意，任何一方不得擅自更改。在进出口实务中，买卖双方可根据情况不同，采取不同的作价方法，作价方法有固定价格和非固定价格两种。固定价格即合同中的价格，非固定价格可分暂定价格、部分固定价格以及具体价格待定。

（三）计价货币的选择

在一般的国际货物买卖合同中，价格都表现为一定量的特定货币（如每公吨为 300 美元），通常不再规定支付货币。根据国际贸易的特点，用来计价的货币可以是出口国家货币，也可以是进口国家货币，或双方同意的第三国货币，由买卖双方协商确定。由于世界各国的货币价值并不是一成不变的，特别是在世界许多国家普遍实行浮动汇率的条件下，通常被用来计价的各种主要货币的市值更是十分不稳定。从理论上说，对于出口交易采用硬币计价比较有利，而进口交易用软币计价比较合算。如果为达成交易而不得不采用对我方不利的货币，则可设法用下述两种办法补救：一是根据该种货币今后可能的变动幅度，相应调整对外报价；二是在可能条件下争取订立保值条款，以避免计价货币汇率变动的风险。

（四）规定价格条款的注意事项

为了使价格条款的规定明确合理，必须注意下列事项：

（1）合理确定商品的单价，防止作价偏高或偏低；

（2）根据经营意图和实际情况，在权衡利弊的基础上选用适当的贸易术语；

（3）争取选择有利的计价货币，以免遭受市值变动带来的风险，如采用不利的计价货币时，应当加订保值条款；

（4）灵活运用各种不同的作价办法，以避免价格变动的风险；

(5) 参照国际贸易的习惯做法，注意佣金和折扣的合理运用；

(6) 如交货品质和数量约定有一定的机动幅度，则对机动部分的作价也应一并规定；

(7) 如包装材料和包装费另行计价时，对其计价办法也应一并规定；

(8) 单价中涉及的计量单位、计价货币、装卸地名称，必须书写正确、清楚，以便于合同的履行。

(五) 选用贸易术语应考虑的主要因素

在实际业务中，选用合适的贸易术语不仅有利于达成交易，而且对于合同的顺利执行、实现利润最大化都有着重要作用。选用贸易术语时，应注意以下几个问题。

1. 运输条件

选用贸易术语时，首先要考虑运输方式。在本身有足够运输能力或安排运输不困难且运费优惠的情况下，争取按由自己安排运输的条件成交（如出口按 CIF、CFR、CIP，进口按 FOB、FCA、FAS）。否则，可考虑按由对方安排运输的条件成交。

2. 货源情况

进出口贸易的商品品种繁多，不同商品有不同特点，对运输的条件要求也有所不同，运费支出也有差异，要视交易商品特点的不同选用贸易术语。此外，还要考虑成交量的大小，安排的运输方式经济上是否合算，成交量太小势必会增加运输成本。

3. 运费因素

选用贸易术语时，应考虑货物经由路线的运费收取情况和运价变动趋势。当运价看涨时，为了避免运价上涨带来的风险，可以选用由对方安排运输的贸易术语成交。

4. 运输途中风险

交易的商品一般需要长途运输，货物在运输过程中可能会遇到各种自然灾害、意外事故等风险。因此，买卖双方洽商交易时，必须根据不同时期、不同地区、不同运输路线和运输方式的风险情况，并结合购销意图来选用适当的贸易术语。

5. 办理货物进出口清关手续的难易程度

关于货物进出口清关手续的办理，有些国家有特殊规定，选用贸易术语时要予以考虑。如果按某出口国政府规定，买方不能直接或间接办理出口清关手续，则不宜选用 EXW 成交；如果按进口国当局规定，卖方不能直接或间接办理进口清关手续，则不宜采用 DDP 成交。

我国出口业务可以选择 CIF 或 CFR，进口业务可以选择 FOB，这样不仅有利于我方船货衔接，而且可选择我国远洋运输公司承运、我国保险公司承保，增加外汇收入的同时，带动运输业和保险业的发展。

实操训练

拟定价格条款

湖南卡特尔进出口有限公司与埃塞俄比亚 FOTH 公司磋商确认，女士风衣

(GT013：1 000 件；GT014：2 000 件)，价格分别为：15.5 美元/件和 18.2 美元/件，该报价包含运往蒙巴萨港的海运费和保险费。请根据所学内容，填写合同中的价格条款。

Description of Goods	Quantity	Unit Price	Amount
—	—		
Total			
Total value (in words):			

思政园地

湘商是指湖南商人，也称湖南商帮，是中国近现代商业历史上的一支重要商业势力。

在清末民初时期，湘商开始积极参与海外贸易。他们将湖南的特产如茶叶、药材、丝绸等带到东南亚国家，与当地商人展开商业活动，积累了一定财富和经验，并通过建立商行和商会的方式组织起来。湘商们善于经商、敢为人先、以义致利，形成了独特的商业文化和价值观。湘商以其商业才能和勤劳精神在东南亚地区取得了一定的地位和声誉。

“霸得蛮、耐得烦”的文化是湘商出海的一大优势。湘商以勇于探索的精神和创新意识，不惧困难与挑战，积极参与国际合作，耐得住寂寞、经得起喧嚣，不断拓展海外市场。湘商的努力和奋斗为湖南经济发展和中国企业的国际化增添了浓墨重彩的一笔。

温故知新

一、单项选择题

1. 浙江某皮衣厂以 CIF 条件报价出口一批皮衣，如果国外客户要求改为航空运输，应采用（　　）条件为宜。

   A. CIF　　B. CIP　　C. DAP　　D. DPU

2. 《2020 通则》中卖方责任最大的贸易术语是（　　）。

   A. EXW　　B. CIF　　C. DES　　D. DDP

3. 根据《2020 通则》的解释，采用 FCA 条件时，买卖双方风险划分界线是（　　）。

   A. 货交买方处置　　B. 出口国交货地点
   C. 货交承运人　　D. 将货物装上承运人运输工具

4. FOB 条件成交，卖方欲不负担装船费用，可采用（　　）。

   A. FOB Liner Terms　　B. FOB Stowed

C. FOB Trimmed　　D. FOBST

5. 根据《2020 通则》的解释，CIF 与 CFR 的主要区别在于（　　）。

A. 办理租船订舱的责任方不同　　B. 办理货运保险的责任方不同

C. 风险划分的界线不同　　D. 办理出口手续的责任方不同

6. 根据《2020 通则》的解释，按 CIF 条件成交的合同，由卖方办理货运保险，货物在运输途中由于海轮触礁沉没全部灭失，此损失应由（　　）。

A. 卖方向保险公司索赔　　B. 买方向保险公司索赔

C. 船方负担赔偿　　D. 卖方负担赔偿

7. 山东粮油公司与日本雅玛公司签订合同出口大蒜到日本，根据合同，卖方不负责办理出口清关手续及支付相关费用，根据《2020 通则》，应采用的贸易术语是（　　）。

A. FCA　　B. FAS　　C. FOB　　D. EXW

8. 以下选项中，（　　）术语适用于各种运输方式。

A. EXW　FAS　　B. FAS　DDP　　C. DDP　EXW　　D. CFR　DDP

9. 当买卖合同规定成交价格是每箱 200 美元，FOB 上海佣金 2%时，（　　）。

A. 表示价格中包含了 2%的佣金

B. 买方实际支付给卖方的价格是每箱 202 美元

C. 表示价格中包含了 2%的折扣

D. 买方实际支付给卖方的价格是每箱 196 美元

二、简答题

1. 常见贸易术语有哪几个？它们的共同点与区别有哪些？
2. 简述你对象征性交货的理解。
3. 装船通知在哪一种贸易术语中是尤为重要的？
4. 采用装运港船上交货的三种常用贸易术语成交时各应注意哪些问题？
5. 为什么称 CIF 为到岸价是错误的？

三、计算题

1. 我方向西欧某客商推销商品，发盘价格为每公吨 1 150 英镑，CFR 西欧某港口，对方复电要求改按 FOB 中国口岸定价，并给予 2%佣金。经查，自中国口岸至西欧某港口的运费为每公吨 170 英镑，我方如果希望保持外汇收入不变，改按买方要求报价，应报价多少？

2. 我方某公司出口农产品每箱 1 000 美元，CFRC 2% 纽约，若对方要求佣金增至 5%，我方可同意，但出口净价不变，则应报价 CFRC 5% 纽约多少美元？（保留两位小数）

3. 我方某进出口公司对德国企业报价为每公吨 8 000 欧元，CFR 汉堡，后外商要求改报 CIF 汉堡价，保险加成为 110%，保险费率合计为 1%，我方同意照办。则我方报价应改为多少？（保留两位小数）

四、案例分析题

1. 我方外贸 E 公司以 FOB 中国口岸价与我国香港 W 公司成交一批钢材，港商即转手以 CFR 釜山价售给韩国 H 公司。港商来证价格为 FOB 中国口岸，要求货运釜山，并提出“Freight Prepaid”。

问：港商为什么这样做？我们应如何处理？

2. 我方某外贸企业向国外一新客户订购一批初级产品，按 CFR 中国某港口、即期信用证付款条件达成交易，合同规定由卖方以程租船方式将货物运交我方。我方开证银行凭国外议付行提交的符合信用证规定的单据付了款，但装运船舶一直未到达目的港。后经多方查询，发现承运人原是一家小公司，而且在船舶启航后不久已宣告倒闭，承运船舶是一条旧船，船、货均告失踪，此系卖方与船方互相勾结进行诈骗，导致我方蒙受重大损失。

问：我方应从中吸取哪些教训？

3. 我国某出口公司与外商按 CIF 条件成交一批出口货物，货物在合同规定的时间和装运港装船。受载船只在航运途中触礁沉没。当该公司凭提单、保险单、发票等单据要求国外进口商支付货款时，进口方以货物已全部损失，不能得到货物为由，拒绝接受单据和付款。

请分析出口方有无权利凭规定的单据要求进口方付款。

4. 有一份 CFR 合同用以买卖一批蜡烛，货物装船时，经公证人检验合格，符合合同的规定。货到目的港，买方发现有 20% 的蜡烛有弯曲现象，因而向卖方索赔，但卖方拒绝，其理由是：货物装船时，品质是符合合同规定的。事后又查明，蜡烛弯曲的原因是货物交给承运人后，承运人把该批货物装在靠近机房的船舱内，舱内温度过高而造成的。

问：在上述情况下，卖方拒赔的理由是否成立？为什么？

任务五

拟定运输条款

学习目标

知识目标： 了解不同国际货物运输方式的特点和利弊；熟悉班轮运输的特点及关系人物；掌握班轮运费的计算方法；掌握合同中装运条款的主要内容；熟悉不同运输单据的内容和性质。

技能目标： 能够根据交易产品及国别，选择合适的运输方式；能够正确计算班轮运费；能够正确拟定合同中的装运条款；能够判断不同运输单据的性质。

素质目标： 培养谨慎细致、诚实守信、团结协作的职业素养；树立主人翁意识和高度的责任意识。

情境导入

非洲客户订购的氢氧机从湖南省出运，长沙卡特尔环保科技有限公司外贸业务员彭竣可能与哪些关系人物产生联系？应该拟定哪条运输路线、选用何种运输方式来完成商品的运输？在拟定运输条款时需要注意些什么？

国际货物运输是国际贸易中非常重要的一个环节。国际贸易是国与国之间的跨国界运输，具有时间紧、环节多、情况复杂等特点，因此，买卖双方在订立国际货物买卖合同时，都要选择合适的运输方式，订好各项装运条款。

微课 5-10：海洋运输

一、国际货物的运输方式

国际货物运输涉及的运输方式很多，包括海洋运输、铁路运输、航空运输、集装箱运输、河流运输、邮政运输、公路运输、管道运输、大陆桥运输以及由各种运输方式组合的国际多式联运等。

（一）海洋运输

目前，海运在国际货物运输总量中占 80% 以上。海洋运输又可分为班轮运输（Liner Transport）和租船运输（Shipping by Chartering）两种。普通的企业大多选择班轮运输。

1. 海洋运输的优点

海洋运输之所以被如此广泛地采用，是因为它与其他国际货物运输方式相比主要有下列明显的优点。

(1) 通过能力强

海洋运输可以利用四通八达的天然航道，它不像火车、汽车受轨道和道路的限制，故其通过能力很强。

(2) 运量大

海洋运输船舶的运输能力远远大于铁路运输车辆。如一艘万吨船舶的载重量一般相当于 250～300 个车皮的载重量。

(3) 运费低

按照规模经济的观点，因为运量大、航程远，分摊于每吨货物的运输成本就少，因此运价相对低廉。

海洋运输虽有上述优点，但也存在不足之处。例如，海洋运输受气候和自然条件的影响较大，航期易不准确，而且风险较大。此外，海洋运输的速度也相对较低。

2. 班轮运输

微课 5-11：班轮运费的计算

班轮运输是指船舶在固定的航线上和港口间按事先公布的船期表航行，按事先公布的费率收取运费的运输方式。班轮运输的货物数量占海运货物总量的 20%左右，但价值却占海运承载的国际贸易总量的 80%左右。班轮运输可承运商品的数量、品种相对灵活。

(1) 班轮运输的特点

① 四固定：即固定航线、固定港口、固定船期和相对固定的运费率。

② 一负责：由船方负责装卸费，船货双方也不计算滞期费和速遣费。

③ 承运人和托运人双方的权利义务和责任豁免以签发的提单条款为依据，并接受统一的国际公约的制约。

④ 承运人的责任从货物装上船起，到货物卸下船止。

(2) 班轮运价

班轮运价（Freight Rate）是承运每单位货物而收取的价格。班轮运价的收取包括货物从起运港到目的港的运输费用，以及货物在起运港和目的港的装卸费用，是按照班轮运价表的规定计算的垄断性价格。

(3) 班轮运价表

班轮运价表（Freight Tariff）指的是包含按班轮运输条件所制定的不同航线、不同货种或货物等级的运费率，计算各种费用的规定和划分费用的条款文本。根据班轮运价表制定方的不同可分为班轮公会运价表、班轮公司运价表、货方运价表等。根据运价表的结构可分为等级运价表和单项费率运价表。

实际业务中，等级运价表使用最多。该表前部列有常用商品中英文对照登记表，不同商品有不同等级，每一等级有一基本费率，一般分为 20 个等级，1 级运费最低，20 级最高。在等级表后列有各航线的杂货与集装箱的费率（等级费率的包装箱费率），同时附有计收标准以及各种附加费的收取。

（4）班轮运费的计收标准

运费计算标准是指计算运费的货物单位，不同商品按不同的单位来计算运费。班轮运费由基本运费和附加费构成。

基本运费是指班轮航线内基本港之间对每种货物规定的必须收取的运费。基本运费的计收标准有如下几种：

① 按货物毛重计收，亦称按重量吨计收，即以每公吨作为运费计算单位，在运价表中用“W”（Weight）表示。

② 按货物尺码或体积计收，亦称按尺码吨计收，1 尺码吨以 1 立方米或 40 立方英尺作为一个计量单位，在运价表中用“M”（Measurement）表示。

③ 按货物毛重或尺码计收，即在重量和体积中选择收取运费较高者计算运费，以“W/M”表示。货物的重量吨或尺码吨统称为运费吨。

④ 按价格计收，俗称从价运费，运价表中以“Ad Valorem”或“A/V”表示。以货物价值作为运费计收标准，一般以有关货物的总价值按一定的百分比率收费。

⑤ 按货物毛重、尺码或价值中收费较高者计算运费，用“W/M or ad. val.”表示，也有按货物毛重或尺码选择其高者，再加上从价运费计算，以“W/M plus ad. val.”表示。

⑥ 按货物件数计收。

⑦ 大宗低值货物，按议价计收运费（Open Rate）。

⑧ 起码费率（Minimum Rate）是指按每一提单上所列的重量或体积所计算出的运费，尚未达到运价表中规定的最低运费金额时，按最低运费计收。

附加费是对一些需要特殊处理的货物，或由于客观情况的变化使运费大幅度增加，为弥补损失额而加收的费用。常见的附加费有燃油附加费、货币贬值附加费、转船附加费、直航附加费、超重附加费、港口拥挤附加费、绕航附加费等。

（5）班轮运费的计算

班轮运费包括基本运费和附加费两部分。班轮运费的计算步骤和计算公式如下：

第一步：审查货物名称、重量（是否超重）、尺码（是否超长）、装卸港口、是否需要转船以及卸货港的选择等；

第二步：从运价表中查出货物的计费标准及运价等级；

第三步：查找所属航线的等级费率表，找出该等级货物的基本费率；

第四步：查附加费率表（一般是散装货物）；

第五步：计算运费。

当附加费为绝对值时，计算公式为：

班轮运费＝运费吨×基本运费率＋附加费

当附加费为基本运费的百分比时，计算公式为：

班轮运费＝运费吨×基本运费率×（1＋附加费率之和）

即：

$$F = F_b + \sum S$$

公式中，F 表示运费总额，F_b 表示基本运费，S 表示某一项附加费。

讨论与思考

以 CFR 价格条件出口加拿大温哥华一批罐头水果汁，重量为 8 公吨，尺码为 10 立方米。求该批货物总运价。

解：

第一步：先查出水果汁准确译名为“Fruit juice”；

第二步：从有关运价本中的“货物分级表”查找相应的货名，查到为 8 级，计算标准为 M，即按货物的尺码计算运费；

第三步：查中国——加拿大航线登记费率表，温哥华位于加拿大西海岸，从该表温哥华一栏内即查出 8 级货物相应的基本费率为每吨 219.00 元；

第四步：另须查附加费率表，查知有燃油附加费为 20%；

第五步：已知该货的基本费率和附加费，即可代入公式 $F = F_b + \sum S$：

$F =$ （219.00＋219.00×20%）×10＝（219.00＋43.80）×10＝2 628（元）

3. 租船运输

租船运输又称租船，是海洋运输的一种方式，是指租船人向船东租赁船舶用于货物运输的一种方式。租船运输适用于大宗货物运输，有关航线和港口、运输货物的种类以及航行的时间等，都按照承租人的要求，由船舶所有人确认。租船人与出租人之间的权利义务由双方签订的租船合同确定。

（1）租船运输的特点

① 租船运输是根据租船合同组织运输的，租船合同条款由船东和租方双方共同商定。各种租船合同均有相应的标准合同格式。

② 一般由船东与租方通过各自或共同的租船经纪人洽谈成交租船业务。

③ 不定航线，不定船期。船东按照租船人的要求来确定船舶的航线、航行时间和货载种类等并提供相应的船舶，经租船人同意进行调度安排。

④ 租金率或运费率根据租船市场行情来决定。

⑤ 船舶营运中有关费用的支出，取决于不同的租船方式由船东和租方分担，并在合同条款中订明。

⑥ 租船运输适宜大宗货物运输。如粮食、矿砂、煤炭、化肥、水泥等。

（2）租船的方式

在国际海运业务中，租船方式分为定程租船、定期租船、光船租船和航次租船。

① 定程租船

定程租船简称程租船，或称航次租船，它是指船舶所有人按双方事先议定的运价与条件向租船人提供船舶全部或部分仓位，在指定的港口之间进行一个或多个航次运输指定货物的租船业务，是租船运输的基本形式。定程租船又分单航次租船、往返航次租船、连续单航次租船、包运租船。定程租船的特点包括：

A. 船舶按约定的航线行驶，在指定的装货港和卸货港之间运送指定的货物；

B. 船东负责船舶的经营、调度、运营管理，同时负责照料货物；

C. 船东与租船人之间按装货量计收运费，有时也会采用包干运费；

D. 定程租船运输要规定一定的航线和装运的货物种类、名称数量以及装卸港口，规定一定的装卸期限或装卸率；

E. 租船人与船东之间其他权利义务关系以程租船合同的约定为准。

② 定期租船

定期租船简称期租船，指由船东按约定将船舶租给租船人使用一定时间，在规定期限内船舶的经营调度归租船人负责，租船人按约定支付租金。定期租船的特点包括：

A. 船舶的经营、调度由租船人负责；

B. 不约定船舶行驶的航线和装卸港，船东一般划定航行区域，或者规定禁行区域；

C. 不具体约定装运的货物，只笼统规定运输合法货物；

D. 货物的装卸完全由租船人负责，因此不规定装卸时间或装卸率，不计算滞期费、速遣费；

E. 租金/船期以月计；

F. 船舶的技术维护等一般由船东负责。

③ 光船租船

光船租船是期租船的一种派生形式。与一般期租船方式不同，光船租船的船东只负责将船舶交付租船人使用，租船人负责船舶的技术维护、经营管理，甚至根据自己的需要配备船员，组织运营。光船租船的特点包括：

A. 船长与全体船员由租船人雇佣，并受租船人调遣；

B. 租船人全面负责船舶的运营管理，以承运人的身份指挥船舶完成航运任务说明；

C. 租期较长，租期内一切风险完全由船舶人承担，无滞期、速遣规定；

D. 租金按每月每吨若干金额计收；

E. 船舶的保险、船级评定等其他事项由租船人或船东按光船租船合同的约定承担。

④ 航次租船

航次租船是一种以完成一个航次运输为目的，但租金按完成航次所使用的日数和约定的日租金率计算的租船方式。在装货港和卸货港的条件较差，或者航线的航行条件较差，难以掌握一个航次所需时间的情况下，这种租船方式对船舶所有人比较有利。

（二）铁路运输

微课 5-12：铁路、航空运输

在国际货物运输中，铁路运输是仅次于海洋运输的主要运输方式，海洋运输的进出口货物，大多也是靠铁路运输进行货物的集中和分散的。与朝鲜、蒙古国、俄罗斯、越南等国家和地区的进出口货物，均可采用铁路运输。铁路运输在进出口货物的集散和省与省之间的货物运输也起着重要作用。铁路运输的特点包括：

（1）一般不受气候条件的影响，可保障全年的正常运输，速度快，一般车速可达

100 公里/小时左右，远远高于海洋运输；

(2) 运量较大，铁路一列货物列车能运送 3 000～5 000 吨货物；

(3) 运输成本低，费用仅为汽车运输的几分之一到十几分之一；

(4) 办理铁路货运手续比海洋运输简单，而且发货人和收货人可以在就近的始发站（装运站）和目的站办理托运和提货手续。

国际铁路联运是使用一份统一的国际铁路联运票据，由跨国铁路承运人办理两国或两国以上铁路的全程运输，并承担运输责任的一种连贯运输方式。国际铁路联运的特点包括：

(1) 涉及面广，每运送一批货物都要涉及两个和两个以上国家、国境站；

(2) 货物运输条件高，要求每批货物的运输条件如包装、转载、票据的编制、添附文件及车辆使用都要符合有关国际联运的规章、规定；

(3) 办理手续复杂，货物必须在两个或两个以上国家铁路参加运送，在办理国际铁路联运时，其运输票据、货物、车辆及有关单证都必须符合有关规定和一些国家的正当要求；

(4) 使用一份铁路货物联运票据完成货物的跨国运输；

(5) 国际铁路货物联运运输责任方面采用统一责任制；

(6) 国际铁路货物联运仅使用铁路一种运输方式。

(三) 航空运输

航空运输是一种现代化的运输方式，它与海洋运输、铁路运输相比，具有运输速度快、货运质量高且不受地面条件的限制等优点。因此，它最适宜运送急需物资、鲜活商品、精密仪器和贵重物品。

航空运输方式包括班机运输、包机运输、集中托运和航空急件快递等。

1. 班机运输

班机运输是指在固定航线上定期航行的航班。有固定始发站、到达站和途经站，运费也相对固定，一般航空公司都使用客货混合型飞机。

2. 包机运输

包机运输常常按往返路线计运费，航权有一定限制，审批手续复杂。如果需要紧急运输大宗货物，可考虑采取包机运输的方式。

3. 集中托运

集中托运是指将若干批单独发运的货物组成一整批向航空公司办理托运，采用一份航空总运单集中发运到同一目的站，由集中托运人在目的地指定的代理收货，再根据集中托运人签发的航空分运单拨给各实际收货人的运输方式。集中托运运费比班机运输便宜，是航空货物运输中开展最为普遍的一种运输方式，也是航空货运代理的主要业务之一。

4. 航空急件快递

航空急件快递价格较高，适合运输 40 千克以下小件货物。

（四）集装箱运输

集装箱运输是以集装箱作为运输单位自动化运输货物的一种现代化的先进运输方式，它可适用于海洋运输、铁路运输及国际多式联运等。

1. 集装箱运输的优点

（1）保证货物运输安全

集装箱运输大大减少了传统运输方式中人力装卸、搬运的次数，这就可以避免人为和自然因素造成的货物破损、湿损、丢失等货运事故，减少经济损失。

微课 5-13：集装箱运输国际多式联运

（2）节省货物包装材料

使用集装箱运输可以简化或不用运输包装，节省包装材料和费用，降低商品的成本。

（3）简化货运作业手续

货物采用集装箱运输后，以箱作为货物的运输单元，减少了繁杂的作业环节，简化了货运作业手续。

（4）提高装卸作业效率

由于集装箱的装卸作业适于机械化，其装卸作业效率得到了大幅度的提高，同时大大缩短了集装箱的站（港）的停留时间，加快了车船的周转和货物的送达。

（5）减少运营费用，降低运输成本

使用集装箱运输后，货损、货差大为减少，货物保险费也随之下降。开展“门到门”运输业务后，可大量节省仓库的建造费用和仓库作业费用等。

2. 集装箱运输装箱、交接方式

（1）装箱方式

根据集装箱货物装箱数量和方式可分为整箱和拼箱两种。

整箱（Full Container Load，FCL）是指货主自行将货物装满整箱以后，以箱为单位托运的集装箱。这种情况通常在货主有足够货源装载一个或数个整箱时采用，除有些大的货主自己置备有集装箱外，一般都是向承运人或集装箱租赁公司租用一定的集装箱。空箱运到工厂或仓库后，在海关人员的监管下，货主把货装入箱内、加锁、铅封后交承运人并取得站场收据，最后凭收据换取提单或运单。

拼箱（Less Than Container Load，LCL）是指承运人（或代理人）接受货主托运的数量不足整箱的小票货运后，根据货类性质和目的地进行分类整理，把去同一目的地的货物集中到一定数量拼装入箱。由于一个箱内有不同货主的货物拼装在一起，所以叫拼箱，这种情况通常在货主托运数量不足装满整箱时采用。拼箱货物的分类、整理、集中、装箱（拆箱）、交货等工作均在承运人码头集装箱货运站或内陆集装箱转运站进行。

（2）货物交接方式

如上所述，集装箱货运分为整箱和拼箱两种，因此在交接方式上也有所不同，纵观当前国际上的做法，大致有以下四类：

① FCL—FCL，即整箱交，整箱收，适用于门到门交接（Door to Door），场到场交接（CY—CY），门到场交接（Door to CY）和场到门交接（CY to Door）。

② FCL—LCL，即整箱交，拆箱收，适用于门到站交接（Door to CFS）和场到站

交接（CY to CFS）。

③ LCL—FCL，即拼箱交，整箱收，适用于站到门交接（CFS to Door）和站到场交接（CFS to CY）。

④ LCL—LCL，即拼箱交，拆箱收，适用于站到站交接（CFS to CFS）。

（五）国际多式联运

国际多式联运（International Multimodal Transport，IMT）是指按照多式联运合同，以至少两种不同的运输方式，由多式联运经营人将货物从一国境内接管货物的地点运至另一国境内指定交付货物地点的一种运输方式。

国际多式联运是一种利用集装箱进行联运的新的运输组织方式，它通过采用海、陆、空等两种以上的运输手段，完成国际间的连贯货物运输，从而打破了过去海、铁、公、空等单一运输方式互不连贯的传统做法。如今，提供优质的国际多式联运服务已成为集装箱运输经营人增强竞争力的重要手段。国际多式联运的主要特点包括：

（1）必须有一个多式联运合同；

（2）必须使用一份包括全程的多式联运单据；

（3）必须使用至少两种不同运输方式的连贯运输；

（4）必须是国际运输；

（5）必须由一个多式联运经营人对全程运输总负责；

（6）必须是全程单一的运费费率。

有代表性的国家多式联运主要有远东/欧洲，远东/北美等海陆空联运。

二、装运条款

微课 5-14：买卖合同中的装运条款

装运条款的内容及其具体订立与合同的性质和运输方式有着密切的关系。我国的进出口合同大部分是 FOB、CIF 和 CFR 合同，而且大部分的货物是通过海洋运输。按照国际贸易惯例解释，在上述条件下，卖方只要把合同规定的货物在装运港履行交货手续，取得清洁的装船单据，并将其交全买方或其代理人即算完成交货义务。因此，上述合同的装运条款应包括装运时间、装运港、目的港、是否允许转船与分批装运、装运通知，以及滞期、速遣条款等内容。

（一）装运时间

装运时间又称装运期，指卖方将合同规定的货物装上运输工具或交给承运人的期限。装运时间是买卖合同的主要条件，如违反这一条件，买方有权撤销合同，并要求卖主赔其损失。

1. 装运时间的规定方法

（1）规定明确的装运时间

明确规定具体装运时间，但不确定在某一日期上。具体分为以下几种：

① 规定某月装运，例如，2022 年 3 月装运，Shipment during March 2024；

② 规定跨月装运，例如，2023 年 2/3 月装运，Shipment during Feb/Mar 2023；

③ 规定在某月月底或某日前装运，例如，2024 年 5 月底前装运，Shipment at or before the end of May 2024。

(2) 规定在收到信用证后若干天内装运

例如，收到信用证后 45 天内装运，Shipment within 45 days after receipt of L/C。

注意：在采用这种装运期规定时，必须同时规定有关信用证开到的期限。

(3) 收到信汇、电汇或者票汇后若干天内装运

在 FOB 条件电汇支付的情况下，普遍使用这种方法。例如，收到 30%押金后 30 天内装运，Shipment will be effected within 30 days after receipt of your 30% deposited of the total amount by T/T。

(4) 笼统规定近期装运

例如，“立即装运”“即刻装运”“尽速装运”。

2. 规定装运时间应注意的问题

(1) 应注意货源情况和运输情况

如雨季一般不宜装运烟叶，夏季一般不宜装运沥青、易腐性肉类及橡胶等。

(2) 应视不同商品和租船订舱的实际情况而定

装运期限过短，势必给船货安排带来困难；装运期过长也不合适，特别是采用在收到信用证后多少天内装运的条件下，装运期过长，会造成买方资金积压，影响资金周转，从而反过来影响卖方的售价。

(3) 在规定装运期的同时应考虑开证日期

装运期与开证日期是互相关联的，为保证按期装运，装运期和开证日期应该互相衔接起来。

(4) 在合同中应尽量避免采用近期装运的表示方式

由于这些术语多国解释不一，容易引起争议，甚至银行不予置理，因此，除非特殊情况，一般不宜采用。在出口业务中，除非确有必要，一般不能接受对方提出的在合同中既规定装运时间又规定到达时间的做法。

(二) 装运港和目的港

装运港是指货物起始装运的港口，目的港是指最终卸货的港口。装运港和目的港的确定，不仅关系到卖方履行交货义务和货物风险何时转移，而且关系到运费、保险以至成本和售价的计算等问题，因此在合同中必须具体规定。

1. 装运港的规定方法及注意事项

在国际贸易中，装运港（地）一般由卖方提出，经买方同意后确认。应选择接近货源地、储运设施完善的港口，同时考虑港口和国内运输的条件以及费用水平。

(1) 规定装运港的方法

① 只规定一个装运港（地），例如，Port of shipment：Shanghai；

② 规定两个或两个以上的装运港（地），例如，Port of shipment：Qingdao and Shanghai；

③ 笼统规定，例如，Port of shipment：China ports。

当采用后两种规定方式时，如卖方负责安排运输，则卖方可在范围之内任选；如买方安排运输，则卖方必须在合同规定的装运时限或装运时间前一段时间将最终选定的装运港（地）的详细信息通知买方。

（2）出口业务中注意事项

① 使用 FOB、CFR 和 CIF 条件时，应选择海轮能直接进入载运货物的港口为装运港；

② 在采用多式联运的情况下，一般应以有多式运输经营人收货站的地方作为装运地点；

③ 如交易数量较大或货物来源分散，集中在一个地点有困难的时候，则可争取在两个或两个以上的地点装运。

（3）进口业务中注意事项

进口业务中规定装运港必须考虑到我国的贸易政策以及我方接货的可能性。

2. 目的港的规定方法及注意事项

目的港（地）一般由买方提出，经卖方同意后确认。

（1）规定目的港（地）的方法

① 只规定一个目的港（地），例如，Port of destination：New York；

② 规定两个或两个以上的目的港（地），例如，Port of destination：London/Liverpool；

③ 笼统规定，例如，Port of destination：U. K. Ports。

（2）注意事项

① 对国外目的港的规定，应力求具体明确；

② 不能接受内陆城市为目的港的条件，因为接受这一条件后，我方要承担从港口到内陆城市这段路程的运费和风险；

③ 必须注意装卸港的具体条件，主要包括有无直达班航线、港口和装卸条件以及运费和附加费水平等；

④ 应注意国外港口有无重名问题，在买卖合同中应明确注明装运港或目的港所在国家和地区的名称；

⑤ 如采用选择港口规定，要注意各选择港口不宜太多，一般不超过三个，而且必须在同一航区、同一航线上。

（三）分批装运和转运

1. 分批装运

（1）分批装运的含义

分批装运是指一笔成交的货物分若干批装运。在国际贸易中，凡数量较大，或受货源、运输条件、市场销售或资金的条件所限，有必要分期分批装运、到货者，均应在买卖合同中规定分批装运条款。

（2）分批装运的规定方法

① 只规定允许分批装运，但对时间、批次和每批的数量不做规定；

② 在规定允许分批装运的同时，订立每批装运的时间和数量；

③ 规定不许分批装运。

（3）分批装运的注意事项

① 在合同中如没有规定允许分批装运，不同国家的法律有不同的解释，所以应在合同中明确规定；

② 根据 UCP600，除非信用证明示不准分批装运，卖方即有权分批装运；

③ 如果信用证中规定了每批装运时间和数量，若其中任何一期未按规定装运，则本期及以后各期信用证均告失效；

④ 一笔成交的货物，在不同时间和地点分别装在同一条船上、同一航次，即使分别签发了若干不同内容的提单，也不视作分批装运；

⑤ 如为减少提货手续，节省费用，在进口业务中要求国外出口人一次装运货物的，则应在进口合同中规定不准分批装运条款。

讨论与思考

我国出口 2 000 公吨大米至新加坡，国外开来信用证规定：不允许分批装运。结果我们在规定的期限内分别在烟台、连云港各装 1 000 公吨于同一航次的同一船上，提单也注明了不同的装运地和不同的装船日期。

问：这是否违约？银行能否议付？

2. 转运

（1）转运的含义

转运是指从装运港（地）至卸货港或目的地的货运过程中进行转装或重装，包括从一运输工具或船只移至另一同类运输方式的运输工具或船只，或由一种运输方式转为另一种运输方式的行为。

（2）转运的有关规定

在信用证业务中，除非信用证另有规定，否则可准许转运。

（3）国际货物买卖合同中的分批、转运条款通常是与装运时间条款结合起来的。合同中的分批、转运条款举例：

① 2023 年 4/5 月份分两批平均装运，允许转船。

Shipment during April/May 2023 in two about equal lots，transshipment allowed.

② 3/4/5 月份装运，允许分批和转运。

Shipment during Mar/April/May with partial shipment and transshipment allowed.

转运示例见表 5-10。

表 5-10　转运示例

TIME OF SHIPMENT： WITHIN 10 WORKING DAYS SINCE RECEIVING T/T PAYMENT.

（续表）

PORT OF LOADING & DESTINATION: FROM SHENZHEN, CHINA TO KIGALI, RWANDA. TRANSHIPMENT IS ALLOWED AND PARTIAL SHIPMENT IS PROHIBITED.

讨论与思考

我国A进出口公司与美国B公司签订了一份大米出口合同，由A公司出口大米12 000公吨，采用不可撤销即期信用证付款。合同规定："2023年5月至10月分六批每月平均装运。"另外，合同表示买卖双方受《联合国国际货物销售合同公约》以及国际商会UCP600的约束。B公司按时开出信用证，A公司在5月至7月每月平均装运2 000公吨，银行已分批凭单付款。然而，第四批货物由于中间环节有误，备货不及，A公司于9月1日首先在宁波港装运了1 200公吨，然后该船驶往连云港，于9月3日装运同样品质规格的大米800公吨。A公司向付款银行提交两套单据办理付款事宜时，银行认为单证不符，拒绝付款。

问：银行拒付是否合理？

（四）装运通知

装运通知（Shipping Advice）是在采用租船运输大宗进出口货物的情况下，在合同中加以约定的条款。规定这个条款的目的在于明确买卖双方责任，促使买卖双方互相合作，共同做好船货衔接工作。不论以何种贸易条件成交，贸易双方都要承担互相通知的义务。

FOB条件下，卖方应在约定的装运期开始前30天或45天向买方发出货物备妥通知，以便买方及时派船接货。买方接到通知后，应将船名、到港日期等通知卖方，便于卖方安排货物出运和准备装船。

CFR或CPT条件下，卖方按约定时间地点装船后，应及时将合同项下的装载情况向买方发出装船通知，以便买方投保。

（五）滞期费和速遣费

1. 滞期费

在航次租船合同中，如果在约定的允许装卸时间内未能将货物装卸完，致使船舶在港内停泊时间延长，给船方造成经济损失，则延迟期间的损失应按约定每天若干金额由租船人补偿给船方，这项补偿金叫滞期费。

2. 速遣费

在航次租船合同中，如按约定的装卸时间和装卸率，提前完装卸任务，使船方节省了船舶在港的费用开支，船方将其获取的利益的一部分给租船人作为奖励，叫速遣费。按惯例，速遣费一般为滞期费的一半。滞期费和速遣费通常约定为每天若干金额，不足一天的，按比例计算。

三、运输单据

运输单据是承运人收到承运货物后签发给托运人的证明文件，它是交接货物、处理索赔与理赔以及向银行结算货款或进行议付的重要单据。

在国际货物运输中，运输单据的种类很多，其中包括海运提单、铁路运单、航空运单、多式联运单据和邮包收据等。

(一) 海运提单

微课 5-15：海运提单

1. 海运提单的含义

海运提单（Ocean Bill of Lading，B/L）是指用以证明海上货物运输合同和货物已经由承运人接收或装船，以及承运人保证据以交付货物的单证，是最主要的海上货物运输单据。

2. 海运提单的性质与作用

（1）它是承运人应托运人的要求所签发的货物收据，表明承运人已按提单所列内容收到货物；

（2）它是一种货物所有权的凭证，提单的合法持有人凭提单可在目的港向船公司提取货物，也可以在载货船舶到达目的港之前通过转让提单转移货物所有权，或凭以向银行办理押汇贷款；

（3）它是承运人与托运人之间订立的运输契约的证明，提单条款规定了承、托双方的权利和义务、责任与豁免，是处理纠纷的法律依据。

3. 海运提单的格式和内容

船公司一般都有自己的提单格式，但提单的内容大致相同，分为正面的记载事项和背面的运输条款，具体见附录六。

（1）正面内容

主要包括：托运人（Shipper），收货人或指示（Consignee or Order），通知方（Notify Party），装运港（Port of Loading），目的港（Destination or Port of Discharge），船名（Vessel），运输标志（Shipping Marks & Numbers），货物描述（Description of Goods & Number of Package），重量和体积（Weight & Measurement），运费（Freight Prepaid or Freight to be Collected），提单号码（B/L NO.），承运人或船长的签名（Signed for or on Behalf of the Master），出单的地点和时间（Place & Date of Issue）。

（2）背面条款

海运提单的背面条款就是船货双方的运输契约。为了减少矛盾，保护船、货双方的利益，明确船、货双方的责任，统一提单背面条款的内容，国际上先后签署了三个有关提单的国际公约：1924 年《海牙规则》、1968 年《维斯比规则》和 1978 年《汉堡规则》。

4. 海运提单的种类

(1) 按货物是否已经装船分类

① 已装船提单（Shipped or on Board B/L）

已装船提单是指货物装船后，由承运人签发给托运人的提单。提单上必须载明装货船名和装船日期。已装船提单在国际贸易中被广泛使用。

② 备运提单（Received for Shipping B/L）

备运提单是指承运人在收到托运货物等待装船期间，向托运人签发的提单。这种提单没有确定的装货日期，往往不注明装运船舶的名称，因而买方和银行一般不接受备运提单。备运提单如经承运人加注“已装船”字样，注明装船名称、装船日期并签字证明，也可转为已装船提单。

(2) 按承运人是否对货物的外表或包装加注缺陷批注分类

① 清洁提单（Clean B/L）

清洁提单是指货物交运时外表状况良好，承运人未加有关货损或包装不良或其他有碍结汇批注的提单。清洁提单是国际贸易中广泛采用的提单。

② 不清洁提单（Unclean or Foul B/L）

不清洁提单是指承运人加注货物外表状况不良或存有缺陷等批注的提单。如“包装不固”“破包”“X 件损坏”等。

除非信用证明确规定可接受有缺陷批注的提单，否则银行将不接受有此类不清洁批注的提单。

讨论与思考

某进口公司以 CFR 条件，即期信用证付款方式成交某商品 1 500 袋，提货时发现短量 103 袋，持清洁提单向船公司索赔时，船公司出示出口人出具的“赔偿保证书”（Letter of Indemnity，L/I，通称保函），拒不承担赔偿责任，进口商当即致电卖方索赔，巧遇卖方公司破产倒闭。

问：对此船公司应该如何处理？船公司有没有责任？为什么？

(3) 按运输方式分类

① 直达提单（Direct B/L）

直达提单是指货物从装运港装船后中途不换船而直接运到目的港使用的提单。直达提单上仅列有装运港和目的港的港口名称。在国际贸易中，如信用证规定货物不准转船，卖方就必须在取得承运人签发的直达提单后才能向银行办理议付货款。

② 转船提单（Transhipment B/L）

转船提单是指货物装上某一海轮后，在航运的中途港要将货物卸入另一船舶再驶往目的港卸货的情况下所签发的包括运输全程的提单，一般注有“在某港转船”字样，有些还注明二程、三程船的船名。转船提单中承运人只对第一程运输负责。

③ 联运提单（Through B/L）

联运提单是指经过海运和其他运输方式联合运输时由第一程承运人所签发的包括全

程运输的提单。

(4) 按提单收货人分类

① 记名提单（Straight B/L）

记名提单是指在收货人栏内载明特定收货人名称的提单。该提单只能由指定的收货人提货，不能流通转让，一般用于买方预付货款的情况。

② 不记名提单（Bearer B/L）

不记名提单是指收货人栏内没有指明任何收货人的提单。谁持有提单谁就可提货，此种提单风险较大，一般很少使用。

③ 指示提单（Order B/L）

指示提单是指提单的收货人栏载有“凭指示”（To Order）或“凭某人指示”（To the Order of ...）字样的提单，须经抬头人背书才能转让。该提单由受让人凭提单提货，充分体现了提单的物权凭证的作用。

指示提单的背书有“空白背书”和“记名背书”两种。空白背书仅由背书人（提单转让人）在提单的背面签字盖章。记名背书转让人除签字盖章外，还须列明受让人（被背书人）的名称。在国际贸易中，指示提单被普遍使用。我国在出口业务中大多使用凭指示空白背书的提单，习惯上称为“空白抬头”“空白背书”提单。

讨论与思考

广东省江门市某贸易有限公司（A公司）与多米尼加共和国B公司签订了一份售货合同，约定由A向B出口一批电机。2023年4月13日通过以色列C轮船有限公司在我国香港的代理人，A与C签订了海上货物运输合同。根据合同规定，由C将A这批出口货物用集装箱从我国香港运往多米尼加共和国圣多明哥港口。C向A签发了一式三份全套正本提单且是记名提单，记名的收货人是买方B公司。货运抵目的港后，在A仍持有全套三份正本提单的情况下货物被提走，使A公司失去对货物的控制权，最终导致A无法收回货款。

问：在此案例中，应吸取什么教训？

(5) 按内容的繁简分类

① 全式提单（Long Term B/L）

全式提单中既有正面条款又有背面条款，对承托双方的权利和义务有明确的规定。

② 简式提单（Short Term B/L）

简式提单中仅有正面条款，而略去背面条款。一般提单副本及租船合同项下的提单多使用简式提单。

(6) 按运费支付方式分类

① 运费预付提单（Freight Prepaid B/L）

运费预付提单是指承运人在卖方支付运费的情况下签发的提单。

② 运费到付提单（Freight to be Collected B/L）

运费到付提单是指承运人在装运港签发的提单。待货到目的港后，由收货人与承运人结算运费。

(7) 按提单的有效性分类

① 正本提单 (Original B/L)

正本提单是指提单上有承运人、船长或其代理人签字盖章并注明签发日期的提单。正本提单可用来提货或转让。

② 副本提单 (Copy B/L)

副本提单是指提单上没有承运人或其代理人的签字盖章，仅供工作上参考之用的提单。

(8) 按签发人分类

① 船公司提单 (Master B/L)

船公司提单是指为自己船只承运的货物签发的提单。

② 货代提单 (House B/L)

货代提单是指货运代理公司承揽货物后再委托其他船公司运输货物而签发的提单。

(9) 其他种类提单

① 预借提单 (Advanced B/L)

预借提单是指由于信用证规定的装运期和交单结汇期已到，货主因故未能及时备妥货物或尚未装船完毕的，或由于船公司的原因船舶未能在装运期内到港装船，应托运人要求而由承运人或其代理人提前签发的已装船提单。这是出口人和承运人串通欺骗进口人的犯罪行为，轻则会造成进口人延迟收货，重则会导致进口人货款两空。

② 倒签提单 (Anti-dated B/L)

倒签提单是指为符合信用证对装船日期的规定，承运人在提单上签注的货物装船完毕的日期早于货物实际装船完毕的日期，便于在信用证下结汇的提单。这种提单与“预借提单”一样，通常被认为是非法的和欺诈性的，应禁止使用。

③ 过期提单 (Stale B/L)

过期提单是指出口商取得提单后未能及时到银行，或过了银行规定的交单期限未议付而形成过期提单，习惯上也称为滞期提单。超过提单有效期的提单，其过期的主要原因一是装船后，托运人没有及时交单结汇；二是短途海洋运输使提单无法先于货物到达卸货港。所以，短途运输时，可规定“过期提单可接受”(Stale B/L Is Acceptable) 的条款。

按照 UCP600 规定，凡超过发运日期 21 日后提交的提单为过期提单，但在任何情况下都不得迟于信用证的截止日。如信用证效期或信用证规定的交单期早于此期限，则以有效期或规定的交单期为最后期限。一般银行不接受过期提单，但过期提单并非无效提单，提单持有人仍然可持凭要求承运人交付货物。

讨论与思考

国外开来不可撤销信用证，证中规定最迟装运期为 2022 年 12 月 31 日，议付有效期为 2023 年 1 月 15 日。我方按证中规定的装运期完成装运，并取得签发日为 2022 年 12 月 10 日的提单，当我方备齐议付单据于 2023 年 1 月 4 日向银行议付交单时，银行以我方单据已过期为由拒付货款。

问：银行的拒付是否有理？为什么？

（二）铁路运单

铁路运单可分为国际铁路联运和国内铁路运输两种方式，前者使用国际铁路联运运单；后者使用国内铁路运单。中国内地通过铁路对港澳出口货物时，使用“承运货物收据”这种特定性质和格式的单据。

国际铁路货物联运所使用的运单是铁路与货主间缔结的运输契约的证明。此运单正本从始发站随同货物附送至终点站并交给收货人，是铁路同货主之间交接货物、核收运杂费用和处理索赔与理赔的依据。运单副本是卖方凭以向银行结算货款的主要证件。

承运货物收据既是承运人出具的货物收据，也是承运人与托运人签订的运输契约的证明。内地通过铁路运往港、澳地区的出口货物，一般委托中国对外贸易运输公司承办。当出口货物装车发运后，对外贸易运输公司即签发承运货物收据交给托运人作为对外办理结汇的凭证。承运货物收据只有第一联为正本，反面印有“承运简章”，载明承运人的责任范围。

（三）航空运单

航空运单是承运人与托运人之间签订的运输契约，也是承运人或其代理人签发的货物收据。航空运单还可作为核收运费的依据和海关查验放行的基本单据，但航空运单不是代表航空公司的提货通知单，在航空运单的收货人栏内，必须详细填写收货人的全称和地址，而不能做成指示性抬头。

航空运单的正本一式三份，每份都印有背面条款，其中一份交发货人，是承运人或其代理人接收货物的依据；第二份由承运人留存，作为记账凭证；最后一份随货同行，在货物到达目的地，交付给收货人时，作为核收货物的依据。

（四）多式联运单据

多式联运单据是指证明国际多式联运合同成立及证明多式联运经营人接管货物，并负责按照多式联运合同条款交付货物的单据。

多式联运单据由承运人或其代理人签发，其作用与海运提单相似，既是货物收据，也是运输契约的证明，在单据做成指示性抬头或不记名抬头时，可作为物权凭证，经背书可以转让。

国际多式联运单据分为可转让和不可转让两种形式，也就是国际多式联运提单和国际多式联运运单，这两种单据性质是不同的。

1. 国际多式联运提单

（1）定义

国际多式联运提单是指一批货物需要经过两种以上不同的运输方式，其中一种是海上运输方式，由一个承运人负责全程运输，负责将货物从接收地运至目的地交付收货人，并收取全程运费所签发的提单，涉及内的项目不仅包括装运港和目的港，而且列明一程、二程等运输路线以及收货地和交货地。

（2）性质

① 国际多式联运是以两种或两种以上不同运输方式组成的，多式联运提单是参与运输的两种或两种以上运输工具协同完成所签发的提单；

② 组成多式联运的运输方式中其中一种必须是国际海上运输；

③ 国际多式联运提单如果贸易双方同意，并在信用证中明确规定，可由承担海上区段运输的船公司、其他运输区段的承运人、多式联运经营人或无船承运人签发。

2. 国际多式联运运单

国际多式联运运单通常称为多式联运运单。多式联运运单不具有物权凭证的功能，其作用与海运单和航空运单相似，不具有流通性，所以收货人一栏必须是记名的。

实操训练

拟定运输条款

湖南卡特尔进出口有限公司与埃塞俄比亚 FOTH 公司就女士风衣（GT013：1 000 件；GT014：2 000 件）的运输事宜协商如下：在 2023 年 10 月底之前，通过海运从上海运往蒙巴萨，不允许转船和分批装运。请根据所学内容，填写合同中的运输条款。

SHIPMENT：

思政园地

当今国际贸易中，运输条款对于保障商品安全、准时交付以及减少争议起着至关重要的作用。某国家与另一国家进行大宗商品的贸易合作，涉及商品是该国家的主要出口产品之一，但由于长途运输和复杂的供应链环节，存在一系列环境和社会问题，例如，长途运输会导致高碳排放和能源浪费，导致超时工作、低工资和人身安全等劳工权益问题。

为了实现可持续发展目标，促进公平贸易和社会公正，我们该运用运输条款的内容，做到以下几点。

1. 强化环境意识

通过教育和宣传，提高各方对环境保护的认识；鼓励采取海洋运输或铁路运输等低碳运输方式，减少碳排放，并鼓励使用清洁能源驱动的交通工具。

2. 促进社会责任

厂商应加强供应链管理，确保货物运输过程中劳工权益得到充分尊重和保护，并与供应商共同制定社会责任准则，建立有效监管机制。

3. 加强合作与沟通

各国政府、企业和国际组织应加强合作与沟通，共同制定运输条款的标准和指导原则，并分享最佳实践经验。

温故知新

一、单项选择题

1. 就收货人抬头而言，国际上普遍使用的是（　　）。

A. Straight B/L　　B. Order B/L　　C. Bearer B/L　　D. Open B/L

2. 信用证如未规定"不准分批装运"，则（　　）。

A. 可以视为允许分批装运　　B. 仍应视为不准分批装运

C. 应视商品性质而定　　D. 应视不同地区而定

3. 小件急需品和贵重货物宜采用（　　）。

A. 海洋运输　　B. 铁路运输　　C. 航空运输　　D. 邮包运输

4. 我国出口到韩国的石油，一般采用（　　）。

A. 航空运输　　B. 铁路运输　　C. 公路运输　　D. 管道运输

5. 买方和银行通常不接受的提单有（　　）。

A. 已装船提单　　B. 直达提单

C. 清洁提单　　D. 不清洁提单

6. 对铁路货物运输，发货人凭以向银行结汇的运输单据为（　　）。

A. 铁路运单正本　　B. 铁路运单副本

C. 承运货物收据　　D. 上述三种单据都需要

7. "W/M plus ad val"的含义为（　　）。

A. 货物重量或尺码

B. 货物重量、尺码或价值选较高的

C. 货物重量加尺码

D. 货物重量或尺码选较高的再加上从价运费

二、计算题

1. 我方公司出口到海湾国家A国商品100箱，每箱体积40 cm×30 cm×20 cm，毛重为30千克，经查该商品货物分级表规定计算标准为W/M，等级为10级，又查运费率为222美元，另外加收港口附加费10%。

问：我方公司应付船公司运费多少？

2. 我方出口商品共100箱，报价为每箱4 000美元，FOB上海，基本运费率为每运费吨26美元或从价费率1.5%，计费标准为W/M or Ad. Val选择法计算，每箱的体积为 1 m×1.2 m×1.5 m，毛重为每箱 2 公吨，另收燃油附加费 20%，港口拥挤费 20%，货币贬值附加费 10%。

问：该批货物的运费是多少美元？

三、案例分析题

我方出口公司与科威特商人成交一批陶瓷茶具，共 15 000 套，装 1 500 箱，每箱十套。条款为 CIF ×××港，并明确可分三批，每批 500 箱，分别于一、二、三月装运。我出口公司于一月份装运 500 箱，获得顺利结汇，第二批如期装运，装了 490 箱，经向银行结汇遭到拒绝。我出口公司打电报洽商买方接受 490 箱，买方迟迟不作答复，此时第三批货物即待装船。在未获买方对第二批货物是否同意接受的情况下，第三批货物按期按数装上船，我方出口公司持第三批货物的所有单据向银行结汇又遭拒付。

问：

(1) 银行是否有权拒付？

(2) 对第二批货物应如何处理？

(3) 为防止类似情况的发生，在贸易合同内应增加什么条款，以保证卖方利益？

任务六

拟定保险条款

学习目标

知识目标： 认识海上货物运输的风险和损失；熟悉单独海损和共同海损的构成条件；掌握CIC条款中海运货物保险的基本险别、附加险和保险责任起讫；了解陆运、空运等其他运输方式下的投保险别；掌握保险金额和保险费的计算方法。

技能目标： 能够区分平安险、水渍险、一切险的责任范围；能够根据交易产品及运输方式投保合适的险别；能够正确计算保险费；能够拟定合同中的保险条款。

素质目标： 培养谨慎细致、诚实守信、团结协作的职业素养；树立主人翁意识和高度的责任意识。

情境导入

3月底，长沙卡特尔环保科技有限公司外贸业务员彭竣在与运输公司确定船期后，着手办理保险事宜。非洲客户订购的氢氧机从中国运往非洲，运输过程中可能存在哪些风险和损失？该笔交易中的运输保险应该由谁来办理，保险费应该由谁出？

一、海上货物运输的风险与损失

微课5-16：海上货物运输的风险、损失及费用

在国际贸易中，买卖双方距离一般较远，货物要运抵买方一般要经过长途跋涉，经过不同的国家或地区，有时候还要转换各种运输工具，可能遇到火灾、暴风雨、碰撞、盗窃、爆炸、水渍、污损等种类繁多的风险，而且国际贸易的金额一般比较大，如果遭受损失，进出口商人很难承受。因此，国际贸易运输一般都要办理货物保险。

（一）风险

风险，指在海上运输过程中可能遭受的各种风险，其分类如图5-5所示。

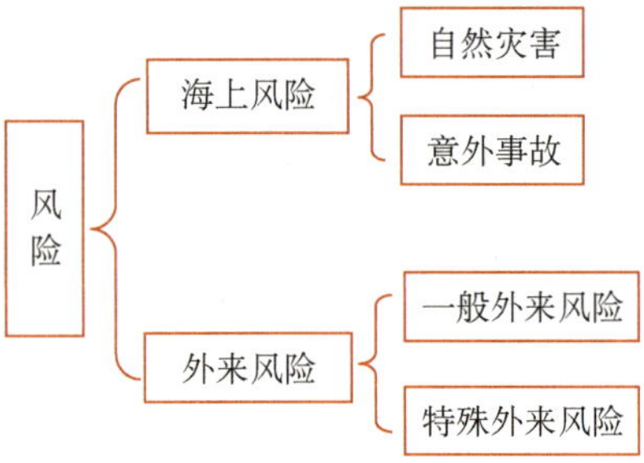

图 5-5　风险的分类

1. 海上风险

海上风险指与海洋运输有关的常见的风险，包括自然灾害和意外事故两种。

(1) 自然灾害

自然灾害指具有破坏力的自然力量，与平时生活中的自然灾害的概念基本相同，海上常见的自然灾害有恶劣气候、雷电、海啸、地震等。但必须注意，应将其与刮风、下雨、普通的海浪等一般的自然现象区别开来。

(2) 意外事故

意外事故指一些海上常见的事故。例如运输工具搁浅、触礁、沉没、失火、爆炸、与流冰或其他物体碰撞等。

2. 外来风险

在海洋运输途中，除了自然灾害和意外事故外，还有一些可能遇到的风险，这些风险被归类为“外来风险”。外来风险也可以分为一般外来风险和特殊外来风险两种。

(1) 一般外来风险

这是一些常见的外部原因造成的风险，例如盗窃、雨淋、短量、沾污、破碎、受潮、受热、渗漏、串味、锈损、钩损、包装破裂等。

(2) 特殊外来风险

这是一些比较特殊的外部原因造成的风险，例如战争、罢工、禁运、交货不到、拒收等。

在区分外来风险时，应将货物自身的内部缺陷或自然属性而引起的自然损耗或变质等区分开来，这些不属于“外来风险”的范围。

(二) 损失

损失分类如图 5-6 所示。

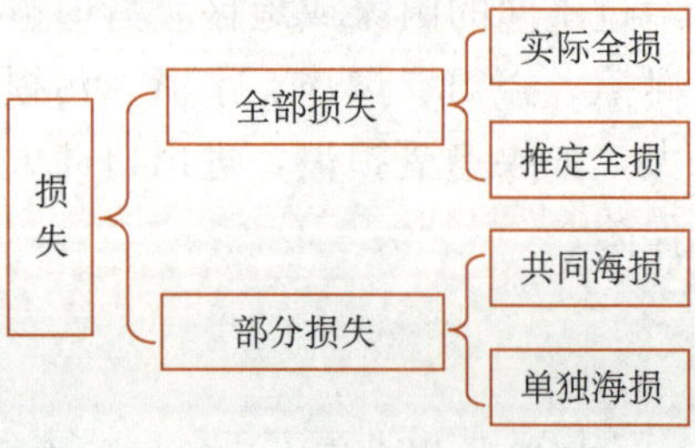

图 5-6　损失的分类

1. 全部损失

全部损失（Total Loss）简称全损，指某发货人的整批货物或不可分割的一批货物完全灭失，又分为实际全损和推定全损两种。

(1) 实际全损

实际全损指被保险货物实际全部灭失，包括以下几种情况：

① 保险标的物完全灭失，例如，船只遭遇海难后沉没，货物与之同时沉入海底；

② 保险标的物丧失，例如，船舶被海盗劫走，货物被全部掠去，货物全部被敌方扣押；

③ 保险标的物发生质变，失去原有使用价值。例如，茶叶被水泡后，已不能饮用，失去使用价值；

④ 船舶失踪达到一定时期，例如，船舶失踪半年后仍无音信，则视为该船舶及其所载货物全部灭失。

（2）推定全损

推定全损指保险标的物受损后并未全部灭失，但若进行施救、整理、修复所需的费用，再加上续运至目的地的费用的总和，超过货物在目的地完好状态下的价值。推定全损具体包括下列几种情况。

① 保险标的物实际全损已经无法避免，或者是为了避免实际全损需要花费的施救等费用将超过获救后标的物价值；

② 保险标的物发生保险事故后使被保险人失去标的物所有权，而收回这一所有权所需的费用将超过收回后的标的物的价值；

③ 保险标的物受损后，整理和续运到目的地的费用超过货物到达目的地的价值；

④ 保险标的物受损后，修理费用超过货物修复后的价值。

在推定全损的情况下，被保险人可以要求保险公司按部分损失赔偿，也可以要求保险公司按全部损失赔偿。如果按全部损失赔偿，被保险人则必须将货物的残值“委付”给保险公司。

“委付”是被保险人将货物残值的物权转移给保险公司的行为，在推定全损的情况下，被保险人只有在办理了委付手续后才能取得保险公司的全额赔偿。

讨论与思考

有精密仪器一台，货价 15 000 美元，载运该货的海轮在航行中同另一海轮发生互撞事故，船身的激烈震动造成仪器损坏。事后经专家检验，认为该仪器如修复原状，需修理费用 16 000 美元，如拆卸为零件出售，可收回 5 000 美元。

问：在上述情况属于何种损失？保险公司应如何处理这一损失案件？

2. 部分损失

部分损失（Partial Loss）又称为分损，指一个货主的货物部分地灭失，凡未达到全损程度的损失都属于部分损失。部分损失也可分为共同海损和单独海损两种。

（1）共同海损

共同海损（General Average，GA）指船舶在海上遇到风险，威胁到船货各方面的共同安全，为了解除这种威胁，船方有意识地、合理地采取抢救措施造成的某些损失和额外费用。由于此行为是为了大家的共同安全，所以这种损失应该由船主、货主和其他有关方按获救价值的比例共同分摊。共同海损条件包括：

① 必须确实存在危及船货共同安全的危险；

② 船方所采取的措施必须是为了解除船货的共同危险有意采取的、合理的；

③ 所作的牺牲是特殊的，支出是额外的；

④ 措施必须是有效的，至少有部分船、货获救。

讨论与思考

某货轮运输散装亚麻子到纽约港，不幸在南美飓风的冷风区内搁浅，被迫抛锚。船长发现，一旦船体裂缝漏水，亚麻子膨胀后有可能把船板胀裂，所以下令先后4次动用主机超负荷全速后退，终于脱浅成功。当货轮抵达纽约港后，在对船体进行全面检修时，发现主机和舵机受损严重，船方核算损失后要求货方承担6 451英镑的费用。货主对该项费用发生异议，拒绝付款。

问：货主是否有理？

(2) 单独海损

当部分损失不属于共同海损时，则是单独海损（Particular Average，PA），这种损失应由特定货主单独承担。共同海损与单独海损都属于部分损失，二者的区别主要表现在三个方面：

① 损失的构成不同。共同海损的损失包括共同海损牺牲和费用，单独海损只包括货物本身损失，不包括费用损失。

② 造成原因不同。共同海损是为了解除船货共同危险而人为造成的，单独海损则是承保风险所直接造成的船货损失。

③ 损失的承担不同。共同海损应由受益各方按照获救价值的比例分摊，单独海损一般应由受损方自己承担。

讨论与思考

某货轮从天津新港驶往新加坡，在航行途中船舶货舱起火，大火蔓延至机舱，船长为了船货的共同安全决定采取紧急措施，往舱中灌水灭火。火虽被扑灭，但由于主机受损，无法继续航行，于是船长决定雇佣拖轮将货船拖回新港修理，检修后重新驶往新加坡。在这次事件中，遭受的损失与费用有：①1 000箱货被火烧毁；②600箱货由于灌水受到损失，其中40箱有热熏的痕迹；③主机和部分甲板被烧坏；④拖轮费用；⑤额外增加的燃料、船长及船员工资。

请指出这些损失中哪些是单独海损，哪些是共同海损。

(三) 费用

被保险货物遭受风险和损失后，往往会产生一些连带的费用，某些费用也属于保险人的承保范围。这种费用主要有如下四类。

1. 施救费用

施救费用（Sue and Labor Expense）指保险标的物遭受保险责任范围内的事故时，

由被保险人或其代理人、雇佣人员或受让人等采取措施，抢救保险标的物，以防止损失扩大，由此而支出的合理费用。

2. 救助费用

救助费用（Salvage Charge）指被保险标的物遭遇保险责任范围以内的事故时，由保险人和被保险人以外的第三者采取救助行为，获救方应向救助方支付的报酬。这种费用一般属于共同海损的范围。对于救助费用的支付，国际上一般都采用“无效果、无报酬”（No Cure，No Pay）的原则。

3. 特别费用

特别费用（Special Charge）指货物的运载工具遭遇海上灾害或意外事故不能继续航行，必须把货物卸下存仓，或再由原船装载续运，或由他船受载代运等所产生的费用。

4. 额外费用

额外费用（Extra Charge）指为索赔举证等支付的必要费用。此项费用只有在保险标的物确有损失，赔案确实成立的情况下，保险人才予以负责。

二、中国海上货物运输保险的险别

微课 5-17：保险条款

保险条款是保险公司制定的，规定自己承保的责任范围、除外责任、责任起讫、索赔期限等事项的条款。在我国的对外贸易中，采用最多的是《中国保险条款》（China Insurance Clauses，CIC）。《中国保险条款》又称人保条款，它是中国人民财产保险股份有限公司参照 1963 年《协会货物保险条款》制定，中国人民银行及中国保险监督委员会审批后颁布的，目前使用的是 1981 年 1 月 1 日生效的修订本，包括责任范围、除外责任、责任起讫、被保险人义务、索赔期限五部分内容。

《中国保险条款》一共包括 8 个条款，其名称为：《海洋运输货物保险条款》《陆上运输货物保险条款》《航空运输货物保险条款》《邮包保险条款》《海洋运输冷藏货物保险条款》《陆上运输冷藏货物保险条款》《海洋运输散装桐油保险条款》《活牲畜、家禽的海上、陆上、航空运输保险条款》。另外，还包括一套附加险。在 8 个保险条款中运用得多的是海洋、陆上、航空和邮包运输保险条款，其余的是针对某些特殊商品设置的。这里主要介绍《海洋运输货物保险条款》。

（一）基本险

中国海洋运输货物保险条款包括 3 种基本险别，即平安险、水渍险和一切险。

1. 平安险

平安险（Free from Particular Average，FPA）适用范围主要为大宗、低值粗糙的包装货物，如废钢材、木材、矿砂等。保险公司对平安险承担的责任范围如下：

（1）自然灾害造成被保险货物的实际全损或推定全损；

（2）意外事故造成被保险货物的全部或部分损失；

(3) 在运输工具发生意外事故的情况下，货物在此前后遭受自然灾害所造成的部分损失；

(4) 在装卸或转运时，一件或数件整件货物落海造成的全部或部分损失；

(5) 施救费用，以不超过该批被毁货物的保险金额为限；

(6) 在避难港卸货的特殊费用；

(7) 共同海损的牺牲、分摊和救助费用；

(8) 运输契约订有"船舶互撞责任"条款，根据该条款规定应由货方偿还船方的损失。

讨论与思考

有一批玻璃制品出口由甲乙两轮分别载运。货主投保了平安险，甲轮在航行途中与他船发生碰撞事故，玻璃制品因此而发生部分损失，而乙轮在航行途中遇到暴风雨，使玻璃制品相互碰撞而发生部分损失。事后，货主向保险人提出索赔。

问：保险人是否该赔偿？

2. 水渍险

水渍险（With Particular Average，WPA 或 WA）适用于不易损坏或易生锈但不影响使用的货物，如钢管、旧汽车等。保险公司对水渍险承保范围除包括平安险承保范围，还包括被保险货物在运输途中由于自然灾害造成的部分损失。

讨论与思考

1. 我方向澳大利亚出口坯布 100 包，按合同规定加一成投保水渍险、货物在海上运输途中因舱内食用水管漏水致使该批坯布中的 30 包浸有水渍。

问：对此损失应向保险公司索赔还是应该向船公司索赔？

2. 某批货物投保了水渍险，运载该批货物的海轮在航行中遇到下雨，货物遭到水渍损失。

问：在上述情况下，保险公司是否负责赔偿？

3. 一切险

保险公司对一切险（All Risks，AR）承保范围除包括水渍险的所有责任外，还包括一般外来风险造成的全部或部分损失。一切险是基本险中承保范围最大的一种。

上述三种基本险，被保险人可以从中选择一种投保。

讨论与思考

海湾集团出口花生糖一批，投保的是一切险。由于货舱陈旧，速度慢，加上该轮沿途到处揽载，结果航行 3 个月才到达目的港。卸货后，花生糖因受热时间过长已全部潮解软化，无法销售。

问：这种情况下保险公司是否可以拒赔？

（二）附加险

《中国保险条款》基本险承保的是经常性的风险，对于运输过程中可能遇到的一些其他的风险，《中国保险条款》制定了“附加险”来承保。附加险是对基本险的补充和扩大，承保自然灾害和意外事故以外的各种外来风险造成的损失，分为“一般附加险”和“特殊附加险”两类。附加险不能单独投保，只能在投保了基本险后才可以加保，加保的附加险可以是一种或几种。

1. 一般附加险

一般附加险（General Additional Risk）承保的是一般外来风险造成的全部或部分损失。中国人民保险公司的一般附加险共有 11 种。

（1）偷窃、提货不着险（Theft Pilferage and Non-delivery Risk，T. P. N. D.）

保险人负责赔偿对被保险货物因被偷窃，以及被保险货物运抵目的地后整件未交的损失。

（2）淡水雨淋险（Fresh Water and/or Rain Damage Risk，F. W. R. D.）

保险人负责赔偿承保货物在运输途中遭受雨水、淡水以及雪融水浸淋造成的损失，包括船上淡水舱、水管漏水以及舱汗所造成的货物损失。

（3）渗漏险（Risk of Leakage）

保险人负责赔偿承保的流质、半流质、油类货物在运输途中因容器损坏而引起的渗漏损失，或用液体储藏的货物因液体渗漏而引起的腐烂变质造成的损失。如以流体装存的湿肠衣，因为流体渗漏而使肠衣发生腐烂、变质等损失，均由保险公司负责赔偿。

（4）短量险（Risk Of Shortage）

保险人负责赔偿承保的货物因外包装破裂或散装货物发生数量损失和实际重量短缺的损失，但不包括正常运输途中的自然损耗。

（5）混杂、沾污险（Risk of Intermixture and Contamination）

保险人负责赔偿承保的货物在运输过程中因混进杂质或被沾污，影响货物质量所造成的损失。此外，保险货物因为和其他物质接触而被沾污，例如布匹、纸张、食物、服装等被油类或带色的物质污染因而引起的经济损失也由保险人负责赔偿。

（6）碰损、破碎险（Risk of Clash and Breakage）

保险人负责赔偿承保的金属、木质等货物因震动、颠簸、碰撞、挤压而造成货物本身的损失，或易碎性货物在运输途中由于装卸野蛮、粗鲁、运输工具的颠震所造成货物本身的破裂、断碎的损失。

（7）串味险（Risk of Odour）

保险人负责赔偿承保的食用物品，如食品、茶叶、中药材、香料、化妆品原料等，因受其他物品的影响而引起的串味损失。

（8）受潮、受热险（Risk of Sweat and Heating）

保险人负责赔偿承保的货物因气温突然变化或由于船上通风设备失灵致使船舱内水汽凝结、受潮或受热所造成的损失。

(9) 钩损险（Hook Damage）

保险人负责赔偿承保的货物（一般是袋装、箱装或捆装货物）在运输过程中使用手钩、吊钩装卸，致使包装破裂或直接钩破货物所造成的损失。

(10) 包装破裂险（Breakage of Packing Risk）

保险人负责赔偿承保的货物在运输过程中因搬运或装卸不慎造成包装破裂造成的损失，以及因继续运输安全的需要修补或调换包装所支出的费用。

(11) 锈损险（Risk of Rust）

保险人负责赔偿承保的货物在运输过程中由于生锈而造成的损失。此外，在海上保险实务中，保险人一般不就裸装的金属材料承保锈损险。

以上 11 种附加险已包括在一切险之中，如果投保了一切险则不需再加保一般附加险。

2. 特殊附加险

特殊附加险不包括在一切险范围内，只能在投保平安险、水渍险和一切险的基础上加保。特殊附加险共有 8 种。

(1) 战争险

战争险（War Risk）是特殊附加险的主要险别之一，是保险人承保战争或类似战争行为导致货物损失的特殊附加险，被保险人必须投保货运基本险之后才能经特别约定投保战争险。战争险的承保责任范围包括下列几种情况：

① 直接由于战争、类似战争行为、敌对行为、武装冲突或海盗行为等造成的运输货物的损失；

② 上述原因所引起的捕获、拘留、扣留、禁制、扣押等造成的运输货物的损失；

③ 各种常规武器（水雷、炸弹等）所造成的运输货物的损失；

④ 由本险责任范围所引起的共同海损牺牲、分摊和救助费用，但由于敌对行为使用原子或热核制造的武器，导致被保险货物的损失和费用不由保险人负责赔偿；根据执政者、当权者，或其他武装集团的扣押、拘留引起的承保航程的丧失和挫折而提出的任何索赔，保险人不负责赔偿。

讨论与思考

我国以 CIF 条件向美国出口一批货物，货物交运前卖方及时投保了一切险和战争险，货物在马六甲海峡附近遭遇海盗抢劫，部分货物被抢走。试分析说明：

(1) 被抢走的货物属于什么海损？为什么？

(2) 应该由买方还是卖方向保险公司索赔？为什么？

(3) 保险公司是否应该赔偿？为什么？

(2) 罢工险

罢工险（Strikes Risk）是保险人承保被保险货物因罢工等人为活动造成的损失的特殊附加险。罢工险的保险责任范围包括下列几种情况：

① 罢工者、被迫停工工人或参加工潮暴动、民众斗争的人员的行动所造成的直接

损失，恐怖主义者或出于政治目的而采取行动的人所造成的损失；

② 任何人的敌意行动所造成的直接损失；

③ 因上述行动或行为引起的共同海损的牺牲、分摊和救助费用。

罢工险与战争险的关系密切，投保了战争险，再加保罢工险时一般不再加收保险费。

讨论与思考

我方按 CIF 条件出口大豆 1 000 公斤，即 10 000 包，合同规定投保一切险和战争险、罢工险。货物卸至目的港码头后，当地码头工人开始罢工。在工人与政府的武装力量对抗中，该批大豆有的被撒在地面，有的被当作掩体，有的丢失，总共损失近半。

问：这种损失保险公司是否负责赔偿？

(3) 进口关税险

进口关税险（Import Duty Risk）承保的是被保险货物受损后仍需在目的港按完好货物缴纳进口关税而造成相应货损部分的关税损失。但保险人对此承担赔偿责任的条件是货物遭受的损失必须是保险单承保责任范围内的原因造成的。

(4) 舱面险

舱面险（On Deck Risk）承保装载于舱面（船舶甲板上）的货物被抛弃或海浪冲击落水所致的损失。

(5) 黄曲霉素险

黄曲霉素险（Aflatoxin Risk）承保被保险货物（主要是花生、谷物等易产生黄曲霉素）在进口港或进口地经卫生当局检验证明，其所含黄曲霉素超过进口国限制标准，而被拒绝进口、没收或强制改变用途所造成的损失。

(6) 拒收险

拒收险（Rejection Risk）承保当被保险货物出于各种原因，在进口港被进口国政府或有关当局拒绝进口或没收而产生的损失。

(7) 交货不到险

交货不到险（Failure to Deliver Risk）承保自被保险货物装上船舶时开始，在 6 个月内不能运到原定目的地交货造成的损失。

(8) 出口货物到中国香港（包括九龙在内）或中国澳门存仓火险责任扩展条款

出口货物到中国香港（包括九龙在内）或中国澳门存仓火险责任扩展条款（Fire Risk Extension Clause—for Storage of Cargo at Destination HongKong, Including Kowloon, or Macao, F. R. E. C.）承保被保险货物自内地出口运抵中国香港（包括九龙）或中国澳门，卸离运输工具后直接存放于保险单载明的过户银行所指定的仓库期间发生火灾所受的损失。该附加险是一种保障过户银行权益的险种，因为货物通过银行办理押汇时，在货主未向银行归还贷款前，货物的权益属于银行。所以，在该保险单上必须注明过户给放款银行。

保险条款示例见表 5-11。

表 5-11　保险条款示例

INSURANCE: TO BE COVERED BY THE SELLER FOR 110% OF THE INVOICE VALUE COVERING ALL RISKS AS PER CIC OF PICC DATED 01/01/1981.

(三) 保险责任起讫及除外责任

1. 保险责任起讫

保险责任起讫也称保险期限。《海洋运输货物保险条款》基本险的责任起讫采用国际保险业普遍采用的“仓至仓”（Warehouse to Warehouse，W/W）责任。即“自被保险货物运离保险单所载明的起运地仓库或储存处所开始运输时生效，包括正常运输过程中的海上、陆上、内河和驳船运输在内，直至该项货物到达保险单所载明目的地收货人的最后仓库或储存处所或被保险人用作分配、分派或非正常运输的其他储存处所为止”。但是，当货物卸离海轮满 60 天，不论是否进入仓库，保险责任都终止。

战争险的责任起讫以“水面险”为限。海运战争险规定，保险公司所承担的责任自被保险货物在保险单所载明的装运港上海轮或者驳船开始，直至保险单所载明目的港卸离海轮或者驳船为止。如果货物不卸离海轮或者驳船，则保险责任最长延至货物到达目的港之当日午夜起算满 15 天为止；如在中途转船，则不论货物卸载与否，保险责任以海轮到达该港或卸货地点的当日午夜起算满 15 天为止，待货物再装上船，保险公司仍继续负责。

讨论与思考

有一份 FOB 合同，买方已向保险公司投保“仓至仓”条款的一切险。货物从卖方仓库运往装运码头途中发生承保范围内的风险损失，事后卖方以保险单含有“仓至仓”条款要求保险公司赔偿，但遭拒绝，后来卖方又请买方以买方的名义凭保险单向保险公司索赔，但同样遭到拒绝。为什么？

2. 保险除外责任

保险除外责任承保范围包括以下几种情况：

（1）被保险人的故意行为或过失所造成的损失；

（2）属于发货人责任引起的损失；

（3）在保险责任开始前，被保险货物已存在的品质不良或数量短差所造成的损失；

（4）被保险货物的自然损耗、本质缺陷以及市价跌落、运输延迟所造成的损失或费用；

（5）战争险和罢工险条款规定的责任范围和除外责任。

三、英国伦敦保险协会海运货物保险条款

在世界海运保险市场上，英国是一个历史悠久的国家，它制定的保险法规、保险条

款和保单对世界各国保险业有广泛的影响。据有关统计，目前，世界上大约有 2/3 的海上保险合同使用 1983 年 4 月 1 日生效的英国海上保险单格式和《协会货物保险条款》。该条款包括六种险别：协会货物条款（A）[Institute Cargo Clauses（A），ICC（A）]；协会货物条款（B）[Institute Cargo Clauses（B），ICC（B）]；协会货物条款（C）[Institute Cargo Clauses（C），ICC（C）]；协会战争险条款（货物）（Institute War Clauses-Cargo，IWCC）；协会罢工险条款（货物）（Institute Strikes Clauses-Cargo，ISCC）；恶意损害险条款（Malicious Damage Clauses）。

在以上六个险别中，ICC（A）、ICC（B）、ICC（C）为基本险，可以单独投保；战争险和罢工险也具有完整的结构，在征得保险人同意的情况下也可以单独投保；恶意损害险属于附加险性质，不能单独投保。

在六个条款中，除恶意损害险，其他五个险别在结构上基本相似，都由“承保范围、除外责任、保险期限、索赔、保险利益、减少利益、防止延迟、法律与惯例八个部分组成。在这八个内容中，除承保范围、除外责任和保险期限外，其他各项内容基本相同。

(一) 基本险

ICC（A）、ICC（B）、ICC（C）三个条款均由“承保范围、除外责任、保险期限、索赔、保险利益、减少损失、防止延迟、法律与惯例”八部分组成；三个条款除承保范围、除外责任两个部分的内容有所不同，其余六个部分的内容完全一致。

1. 协会货物条款（A）

（1）承保的风险

ICC（A）险的承保范围采用“一切风险减除外责任”的方式规定，即除了“除外责任”，其他风险均予承保。它大体相当于旧条款的一切险。

（2）除外责任

ICC（A）险的除外责任有以下四类：①一般除外责任，如因被保险人故意的不法行为造成的损失或费用；自然渗漏、包装不足、保险标的物内在缺陷或由于延迟、由于使用任何原子或核武器造成的损失或费用；②不适航、不适货除外责任，如被保险人或其他受雇人已经知道船舶不适航，以及船舶、装运工具、集装箱等不适货；③战争除外责任，如由于战争、内战、敌对行为等造成的损失或费用；④罢工除外责任。

2. 协会货物条款（B）

（1）承保的风险

ICC（B）和 ICC（C）险的承保风险采用“列明风险”的方法，即在条款的首部开宗明义地把保险人所承保的风险一一列出。ICC（B）险承保的风险为：①火灾、爆炸；②船舶或驳船触礁、搁浅、沉没或倾覆；③陆上运输工具倾覆或出轨；④船舶、驳船或运输工具同水以外的外界物体碰撞；⑤在避难港卸货；⑥地震、火山爆发、雷电；⑦共同海损牺牲；⑧抛货；⑨浪击落海；⑩海水、湖水或河水进入船舶、驳船、运输工具、集装箱、大型海运箱或储存处所；⑪货物在装卸时落海或摔落造成整体的全损。

（2）除外责任

ICC（B）险的除外责任与 ICC（A）险的除外责任基本相同，其区别有以下两项：

① ICC（A）险除对被保险人的故意不法行为造成的损失、费用不负赔偿责任外，对于被保险人之外的任何个人或数人故意损害或破坏标的物或其他任何部分的损害要负赔偿责任，但 ICC（B）险对此均不负赔偿责任；②ICC（A）险将海盗行为列入风险范围，而 ICC（B）险对海盗行为不负保险责任。

3. 协会货物条款（C）

（1）承保的风险

ICC（C）险承保风险比 ICC（A）险和 ICC（B）险要小得多，它只承保“重大意外事故”造成的全部或部分损失，不承保“自然灾害及非重大意外事故”造成的全部或部分损失。重大意外事故包括：①火灾、爆炸；②船舶或驳船触礁、搁浅、沉没或倾覆；③陆上运输工具倾覆或出轨；④在避难港卸货；⑤共同海损牺牲；⑥抛货。

（2）除外责任

ICC（C）的除外责任与 ICC（B）险完全相同。

（二）附加险

协会战争险的承保范围与修订前的协会旧条款及我国现行的海运战争险条款相似，只有在除外责任方面，保险人对非敌对行为（如使用核武器等）所造成的灭失或损害必须负责。

协会罢工险的承保范围也与修订前的协会旧条款及我国现行海运罢工险条款基本一致，但在“一般除外责任”中增加了“航程挫折”条款。目的在于限制被保险人对罢工造成的额外费用（如存仓费、重新装船费等）并提出赔偿的要求。

恶意损害险承保被保险人以外的其他人（如船长、船员）的故意破坏行动（如沉船、纵火等）造成的被保险货物的灭失或损害。但是，恶意损害如果是出于政治动机的人的行为，则保险人免责。

（三）责任期限

ICC（A）、ICC（B）、ICC（C）三个条款的保险责任起讫与我国海运货物保险条款中基本险的规定大体相同，也是采用“仓至仓”条款，但比我国条款规定得更为详细。战争险的保险期限与前述我国现行海运战争险条款一样，也根据承保“水上危险”的原则，不使用“仓至仓”条款。

ICC 险示例见表 5-12。

表 5-12　ICC 险示例

INSURANCE: TO BE COVERED BY THE SELLER FOR 110% OF THE GOODS VALUE SHOWING CLAIMS PAYABLE AT DESTINATION IN CURRENCY OF THE CREDIT COVERING ICC（A）AND WAR RISK AS PER INSTITUTE CARGO CLAUSE OF 1982.

讨论与思考

我国以CIF条件对外出口一批货物，货物交运前卖方及时投保了协会货物战争险，货物在运输途中遭遇海盗抢劫，部分货物被抢走。

问：保险公司是否应该赔偿？为什么？

四、我国其他运输方式下的货运保险

(一) 陆上运输货物保险条款

中国保险条款的《陆上运输货物保险条款》适用于铁路和公路运输，其结构与《海上运输货物保险条款》相同，也由责任范围、除外责任、责任起讫、被保险人的义务和索赔期限五个部分组成，按照保险业的习惯，保险人对陆上货运途中自然灾害造成的全部损失和部分损失都负责承保。因此，《陆上运输货物保险条款》只有"陆运险"和"陆运一切险"两个险别。

1. 陆运险

陆运险（Overland Transportation Risks）的承保范围大致相当于海运的"水渍险"，保险人的责任范围包括：

(1) 被保险货物在运输途中遭受暴风、雷电、地震、洪水等自然灾害，或由于陆上运输工具（主要指火车、汽车）遭受碰撞、倾覆或出轨，如有驳运过程，包括驳运工具搁浅、触礁、沉没或由于遭受隧道坍塌、崖崩或火灾、爆炸等意外事故造成的全部损失或部分损失；

(2) 被保险人对遭受承保责任范围内危险的货物采取抢救，防止或减少货损的措施而支付的合理费用，但以不超过该批被救货物的保险金额为限。

2. 陆运一切险

陆运一切险（Overland Transportation All Risks）的承保范围大致相当于海运的"一切险"。除了陆运险的责任范围，还包括被保险货物在运输途中由于外来原因造成的短少、短量、偷窃、渗漏、碰损、破碎、钩损、雨淋、生锈、受潮、受热、发霉、串味、玷污等全部或部分损失。

《陆上运输货物保险条款》其余部分的内容与《海上运输货物保险条款》基本相同，责任起讫为"仓至仓"，索赔期限为两年。

(二) 航空运输货物保险条款

中国保险条款的《航空运输货物保险条款》的结构也与《海上运输货物保险条款》的结构相同，也由责任范围、除外责任、责任起讫、被保险人的义务和索赔期限五个部分组成。但与陆运险一样，也只有"航空运输险"和"航空运输一切险"两个险别。

1. 航空运输险

航空运输险（Air Transportation Risks）的责任范围大致相当于海运的"水渍险"，

保险人的责任范围包括：

（1）被保险货物在运输途中遭受雷电、火灾或爆炸或由于飞机遭受恶劣气候或其他危难事故而被抛弃，或由于飞机遭受碰撞、倾覆、坠落或失踪意外事故造成的全部或部分损失；

（2）被保险人对遭受承保责任内危险的货物采取抢救，防止或减少货损的措施而支付的合理费用，但以不超过该批被救货物的保险金额为限。

2. 航空运输一切险

航空运输一切险（Air Transportation All Risks）的责任范围相当于海运的“一切险”，其责任范围除包括上列航空运输险的责任外，还负责被保险货物由于外来因素导致的全部或部分损失。

《航空运输货物保险条款》其余部分的内容与《海上运输货物保险条款》基本相同，责任起讫也是采用“仓至仓”做法（如未到达上述仓库，最后卸载地卸离飞机满 30 天为止），索赔期限为两年。

（三）邮包运输保险

邮包运输保险是指承保邮包通过海、陆、空三种运输工具在运输途中由于自然灾害、意外事故或外来因素造成的包裹内物件的损失。

根据《邮包保险条款》的规定，邮包运输保险的险别分为“邮包险”和“邮包一切险”。邮包险与海洋运输货物保险水渍险的责任相似，邮包一切险与海洋运输货物保险一切险的责任基本相同。

邮包险和邮包一切险的承保责任期限是自被保险邮包离开保险单所载起运地点寄件人的处所运往邮局时开始生效，直至被保险邮包运达保险单所载明的目的地邮局，自邮局签发“到货通知书”当日午夜起算满 15 天为止，但在此期限内邮包一经递交至收件人的处所时，保险责任即告终止。

微课 5-18：保险单和保险费

五、国际货物运输保险实务

（一）与保险费有关的概念

1. 保险价值

保险价值也称可保价值，是保险标的物在危险开始时的实际价值。保险价值一般由保险人与被保险人约定，如果保险人与被保险人未约定保险价值，则依照有关法律和惯例计算。在国际贸易中，保险价值一般包括货价、运费、保险费以及卖方的预期利润等。

2. 保险金额

保险金额也称为投保金额，是指被保险人向保险公司投保的金额，也是保险人与被保险人约定的保险人对货物损失的最高赔偿限额，但不是赔偿额。在国际贸易中，保险金额一般由承担运输风险的一方在合同中提出，如合同对此未作规定，则按《2020 通则》和《跟单信用证统一惯例》的规定，即卖方应按 CIF 或 CIP 价格的总值另加 10%

作为保险金额。如买方要求加保成数超过10%，卖方也可接受，但由此而增加的保险费在原则上应由买方承担。

3. 保险费

保险费是保险公司向被保险人收取的费用，是保险人经营业务的基本收入，也是保险人所掌握的保险基金（即损失赔偿基金）的主要来源。保险费率是计算保险费的依据，根据一定时期货物的损失率（赔付率）等情况而确定，因此，不同商品、不同目的地、不同险别的保险费率是不同的。

(二) 保险费的计算

办理投保时应填写投保单，并交付保险费。

1. 货价为CIF/CIP时保险费的计算

货物价格为CIP/CIP时，保险费的计算公式为：

保险金额＝CIF（CIP）总值×（1＋投保加成率）

保险费＝保险金额×保险费率

＝CIF（CIP）总值×（1＋投保加成率）×保险费率

讨论与思考

一批货物由上海出口至某国某港口，CIF总金额为30 000美元，投保一切险（保险费率为0.6%）及战争险（保险费率为0.03%），保险金额按CIF总金额加10%。计算保险费。

解：保险费＝CIF（CIP）总值×（1＋投保加成率）×保险费率＝30 000×（1＋10%）×（0.6%＋0.03%）＝33 000×（0.006＋0.000 3）＝207.90（美元）

2. 货价为CFR/CPT时保险费的计算

在贸易实践中，有时候会遇到卖方用CFR或CPT报价，客户要求改报CIF或CIP价的情况。在这种情况下，可将CFR或CPT换算成CIF或CIP。

讨论与思考

一批出口货物CFR价为25 000美元，现客户要求改CIF价，加二成投保海运一切险，我方同意照办。如保险费率为0.6%，计算保险价值、保险金额和保险费（计算保留两位小数）。

解：CIF＝CFR÷［1－（1＋投保加成率）×保险费率］＝25 000÷［1－（1＋20%）×0.6%］＝25 181.31（美元）

保险费＝CIF（CIP）总值×（1＋投保加成率）×保险费率＝25 181.31×（1＋20%）×0.6%＝181.31（美元）

(三) 保险单证

保险单证是保险公司对投保人的承担证明，也是保险公司与投保人的一种契约，它具体规定了双方的权利和义务。在被保险货物遭受损失时，保险单证是被保险人索赔的依据，也是保险公司理赔的主要依据。在国际贸易中，保险单证是可以转让的。保险单证具体内容见附录四。保险单据的主要种类有以下四种。

1. 保险单

保险单也称大保单，是一种最规范、在国际贸易中使用最广泛的一种保险单据。背面载明保险人与被保险人之间的权利义务的保险单样本。

2. 保险凭证

保险凭证俗称小保单，是一种简化了的保险合同，它与正式的保险单具有同样的效力。保险凭证只有正面的内容，无背面条款，但其一般标明按照正式保险单上所载保险条款办理。

3. 预约保险单

预约保险单也称预约保险合同，是被保险人（一般为进口人）与保险人之间订立的总合同。在实际业务中，预约保险单适用于我国自国外进口的货物。凡属预约保单规定范围内的进口货物，一经起运，我国保险公司即自动按预约保单所订立的条件承保。

4. 联合凭证

联合凭证是一种将发票和保险单相结合的，比保险凭证更为简化的保险单据。这种单据目前仅适用于对港澳地区部分华商和少部分新马地区的业务，只有来证表明可以接受联合凭证时，才能使用这种单据。

（四）保险索赔

《海洋运输货物保险条款》规定的保险索赔时效是“从被保险货物在最后卸载港全部卸离海轮后起算，最多不超过二年”。

进出口货物发生属于保险责任范围内的损失后，被保险人应履行索赔手续。索赔时，被保险人应注意以下几点。

1. 分清责任

被保险人在发现被保险货物遭受损失后，首先应分清责任，并向有关责任方提出索赔。

2. 及时通知保险公司

当被保险人获悉被保险货物已经遭受损失，并确定属于承保范围内，应立即通知保险公司，以便保险公司在接到损失通知后采取相应的措施。

3. 采取合理的施救措施

被保险货物受损后，被保险人应对受损的货物采取相应的施救、整理措施，以防止损失扩大。由此而产生的施救费由保险公司赔偿，但以不超过该批被救货物的保险金额为限。

4. 备妥索赔的依据

被保险人在办理保险索赔时，一定要备妥索赔的依据。索赔时通常要提交的单据有：保险单或保险凭证正本、运输契约、发票、装箱单，向承运人等第三者责任方请求补偿的函电或其他单证，证明被保险人已经履行应办的追偿手续等文件，由国外保险代理人或由国外第三方公证机构出具的检验报告，海事报告，货损货差证明，以及索赔清单等。

保险公司的赔偿方式有两种：不论损失程度和计免赔率。

保险公司认为，某些易碎、易短量的商品在运输途中遭受一定比例的损失是不可避免的，故投保这类商品规定在某百分比范围的破碎或短量可以免赔，该百分比就是免赔率，免赔率分为相对免赔率与绝对免赔率两种。投保的商品实际损失比率超过了规定的免赔率时，保险公司负责赔偿实际全部损失，这种赔偿的比率叫作相对免赔率。有时投保人要求取消这种免赔率，即不论损失程度多少都赔，保险公司也可接受，不过要加收保费。一般加收的标准是免赔率每降低 1%，费率增加 0.5%。

六、合同中的保险条款

在国际货物买卖合同中，货运保险条款是一个重要的内容，如何订立应取决于买卖双方在合同中所采取的贸易条件。

以 FOB、CFR、FCA、CPT 条件成交，合同中的保险条款可订为“保险由买方办理”。

以 CIF、CIP 条件成交，条款内容要明确由卖方办理保险、保险险别、保险金额、使用的保险条款以及保险条款的生效日期。

例如，“由卖方按发票金额的 110%投保一切险和战争险，按 1981 年 1 月 1 日的中国人民保险公司海洋货物运输保险条款负责。(Insurance is to be Covered by the Sellers for 110% of the Invoice Value Against All Risks and War Risks as per Ocean Marine Cargo Clauses of the People's Insurance of China Dated Jan. 1，1981)”。

实操训练

拟定保险条款

湖南卡特尔进出口有限公司与埃塞俄比亚 FOTH 公司关于女士风衣的交易中，双方所采取的贸易条件为 CIF，且双方约定按照货物价值的 110%投保平安险和战争险。请根据所学内容，填写合同中的保险条款。

INSURANCE：

思政园地

中国企业 A 与某国企业 B 签订了一份贸易合同，涉及大宗商品的进出口交易。

双方在合同中明确了货物运输过程中的风险责任和保险责任，并约定了相应的保险条款。作为一家具有社会责任感和良好道德素养的企业，中国企业A应该积极践行社会主义核心价值观，关注员工福利、环境保护和社会公益等方面的问题。同时，在国际贸易中也需要遵守国家法律法规和国际惯例，树立良好形象，增强文化自信。

我们应该如何运用国际贸易中的保险条款，使中国企业A能够更好地践行社会主义核心价值观，在国际贸易中树立良好形象，并为可持续发展作出贡献呢？

保险条款可以这样约定：

1. 风险责任分担

在货物运输过程中发生意外事故造成损失时，双方共同承担风险责任，并按照事故原因进行合理分担。这既能体现公平、互助精神，也能培养企业家的责任意识。

2. 保险赔偿限制

在保险条款中，明确规定保险公司对于货物损失的赔偿限额。同时，要求中国企业A在发生事故后积极配合调查，并尽快向保险公司提供相关证据，以便及时获得赔付。这体现了企业遵守法律法规和国际惯例的要求。

3. 社会责任承担

在合同中加入社会责任条款，要求中国企业A在贸易活动中关注员工福利、环境保护和社会公益等问题。例如，在运输过程中采取环保措施、支持当地社区发展等。这有助于增强企业家的社会责任感和文化自信。

温故知新

一、单项选择题

1. 我国保险条款规定，向保险公司索赔的最长期限为（　　）。

A. 6个月　　B. 1年　　C. 2年　　D. 4年

2. 按CIF条件出口，信用证一般要求保险单中理赔地点写为（　　）。

A. 装运地　　B. 目的地　　C. 保险公司所在地　　D. 发货地

3. 我方公司按FOB条件进口一批玻璃器皿，在运输途中的装卸、搬运过程中部分货物受损。要得到保险公司赔偿，我方公司应该投保（　　）。

A. 平安险　　B. 一切险

C. 破碎险　　D. 一切险加破碎险

4. 在保险人所承保的海上风险中，雨淋、渗漏属于（　　）。

A. 自然灾害　　B. 意外事故

C. 一般外来风险　　D. 特殊外来风险

5. 在海运过程中，被保险物被海盗劫持造成的损失属于（　　）。

A. 实际全损　　B. 推定全损　　C. 共同海损　　D. 单独海损

6. 某海贸公司出口茶叶5公吨，在海运途中遭受暴风雨，海水涌入舱内，致使一部分茶叶发霉变质，这种损失属于（　　）。

A. 实际全损　　B. 推定全损　　C. 共同海损　　D. 单独海损

7. 战争、罢工风险属于（　　）。

A. 自然灾害　　B. 意外事故

C. 一般外来灾害　　D. 特殊外来风险

8. 我方公司按CIF条件出口棉花300包，货物在海运途中因货舱内水管渗漏，致使50包棉花遭水渍受损，要得到保险公司赔偿，我方公司应投保（　　）。

A. 平安险　　B. 水渍险　　C. 战争险　　D. 一切险

二、计算题

1. 上海华美公司按CIF条件出口一批小五金到英国伦敦，合同规定按发票金额的110%投保水渍险和战争险，出口发票金额为28 000美元，水渍险的保险费率为0.3%，战争险的保险费率0.03%。

问：应付多少保险费？

2. 某公司按CFR 横滨条件出口货物1 000公吨，原报价每公吨2 500美元，后客户要求改报CIF价，加保一切险和战争险，一切险保险费率为1%。战争险保险费率为0.03%。

问：在不影响收汇的情况下应如何报价？应支付多少保险费？

三、案例分析题

1. 某外贸公司按CIF条件出口一批货物，装运前已向保险公司按发票总值110%投保平安险，6月初货物装妥顺利开航。载货船舶于6月13日在海上遇到暴风雨，致使一部分货物受到水渍，损失价值2 100美元。数日后，该轮又突然触礁，致使该批货物又遭到部分损失，价值为8 000美元。

问：保险公司对该批货物的损失是否赔偿？为什么？

2. 我国按CIF条件出口冷冻食品一批，合同规定投保平安险加战争、罢工险。货到目的港后适逢码头工人罢工，港口无人作业，货物无法卸载。不久，货轮因无法补充燃料以致冷冻设备停机。等到罢工结束，该批冷冻食品已变质。

问：这种由于罢工而导致的损失，保险公司是否负责赔偿？

任务七

拟定支付条款

学习目标

知识目标： 熟悉国际结算中常用的汇票、本票、支票等支付工具的概念、性质及流转过程；掌握汇付、托收和信用证等主要结算方式的性质和使用方法；了解备用信用证、银行保函和国际保理业务的特点和作用。

技能目标： 能够分析不同结算方式的利弊；能够根据交易情况，选择正确的结算方式；能够拟定合同中的支付条款；能够基本独立地完成不同结算方式下的结算流程。

素质目标： 培养谨慎细致、诚实守信、公平公正的职业素养；树立风险意识、责任意识及合作共赢的意识。

情境导入

第一次达成交易的买卖双方因为没有合作基础，货款的结算对双方来说显得非常重要。在与非洲客户的氢氧机交易中，长沙卡特尔环保科技有限公司彭竣应采用何种支付方式来降低公司收汇的风险？在不同的交易业务中，又该如何选择支付工具和支付方式，才能平衡双方的风险及资金压力，达到合作共赢？

第一节 支付工具

支付工具是实现经济活动的一种交易方式，它是随着商品赊账买卖的产生而出现的。在赊销赊购中，最初是用来支付债务，后来又被用来支付地租、利息、税款、工资等。最初的支付工具是货币，即现金。

随着全球经济的高速发展，支付工具也越来越多。在国际贸易中很少直接使用现金进行支付，大多使用非现金结算，即以票据作为实际的支付工具来结算国际的债权债务。票据是国际上通行的结算和信贷工具，是一种特殊的可以流通转让的有价证券。国际结算中的票据有三种：汇票、本票和支票，其中最常使用的是汇票。

一、汇票

（一）汇票的定义和基本内容

微课 5-19：汇票

汇票是出票人签发的，委托付款人在见票时或者在指定的日期无条件支付确定的金额给收款人或者持票人的票据。汇票是要式性证券，必须具备法定的内容和格式。根据我国《中华人民共和国票据法》（以下简称《票据法》）规定，汇票必须记载下列事项才能有效：①表明“汇票”的字样；②无条件支付的委托；③确定的金额；④付款人名称；⑤收款人名称；⑥出票日期；⑦出票人签章。上述内容一般为汇票的基本要项，但并不是汇票的全部内容。按照各国票据法的规定，汇票的要项必须齐全，否则受票人有权拒付。汇票的当事人一般有三个，即出票人、付款人和收款人。

（二）汇票的种类

从不同的角度划分，汇票可分为以下几种。

1. 按出票人分类

按照出票人的不同，分为银行汇票和商业汇票。

（1）银行汇票

银行汇票是由银行签发的汇票，银行汇票的出票人和受票人都是银行。在国际结算中，银行汇票签发后一般交汇款人，由汇款人寄交国外收款人向指定的银行取款。出票行签发汇票后必须将付款通知书寄给国外付款行，以便付款行在收款人持票取款时进行核对。银行汇票一般不随附货运单据。

（2）商业汇票

商业汇票是由工商企业或个人签发的汇票，付款人可以是工商企业，也可以是个人。在国际贸易中，通常由出口商开立商业汇票，在向国外进口商或银行收取货款时使用。商业汇票大都附有货运单据。

在国际贸易结算中，商业汇票使用较多，托收和信用证支付方式都使用商业汇票，只有汇款支付方式使用银行汇票。

2. 按付款期限分类

按照付款期限的不同，分为即期汇票和远期汇票。

（1）即期汇票

即期汇票是在提示或见票时立即付款的汇票，即见票即付。银行汇票必定是即期汇票。即期汇票无须承兑，持票人提示汇票当天就是付款日期，未写明付款期限的汇票就是即期汇票。

（2）远期汇票

远期汇票是在一定的期限或将来某个特定日期付款的汇票。商业汇票可以是即期汇票，也可以是远期汇票。远期汇票的付款时间有以下几种规定办法：①见票后若干天付款；②出票后若干天付款；③提单签发后若干天付款；④指定日期付款。

3. 按汇票承兑人分类

按照汇票承兑人的不同，分为商业承兑汇票和银行承兑汇票。

(1) 银行承兑汇票

银行承兑汇票是由银行承兑的远期汇票，通常由出口商签发。银行对汇票承兑后即成为该汇票的主债务人，而出票人则成为从债务人。银行承兑汇票建立在银行信用的基础之上，便于在金融市场上进行流通，是一种商业汇票。

(2) 商业承兑汇票

商业承兑汇票是由工商企业或个人承兑的远期汇票。商业承兑汇票建立在商业信用的基础之上，其出票人也是工商企业或个人，如出口企业。

4. 按有无随附商业单据分类

按照有无随附商业单据，分为光票和跟单汇票。

(1) 光票

光票是不附带有代表物权的货运提单的汇票。出票人可以是工商企业、个人或银行，付款人也可以是工商企业、个人或银行。在国际结算中，一般仅限于在贸易从属费用、货款尾数、佣金等的托收或支付时使用。银行汇票大多是光票。

(2) 跟单汇票

跟单汇票是附带有代表物权的货运提单的汇票。商业汇票多是跟单汇票。跟单汇票的付款以附交货运单据为条件，汇票的付款人要取得货运单据提取货物，必须付清货款或提供一定的担保。在国际贸易的货款结算中，大多采用跟单汇票。

一种汇票往往同时具有几种汇票的属性，例如，一份商业汇票既是远期银行承兑汇票又是跟单汇票。

(三) 汇票的使用

在使用汇票时有一些专门的规定。汇票的使用一般要经过出票、提示、承兑和付款等程序。即期汇票无须承兑，而远期汇票必须要经过承兑。远期汇票如需转让，通常还要经过背书行为。当汇票遭到拒付时，还要涉及作成拒绝证书和行使追索权等法律权利。

1. 出票

出票是指出票人在汇票上填写付款人、付款金额、付款日期、地点和收款人等项目，签字后交给收款人的行为。

2. 提示

提示是指持票人将汇票提交付款人，要求承兑或付款的行为。付款人见到汇票叫作见票。提示可分为付款提示和承兑提示两种。

(1) 付款提示

付款提示是指持票人向付款人提交汇票，要求付款的行为。

(2) 承兑提示

承兑提示是指持票人向付款人提交远期汇票，付款人见票后办理承兑手续，承诺到期时付款的行为。

3. 承兑

承兑是指付款人对远期汇票表示承担到期付款责任的行为。付款人在汇票的正面写上“承兑”字样，注明承兑日期，并由付款人签字，交还持票人。付款人对汇票做出承兑，即成为承兑人，承兑人有在远期汇票到期时承担付款的责任。

4. 付款

付款是指对于即期汇票，在持票人提示汇票后，付款人即应付款；对于远期汇票，付款人经过承兑后在汇票到期日付款。付款后汇票上的一切债务债权关系即告终止。

5. 背书

背书是指汇票的收款人或持票人在汇票背面签字/签章，写成背书，并将汇票交付给受让人的行为。通过背书，汇票的收款权利就转让给了受让人。通常汇票可经多次背书转让，这实际上是对汇票进行贴现，即受让人对汇票持有人进行资金融通的一种行为。也就是说，远期汇票的持有人如果想在付款人付款前取得票款，可以经过背书转让汇票，受让人在受让票据时，从票面金额中扣减按一定贴现率计算的贴现利息后将余款付给持票人。经过转让的汇票在到期之前可以在金融市场上继续转让，一直到汇票到期付款为止。

对于受让人来说，所有在他以前的背书人以及原出票人都是他的“前手”；而对于出让人来说，所有在他之后的受让人都是他的“后手”。前手对后手负有担保汇票必须会被承兑或付款的责任。

6. 拒付与追索

拒付是指持票人提示汇票要求承兑时遭到拒绝承兑，或持票人提示汇票要求付款时遭到拒绝付款，也称退票。如果汇票在合理时间内提示遭到拒绝承兑，或在到期日提示遭到拒绝付款，持票人有权向背书人和出票人追索票款。

追索是指汇票遭到拒付时，持票人要求其前手（背书人、出票人）偿还汇票金额以及费用的行为，这种权利称为追索权。汇票的出票人或背书人为了避免承担被追索的责任，可以在出票时或背书时加注“不受追索”的字样，但是这种汇票在市场上难以流通。

如果汇票转让后持票人被拒付，最后的持票人有权向其前手直至出票人进行追索。持票人为行使追索权，应到付款地的公证机构或法院做出拒绝证书。持票人凭拒绝证书可以向法院起诉，要求债务人付款。

二、本票

微课 5-20：本票和支票

(一) 本票的定义

根据我国《票据法》的规定：本票是出票人签发的，承诺自己在见票时无条件支付确定金额给收款人或者持票人的票据。《票据法》还规定，本票的出票人必须具有支付本票金额的可靠资金来源，并保证支付。

本票只有两个基本当事人，即出票人和收款人。由于本票是出票人对收款人无条件付款的承诺，本票的出票人就是付款人。

（二）本票的内容

各国票据法对本票内容的规定各不相同，我国《票据法》规定，本票必须列明下列事项：①表明“本票”的字样；②无条件支付的承诺；③确定的金额；④收款人名称；⑤出票日期；⑥出票人签章。本票上未记载规定事项之一的，本票无效。

（三）本票的种类

本票可以按照本票的不同特征，从不同的角度来划分。

1. 按出票人分类

按照出票人的不同，分为商业本票和银行本票。

（1）商业本票

商业本票是指由工商企业或个人签发的本票。

（2）银行本票

银行本票是指由银行签发的本票。在国际贸易中使用的本票大多是银行本票，银行本票都是即期的，只签发一份。我国《票据法》所称的本票是银行本票，不承认银行以外的企事业单位、其他组织或个人签发的本票。有些银行还做成来人抬头的本票，其流通性与纸币相似，可代替现钞流通。

2. 按本票付款期限分类

按照本票付款期限的不同，分为即期本票和远期本票。

（1）即期本票

即期本票是指提示或见票时立即付款的本票。

（2）远期本票

远期本票是指出票/见票后一定期限或将来某个特定日期付款的本票。

（四）本票与汇票的基本区别

作为支付工具，本票与汇票都属于票据的范畴，但二者又有所不同，其主要区别有以下几点：

（1）本票的票面有两个当事人，即出票人和收款人，本票的出票人就是付款人；而汇票则有三个当事人，即出票人、付款人和收款人。

（2）本票是出票人无条件付款的承诺；而汇票则是出票人要求付款人无条件付款的命令/委托。

（3）本票的出票人就是付款人，远期本票无须承兑；而远期汇票通常要经过承兑。

（4）在任何情况下，本票的出票人都是绝对的主债务人，一旦拒付，持票人可以立即要求法院裁定，命令出票人付款；而汇票的出票人在承兑前是主债务人，在承兑后，承兑人是主债务人，出票人则处于次要债务人的地位。

（5）本票只能开出一张（一式一份），不能多开；而汇票通常可以开出一套（一式两份或数份），如果一份已凭以付讫款项，另一份便自动失效。

三、支票

（一）支票的定义

根据我国《票据法》的规定：支票是出票人签发的，委托办理支票存款业务的银行或者其他金融机构在见票时无条件支付确定的金额给收款人或者持票人的票据。

支票相当于以银行为付款人的即期汇票，即由银行存款人签发的，要求银行见票时从其账户中无条件支付一定金额给特定人或持票人的委托或命令。

出票人在签发支票后应负票据上的责任和法律上的责任。前者是指出票人对收款人担保支票的付款，后者是指出票人签发支票时应在付款银行存有不低于票面金额的存款。如存款不足，支票持有人在向付款银行提示支票付款时就会遭到拒付，这种支票叫作空头支票。开出空头支票的出票人要负法律上的责任。

（二）支票的内容

支票必须记载下列事项：①表明“支票”的字样；②无条件支付的委托；③确定的金额；④付款人名称；⑤出票日期；⑥出票人签章。支票未记载规定事项之一的，就视为无效。

（三）支票的种类

支票可分为现金支票和转账支票两种。无论是提取现金还是转账，均应在支票的正面注明。

1. 现金/非划线支票

现金/非划线支票是指可以支取现金的支票，即未经划线的支票。持票人既可将支票交由自己往来银行代向支票上的付款银行收款，并存入自己的账户，也可直接到支票上的付款银行提取现金。

2. 转账/划线支票

转账/划线支票是指只能通过银行转账收款的支票。支票经持票人在支票的左上角划上两道平行线后，就成为“划线支票”，这种支票就只能用于转账而不能提取现金。

需要注意的是，支票都是即期的。如果支票上另行记载付款日期，该记载无效；划线支票只可转账，不可提现。支票可由付款银行加保付字样并签字而成为保付支票，付款银行保付后就必须付款。支票经保付后，付款责任即由银行承担，出票人、背书人都可免于被追索，有利于支票流通。

第二节 支付方式

汇付、托收和信用证都是国际贸易中经常采用的支付方式。支付方式按照资金的流向与支付工具的传递方向，可以分为顺汇和逆汇两种。顺汇是指资金的流动方向与支付工具的传递方向相同，汇付方式采用的是顺汇方法。逆汇是指资金的流动方向与支付工具的传递方向相反，托收和信用证方式收取货款采用的是逆汇方法。

微课 5-21：
汇付

一、汇付

（一）汇付的定义

汇付又称汇款，是指汇款人通过银行或其他途径将款项付给收款人的方式。在国际贸易中，付款人依交易合同用汇付方式支付贸易货款或各种贸易从属费用时，银行只提供服务不提供信用，使用汇付方式是买卖双方中的一方出于对另一方的信任，在此基础上提供信用并进行资金融通。因此，汇付属于商业信用。

（二）汇付方式的当事人

在汇付业务中一般有四个基本当事人。

1. 汇款人

汇款人即汇出款项的人。在进出口贸易中，通常是进口商。

2. 收款人

收款人即接受汇款的人。在进出口贸易中，通常是出口商。

3. 汇出行

汇出行是指接受汇款人委托汇出款项的银行。汇出行通常是进口商、合同中买方或其他经贸往来中债务人所在地的银行。

4. 汇入行/解付行

汇入行/解付行是指接受汇出行委托，解付款项给收款人（或汇票的持票人）业务的银行。汇入行通常是汇出行的代理行，是进口商、合同中的卖方或其他经贸往来中债权人所在地的银行。

办理汇款需要由汇款人填写并向汇出行提交汇款申请书，汇出行有义务按申请书上的要求通过它的代理行给收款人解付货款。

（三）汇付方式的分类

根据汇出行向汇入行转移资金发出指示的方式不同，汇付可分为电汇、信汇和票汇三种方式。

1. 电汇

电汇（Telegraphic Transfer，T/T）是汇出行按汇款人的要求，利用电报、电传或 SWIFT 系统等电信工具通知汇入行支付一定货币金额给指定收款人的汇款方式。电汇方式的业务流程大致如图 5-7 所示。

电汇具有汇款快捷、安全可靠的优点，收款人可以迅速收到货款，但汇款人须承担较高的电汇费用。电汇方式有利于资金的充分利用，特别适用于急用汇款和大额汇款，

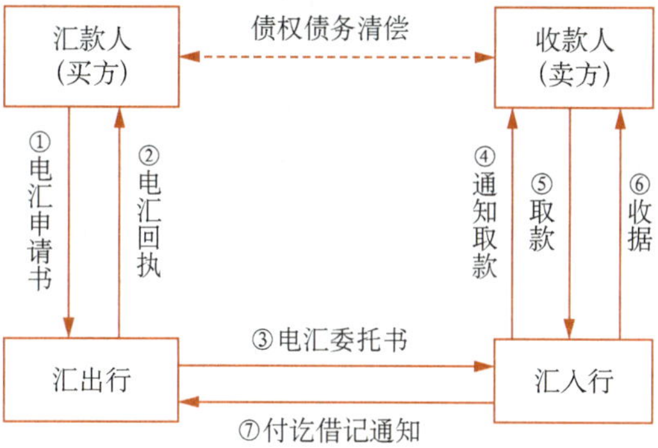

图 5-7　电汇业务流程图

是目前使用较多的一种汇款方式。

2. 信汇

信汇（Mail Transfer，M/T）是汇出行按汇款人的要求，利用航空信函的形式邮寄信汇委托书或支付委托书，授权汇入行支付一定货币金额给指定收款人的汇款方式。信汇与电汇的业务流程基本相同，只是不使用电信手段。信汇不用电信工具而是用航邮作委托付款通知，信汇委托书上不加注密押而是由汇出行代表签字/签章，汇入行收到信汇委托书并核对其签字/签章相符后，即可向指定收款人解付信汇款项。

和电汇相比，信汇费用较低廉，但其汇款在途时间较长，在此期间汇出行可短期占用资金，收款人的汇率风险比电汇大。由于银行对于航邮途中的遗失或延误不负责任，可靠性也不如电汇。因此，信汇的使用范围越来越小。

3. 票汇

票汇（Remittance by Banker's Demand Draft，D/D）是汇出行应汇款人的申请，代汇款人开立以汇入行（汇出行的海外分行或代理行）为付款人的银行即期汇票或银行支票给汇款人，命令/委托汇入行见票即付一定货币金额给持票人的汇款方式。票汇方式的业务流程大致如图 5-8 所示。

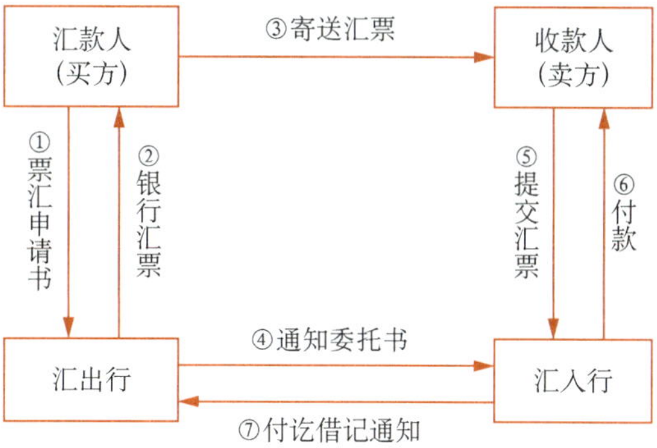

图 5-8　票汇业务流程图

票汇的业务流程与信汇或电汇有着质的不同。票汇方式最大的特点在于方便灵活，只要汇票抬头允许，经收款人背书就可以转让流通。汇款人不但可以自己携带汇票/支票到国外去取款，而且可以把它寄给国外的收款人去取款。收款人还可以根据票据法的规定将汇票/支票转让给他人，票汇的汇出行无须通知汇入行，也不必通知收款人前来取款，而是由持票人自行持票上门取款或委托其往来银行代为收款。票汇的汇入行在解付时须审核持票人所提示票据的表面真实性，特别是出票行签字/签章的真实性，以及背书的连续性、票据的有效期等事项，核验合格方可付款。

票汇与信汇一样，在途时间长，收款人，尤其是经过多次转让后的持票人有着较大的汇率风险。票汇收费介于电汇和信汇之间，多用于小额汇款以及贸易从属费用的结算。

（四）汇付方式的特点

汇付方式的优点是手续简便，费用低廉。汇款支付的手续是最简单的，汇款人和收款人不需要有银行账户也可以汇款，与其他付款方式相比，银行只收取汇款手续费，费用最低。因此，如果进出口双方互为信任，用汇款支付方式比较理想。

但汇付方式也有十分明显的缺点。

1. 风险大小很不平衡

预付货款或货到付款都属于商业信用，预付汇款的买方或货到后汇款的卖方承担了几乎全部的交易风险，能否收到货或货款完全依赖对方的信用，如果对方违约，很可能会遭遇钱货两空的风险，而前者的卖方和后者的买方则几乎毫无风险。

2. 资金负担很不平衡且缺乏相关的融资手段

预付货款的买方或货到付款的卖方承担了较重（甚至全部）的资金负担，而汇款方式又难以为之提供基于交易的融资手段。因此，汇付方式只用于国际结算中一些特殊的场合，如支付订金、分期付款、待付款尾数以及佣金等费用。

（五）合同中的汇付条款

在国际贸易中使用汇付方式支付货款时，交易双方应在买卖合同中规定汇付的金额、具体的汇付方式和汇款的时间等项内容。

例如：买方应于×年×月×日前将全部（或部分）货款用电汇（信汇和票汇）方式预付给卖方。汇付条款示例见表 5-13。

表 5-13　汇付条款示例

TERMS OF PAYMENT: BY T/T, 50% PAID WHEN CONFIRMING PURCHASE, BALANCE BEFORE DELIVERY.

二、托收

微课 5-22：托收

（一）托收的定义

托收是指债权人（出口商）开立汇票，委托本地银行通过其在国外的分行或代理行向债务人代为收款的一种结算方式。在托收业务中，债权人要向银行出具债权凭证，如汇票、提单、发票等单据。

(二) 托收的基本当事人

托收方式有四个基本当事人。

1. 委托人

委托人是委托银行办理托收的一方，通常是开立汇票委托银行向国外进口商收取货款的出口商。

2. 托收行

托收行是指接受委托人的委托，转托国外银行向国外付款人代为收款的银行。托收行在国际贸易中通常为出口地银行。

3. 代收行

代收行是指接受托收行的委托，代为提示汇票、收取货款的银行。代收行通常为进口地银行，也可能是托收银行的国外分行或代理行。

4. 付款人

付款人是指汇票的受票人。付款人在国际贸易中通常为进口商。

除此之外，在托收业务中还可能有其他当事人参与，比如提示行，即负责向付款人提示汇票和单据的银行。提示行在国际贸易中通常为进口地银行。一般情况下，提示行就是代收行，在代收行与付款人不在同一城市的情况下，代收行通常会在付款人所在地委托一家银行作为提示行。提示行和代收行之间存在代理关系。

(三) 托收方式的分类

托收方式可按其是否带有商业单据分为光票托收和跟单托收两类。

1. 光票托收

光票托收是指不附有商业单据的纯粹金融单据的托收。光票托收使用的金融单据包括汇票、本票和支票等。光票托收主要用于小额交易、预付货款、佣金、分期付款以及收取贸易的从属费用等。

2. 跟单托收

跟单托收是指附带有商业单据的金融单据的托收或纯粹商业单据的托收。随附的商业单据主要是指物权单据如海运提单，一般也包括发票、保险单、商检证书、装箱单等。在国际贸易中，绝大多数的托收都是跟单的。跟单托收又可按照其交单条件的不同进一步分为付款交单和承兑交单两种方式。

(1) 付款交单

付款交单（Documents against Payment，D/P）是指代收行必须在付款人付清货款后才能交付单据的跟单托收方式，即卖方交单以买方付款为条件，出口商发货后取得装运单据，委托银行办理托收，并在托收委托书中指示银行只有在进口商付清货款后，才能把装运单据交给进口商。

付款交单方式还可按其付款期限的不同分为即期付款交单和远期付款交单。

① 即期付款交单

即期付款交单是指出口商发货后开具即期汇票，连同装运单据交给当地银行，通过银行向进口商提示，进口商见票后立即付款，付清货款后领取装运单据的接收方式。即期付款交单的业务流程大致如图 5-9 所示。

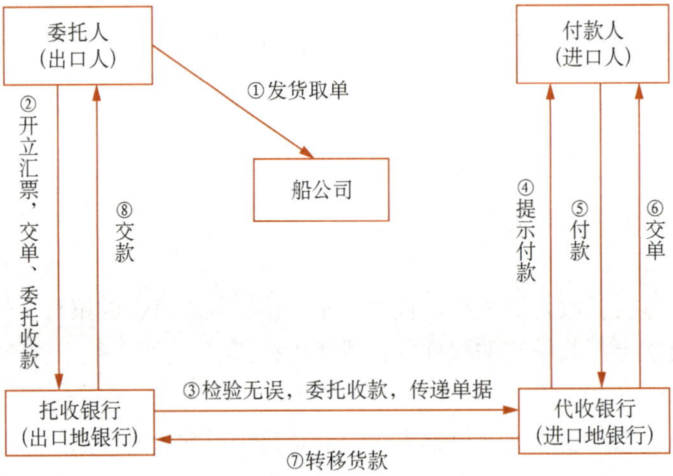

图 5-9 即期付款交单业务流程

② 远期付款交单

远期付款交单是指出口商发货后开具远期汇票，连同装运单据交给当地银行，通过银行向进口商提示，由进口商承兑远期汇票，于汇票到期日付款赎单的托收方式。

即期付款交单和远期付款交单都要求：进口商必须在付清货款之后才能取得单据、提取或转售货物。在远期付款交单的情况下，如付款日和实际到货日基本一致，则不失为对进口商的一种资金融通。如果付款日日期晚于到货日期，进口商为了抓住有利时机转售货物，可以采取两种做法：一种是在付款到期日之前付款赎单，扣除提前付款日至原付款到期日之间的利息，作为进口商享受一种提前付款的现金折扣；另一种做法是凭信托收据（Trust Receipt，T/R）向代收银行借取货运单据，提前提货。

信托收据是进口方借单时提供的一种书面担保文件，用以表示愿意以代收银行的受托人身份代为提货、报关、存仓、保险、出售，货款所有权仍属于银行，在汇票到期日偿还代收银行。这种做法也称为托收进口押汇。这实际上是代收行向进口商提供了融通资金，对代收行来说存在一定的风险，一旦进口商在汇票到期日无力付款或拒不付款，代收行就要承担相应后果。

在国际贸易中，还有一种称为“付款交单凭信托收据借单”的做法，这种做法是出口商在办理托收申请时，指示银行允许进口商承兑汇票后可以凭信托收据借单提货。由于凭信托收据向进口商借单是由出口商授权的，汇票到期后，如果进口商无法付清货款，一切风险由出口商自己承担，与银行无关。

(2) 承兑交单

承兑交单（Documents against Acceptance，D/A）是指委托人出具远期汇票并随附商业单据，指示银行在付款人承兑汇票后即可交单的托收方式。承兑交单托收是以买方承兑远期汇票为条件的，对于出口商来说，风险大于付款交单托收，因为采取付款交单托收方式时卖方至少不会钱货两空，而承兑交单托收在向买方交单时货款并未真正收妥——买方仅仅承兑了远期的汇票，如果买方承兑汇票后凭单提货，在汇票到期时，遇到进口商破产或赖账等情况，卖方仍会钱货两空，而银行并无责任。因此，对于资信不好或不甚了解的进口商，不要使用承兑交单托收方式。对于资信好的进口商，如果使用了承兑交单托收方式，出口商一定要采取必要措施规避风险。

总体来说，跟单托收支付方式对出口商较为不利，风险较大，资金负担较重；而对进口商来说则较为有利，风险较小，资金负担较轻。

（四）跟单托收方式的特点

托收的性质是商业信用，托收虽然是通过银行办理，但是银行只是按照卖方的指示办事，不承担付款的责任，没有鉴别单据真伪的义务，如无特殊约定，对已运到目的地的货物不负有提货和看管的责任。卖方先发货后收款，能否收回货款完全取决于买方信誉。出口商在托收中的风险较大，如果进口国环境恶化或者进口商经营情况出现问题，托收的风险就可能发生。

不同的托收种类风险和损失是不一样的。在付款交单的条件下，虽然进口商在付款前提不到货物，但若进口商拒不付款赎单，由于货物已经运出，便于其在进口地办理提货、缴纳进口关税、存仓、保险、转售以致低价拍卖或运回国内，出口商也还是要承担较高的代价。在承兑交单条件下，进口商只要办理承兑手续即可取得货运单据而提走货物，承兑交单方式下出口商承担的风险最大。

跟单托收对出口商虽有一定的风险，但对进口商却很有利，它不但可免去申请开立信用证的手续，不必预付银行押金，减少费用支出，而且有利于资金融通和周转。由于托收对进口商有利，所以在出口业务中采用托收可以增加出口商品的竞争能力，从而有利于促进成交和扩大出口，故许多出口商都把采用托收支付方式作为推销库存货物和加强对外竞销的手段。

鉴于以上特点，在使用托收方式收取货款时应注意防范风险，要根据不同商品、不同交易对象和不同国家的具体情况，适当并慎重地使用跟单托收方式。出口商应争取有利的贸易条件，严格按合同发货制单，在货物装船后，还可办理保付代理业务，将发票、提单和汇票等有关单据卖断给承购应收账款的财务公司或专门机构，收进全部或部分货物，取得资金融通。

（五）合同中的托收条款

在国际贸易中采用托收方式结算货款时，交易双方应就使用的汇票类型、交单条件、付款时间等问题在合同中加以明确。托收有多种方式，不同的托收方式在合同条件的规定上也会有所不同。

1. 即期付款交单

买方应凭卖方开具的即期跟单汇票，于第一次见票时立即付款，付款后交单。

2. 远期付款交单

买方对卖方开具的见票后××天付款的跟单汇票，于第一次提示时应予承兑，并应于汇票到期日即予付款，付款后交单。

3. 承兑交单

买方对卖方开具的见票后××天付款的跟单汇票，于第一次提示时应予承兑，并应于汇票到期日即予付款，承兑后交单。

微课 5-23：信用证的概念、性质和作用

三、信用证

(一) 信用证概述

1. 信用证的定义

信用证（Letter of Credit，L/C）是银行根据进口商的请求和指示，向出口商开立的，承诺在一定期限内凭规定的单据支付一定金额的书面文件。

信用证是开证银行对受益人的一种保证，只要受益人履行信用证所规定的条件，即受益人只要提交符合信用证所规定的各种单据，开证行就保证付款。因此，在信用证支付方式下，开证行成为首要付款人，属于银行信用。

2. 信用证的基本性质

银行信用一般比商业信用可靠，故信用证支付方式与汇付以及托收方式相比具有以下特点。

（1）信用证负有第一性付款责任

信用证是由开证行以自己的信用做出付款的保证，因此，开证行应承担第一性的付款责任。根据 UCP600 的规定，在信用证业务中，开证行一旦开出信用证，就表明其以自己的信用作了付款保证，对受益人的付款责任是首要的、独立的。只要受益人提交的单据符合信用证的规定，开证行就必须付款，即使开证人事后丧失偿付能力，开证行也必须承担付款责任；同样，受益人可以直接向开证行要求付款，而不需要特殊担保。

（2）信用证是一种自足的文件

信用证是依据买卖合同开立的，但一经开立即成为独立于买卖合同之外的契约，不再受买卖合同的约束，即使信用证中提及该合同，银行也与该合同无关。信用证各当事人的权利和责任完全以信用证条款为依据，开证银行和参与信用证业务的其他银行只按信用证的规定办事，不受买卖合同的约束。

（3）信用证是一种单据业务

在信用证方式下，实行的是凭单付款的原则。在信用证业务中，各有关方面处理的是单据，而不是与单据有关的货物、服务或其他行为，所以信用证业务是一种纯粹的“单据业务”。只要受益人提交符合信用证条款的单据，开证行就应承担付款责任，进口商也应接受单据并向开证行付款赎单。如果进口人发现货物不符合买卖合同规定，可凭单据向有关责任方提出损害赔偿要求，与银行无关。

（4）信用证是一个有条件和有限度的付款承诺

信用证开证行的付款承诺并非无条件和没有限度的，而是以受益人必须依信用证规

定的期限和地点交来符合规定的合格单据为条件，在一定金额范围内承担付款责任，一旦超过规定期限，信用证即告失效，开证行的付款责任即可免除。如果受益人提交的单据不能完全符合信用证规定或表面上不合格，开证行亦可拒绝接单，对于超过规定金额的部分，开证行也不承担付款责任。

讨论与思考

国内某出口公司收到由美国某银行所开立的不可撤销跟单信用证，销售合约规定，货物包装条款为："均以三夹板盛放，每箱净重10公斤，2箱一捆，外套麻袋"；信用证却规定："均以三夹板盛放，每箱净重10公斤，2箱一捆"。出口方完全按照信用证中的规定，即没有套麻袋。发货议付行称货物未套麻袋而拒绝付款。

问：发货议付行的拒付是否合理？为什么？

3. 信用证的作用

(1) 对出口商的作用

① 保证出口商凭单取得货款

信用证支付的原则是单证严格相符，只要出口商交货后提交的单据做到与信用证规定相符，银行就保证支付货款。在此支付方式下，出口商交货后不必担心进口商到时不付款，而是由银行承担付款责任，这种银行信用要比商业信用可靠。

② 使出口商得到外汇保证

在进口管制和外汇管制严格的国家，进口商要向本国申请外汇得到批准后方能向银行申请开证，出口商如能按时收到信用证，说明进口商已得到本国外汇管理当局使用外汇的批准，因而可以保证出口商履约交货后按时收取外汇。

③ 使出口商取得资金融通

出口商在获得对方开来的信用证后，往往容易取得银行在资金方面的融通。例如，出口商在货物装运后，可将信用证规定的全套单据交议付银行，提前取得货款。

(2) 对进口商的作用

① 为如期取得货物提供保障

信用证可保证进口商付款后取得代表货物的全套单据，而且还可以通过信用证条款，来控制出口商的交货时间、货物品质和数量等，保证按时、按质、按量收到货物。

② 使进口商取得资金融通

开立信用证时，进口商用少量的押金就能开出信用证，银行是信用证的付款人，对持有符合信用证条款规定单据的受益人即时支付货款，再与进口商结算，等于是银行先行垫款。如果采用远期信用证，进口商还可以凭信托收据向银行借单，先行提货，在到期日再付款。

(二) 信用证的有关当事人

信用证业务比较复杂，在使用的过程中涉及的当事人比较多。根据信用证的定义，信用证业务有三个基本的当事人，即开证申请人、开证行和受益人。除此之外，可能还会有其他的当事人，比如通知行、议付行、付款行、保兑行、偿付行等。因此，信用证的当事人可分为必不可少的基本当事人和其他可能的派生当事人两类。

1. 信用证的基本当事人

任何信用证方式都有三个基本的当事人。

(1) 开证申请人

开证申请人又称开证人，是指向银行申请开立信用证的客户，通常为进口商。开证申请人要在规定的时间内开证，交开证押金并及时付款赎单。

(2) 开证行

开证行是指应开证申请人（或其代理银行）的请求开立信用证并承担付款责任的银行，通常为进口地银行，也可能是出口商所在地银行或第三国银行。

(3) 受益人

受益人是指信用证上所指定的、有权开具汇票向开证银行或其指定的付款银行要求支付货款的人。在国际贸易中受益人通常为出口商。

2. 信用证的派生当事人

不同种类的信用证所派生出来的当事人是不尽相同的，必要时一家银行可以兼任两个或多个当事人角色。

(1) 通知行

通知行是指受开证行委托，将信用证通知给受益人的银行。在国际贸易中通知行通常为出口地银行，往往是开证行的分行或代理行。通知行只负责通知或转递信用证，证明信用证的真实性并及时澄清疑点，并不承担其他责任。

(2) 议付行

议付行是指在议付信用证项下，买入或贴现受益人按信用证规定提交的汇票或单据的银行。议付行可以是由开证行在开证条款中指定的银行，也可以是非指定的银行。如果开证行发现单据有不符合信用证要求的情况存在而拒绝偿付，则议付行有权向受益人或其他前手进行追索。

(3) 付款行

付款行是指非议付信用证项下，开证行指定/授权（邀请）的履行信用证付款责任的银行。付款行多为开证行之外的另一家银行，但也可以是开证行自己。

(4) 保兑行

保兑行是指根据开证银行的请求在不可撤销信用证上加具保兑（以其自身名义保证付款）的银行。保兑行付款后，不得向受益人或其他前手追索，只能向开证行进行索偿。保兑行必须是开证行之外的另一家银行。在国际贸易中保兑行也常为出口地银行（但也有时为第三国银行），往往是开证行的分行或代理行，并也常由通知行兼任。

(5) 偿付行

偿付行是指开证行指定的对议付行、付款行或保兑行进行偿付的代理人。在国际贸易中，当信用证项下支付货币为进、出口国以外的第三国货币时，为了结算方便，开证行有时委托另一家与其有账户关系的银行代其向议付行、付款行或保兑行进行索偿，偿付行偿付后再向开证行索偿。偿付行并不负责受单和审单，如果事后开证行发现单证不符，也不能向偿付行进行追索。偿付行只有在开证的账户上有足够的款项，并且受到开证行的偿付指示时才会付款。

此外，在信用证业务中还可能出现其他的当事人，如受让人、承兑行、寄单行和转递行等，这里就不再逐一介绍。

(三) 信用证的流程

微课 5-24：信用证的内容和业务流程

信用证收付程序随信用证类型不同而有所差异，但就其基本流程而言，大体要经过申请、开证、通知、支付、索偿、赎单等环节。现以最为常见的即期不可撤销信用证为例，简单说明其收付程序以及各环节的具体内容，具体流程如图 5-10 所示。

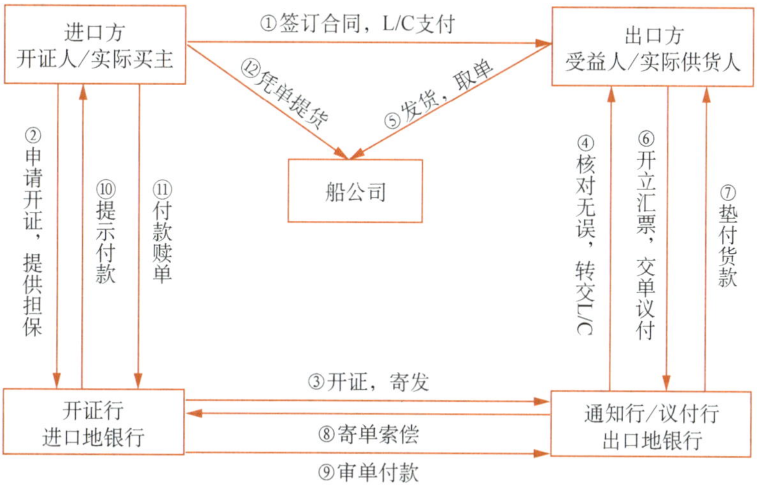

图 5-10　即期不可撤销信用证流程

(四) 信用证的种类

微课 5-25：信用证的种类和支付方式的选择

从不同的角度划分，信用证有很多种类，常见的划分标准和种类主要有如下几种。

1. 按受益人提供单据的要求分类

按照信用证对受益人提供单据的要求（是否要求受益人提交运输单据）不同来分类，可分为光票信用证和跟单信用证。

(1) 光票信用证

光票信用证是指开证行仅凭受益人出具的汇票而无须随附商业任何货运单据就付款的信用证。光票信用证主要用于非货款结算、小额货款的结算或跨国公司的不同子公司之间的货款结算。

(2) 跟单信用证

跟单信用证是指开证行须凭受益人提供的跟单汇票或不带汇票的单据来付款的信用证。这里所说的单据是指代表货物所有权或证明货物已装运的货运单据，即运输单据、商业发票、保险单据、商检证书和产地证书等。跟单信用证专用于货款结算，是当前国际贸易结算中使用最多的结算方式。

2. 按开证行责任分类

按照开证行的保证责任（是否保证不可撤销）来分类，可以分为可撤销信用证和不可撤销信用证。

（1）可撤销信用证

可撤销信用证是指开证行在开出信用证以后，可以不经受益人同意，也不必事先通知受益人，在议付银行议付之前有权随时取消或修改的信用证。这种信用证对受益人无保障，国际贸易中极少采用。

（2）不可撤销信用证

不可撤销信用证是指信用证一经开出，在其有效期内，若未经受益人及有关当事人的同意，开证行不得随意修改或撤销的信用证。只要受益人提供的单据符合信用证规定，开证行就必须履行付款义务。

信用证在开立时应清楚地表明是可撤销的还是不可撤销的，按照 UCP600 的规定，凡是银行开出的信用证都是不可撤销的。

讨论与思考

我方向美商出口一批货物，合同规定 8 月份装船，后国外来证将装船期改为不得晚于 8 月 15 日。但 8 月 15 日前无船去美，我方立即要求外商将装船期延至 9 月 15 日前装运。随后美商来电称：同意船期展延，有效期也顺延一个月。我方于 9 月 10 日装船完毕，9 月 15 日持全套单据向银行办理议付，但银行拒绝收单。

问：银行能否拒收单据、拒付货款？为什么？

3. 按是否有保兑行分类

按照是否有开证行之外的另一家银行担保付款来分类，可以分为保兑信用证和不保兑信用证。

（1）保兑信用证

保兑信用证是指由开证行以外的另一家银行（保兑行）应开证行请求和授权而加具“保兑”字样的不可撤销信用证。出口商为了保证安全收汇，要求开证银行开出的信用证必须经另一家银行保证兑付。保兑行一经保兑，就承担和开证银行同样的付款责任。对出口商来说，保兑信用证具有双重保证作用，开证行与保兑行都负有第一性的付款责任。但保兑会产生额外的费用，在实际业务中，如果开证行资信较好，成交金额不大，一般不需要保兑。

（2）不保兑信用证

不保兑信用证是指未经除开证行以外的其他银行保兑的信用证，即一般的不可撤销信用证。

4. 按受益人兑现方式分类

按照信用面向受益人兑现方式的不同来分类，可以分成即期付款信用证、承兑信用证、延期付款信用证和议付信用证。

（1）即期付款信用证

即期付款信用证是指开证行、保兑行或付款行在收到符合信用证规定的跟单汇票或单据时立即履行付款义务的信用证。该信用证特点是受益人收汇安全迅速，有利于资金周转。

（2）承兑信用证

承兑信用证是指以要汇票的远期或假远期付款方式为兑现方式的信用证，其指定付款行（开证行或代付行）在收到符合信用证条款的跟单汇票后，先予办理汇票承兑手续，后于约定的付款到期日再向持票人履行汇票付款义务。承兑信用证一定要汇票（远期汇票），其指定付款行可以是开证行自己，也可以是出口地的代付行。

（3）延期付款信用证

延期付款信用证是指规定货物装运后若干天或受益人交单后若干天付款的信用证。付款行在收到符合信用证条款的单据后，于约定的付款到期日向受益人履行付款义务，付款行可以是开证行自己，也可以是出口地的代付行。延期付款信用证一般不要汇票，也没有银行承兑，它与承兑信用证的区别在于受益人不能提前得到货款（不能贴现），如果受益人急需资金，只能到银行借款。

（4）议付信用证

议付信用证是指开证行允许受益人向某一指定或任何银行交单议付的信用证。在议付信用证项下，开证行在接到指定议付行寄来符合信用证条款的单据后，对于带即期汇票的情况，开证行须即期予以偿付；对于带远期汇票的情况，开证行须立即承兑汇票并于汇票到期日再偿付汇票。

5. 几种特殊的信用证

在上述基本分类的基础上，还有一些具有特殊性质的信用证，分别介绍如下。

（1）可转让信用证

可转让信用证是指开证行开立的写明“可转让”字样、受益人可以全部或部分转让给第二受益人的信用证。可转让信用证只能转让一次，转让费由第一受益人负责，但可同时转让给一个或数个第二受益人。只有不可撤销信用证才有可能成为可转让信用证；并且凡是没有明确注明“可转让”字样的信用证均为不可转让信用证。

可转让信用证的受益人往往是中间商，中间商在和进口方成交后再去寻找实际出口商，并将信用证转让给实际出口商，即第二受益人，由实际出口商办理装运，收取货款。

（2）对背信用证

对背信用证是指信用证的受益人以一个信用证为保证要求一家银行开立以该银行为开证行，以这个受益人为申请人的一份新的信用证。前者称为主要信用证，后者称为第二个新信用证。

只有原证即主要信用证为不可撤销信用证时，银行（一般是原证的指定兑现银行或受益人往来银行）才有可能同意用它作为担保来为其受益人另开对背信用证。对背信用证除开证人、受益人、单价、交货期和交单期等内容有所变化外，其他条款与原证基本相同。对背信用证主要适用于中间商进出口业务的需要，中间商通过转售他人货物从中牟利，或两国不能直接办理进出口贸易时，要通过中间商来开展贸易。

（3）对开信用证

在补偿贸易、加工/装配贸易等对等贸易方式下，交易双方可采用互开对等的跟单信用证方式来作结算，这样的两个跟单信用证就互为对开信用证。对开信用证项下，这两张信用证金额相等或大致相等，可同时开立，也可先后开立。两张信用证互相联系，互为条件，互为约束，第一张信用证（又称前证）的受益人就是其第二张信用证（又称回头证）的申请人，而前证的申请人又是其回头证的受益人，并且，前证的付款行一般就是其回头证的开证行，而前证的开证行一般又是其回头证的付款行。

（4）预支信用证

预支信用证是一种加列有预支条款，允许受益人在收到信用证后可向指定银行预支部分或全部款项，由开证行保证偿还并负担利息的信用证。

预支信用证下，开证行付款在先，受益人交单在后。受益人仅凭光票就可预支部分或全部货款，如果出口商以后不交单，开证行和代付行并不承担责任。在国际贸易中采用预支信用证，一般是由于供小于求，出口商要求进口方为其提供融资便利。但由于预支信用证的预支风险主要由开证行承担，所以只有当受益人资信可靠时，开证行才会开立预支信用证。由于过去在信用证上加列预支条款时为了醒目而特意使用红色，所以它又被称为红条款信用证。

（5）循环信用证

循环信用证是指当受益人全部或部分用完信用证内的金额后，其金额能恢复到原金额，可以再次被受益人使用，甚至可以多次使用，直至达到规定次数或累计总金额为止的信用证。循环信用证与一般信用证的不同之处就在于前者可多次循环使用，而后者则在一次使用后即告失效。循环信用证适用于分批均匀交货的长期供货合同，进口商可节省逐笔开证的手续和费用，有利于资金周转，出口商可减少逐批催证、审单等手续。

（五）信用证的开证方式和基本内容

1. 信用证的开证方式

信用证有以下三种开证方式。

（1）信开信用证

信开信用证即信开本方式，是指开证行以书面文本的形式开立信用证的有效文本，并用航邮或快递方式寄至通知行的开证方式。早期的信用证一般都是以这种方式开立的。

（2）电开信用证

电开信用证即电开本方式，是指开证行以电子文本的形式开立信用证的有效文本，并用电信方式（电报、电传或 SWIFT 系统）传送给通知行的开证方式。

（3）简电信用证

简电信用证即加证实书方式，是指开证行预先将信用证的编号、受益人、金额和效期等主要内容以简单的电子文本形式开立信用证的预先通知文本，用电信方式传送给通知行，并立即再以书面文本的形式开立信用证的有效文本（称之为证实书），用航邮或快递方式寄给通知行的开证方式。

2. 信用证的基本内容

信用证没有统一的格式。国际商会设计的跟单信用证的标准格式仅供银行参考，银行在开立信用证时可以参照使用，也可以自行设计格式。各银行开立银行证的具体内容基本相同，概括起来一般都包含以下六个方面的内容。

(1) 关于信用证本身的条款

对信用证本身的说明包括信用证的种类、编号、金额、开证日期、有效期和到期地点，信用证有关当事人的名称和地址、信用证是否可撤销、是否可转让。

(2) 关于汇票的条款

如需汇票，应指出付款期限和出票依据等内容。

(3) 关于货物的条款

对货物的记载包括货物名称、规格、牌号、数量、包装、单价、运输标志等。

(4) 关于装运的条款

对装运的记载包括运输方式、装运港（地）、目的港（地）、装运日期、是否分批装运或转船、运费预付还是到付等。

(5) 关于单据的条款

依申请人的要求，列明应提交的单据，如运输单据、保险单据、商业发票、检验证书等，并列出单据的名称、内容、份数及签发单位。

(6) 其他条款

① 根据进口国政治经济贸易情况变化或某一笔具体业务的需要，可用特殊条款作出不同规定，如不准装超过多少年船龄的船只、装运货物的船只不准在某些港口停泊；

② 开证行对受益人及汇票持有人保证付款的责任文句；

③ 关于给议付行的指示也可列入其他条款项。

(六) 信用证支付的一般程序

采用信用证方式结算货款时，从进口商向银行申请开立信用证，到开证行付款后又向进口商收回垫款，中间要经过多个环节，涉及多个当事人，并需要办理多种手续。由于所使用的信用证种类不同，信用证支付的具体程序也有所不同，但大体上都要经过下列环节。

1. 开证人申请开立信用证

进口商按合同规定，在规定的时间内以开证申请人的身份向当地银行提出申请，要求银行（开证行）向出口商开出信用证。申请开证时，进口商要填写开证申请书，这是开证行开立信用证的依据，此外还要向开证行缴纳一定比例的押金和手续费。

2. 开证行开立信用证

开证行接受进口商的开证申请后开出信用证，其内容条款必须和开证申请书所列明的内容一致。信用证开出后，开证行将信用证正本寄给出口商所在地的分行或代理行（通知行）。

3. 通知银行转递信用证

通知行接到开证行开来的信用证后，经核对无误，应立即将信用证转交出口商（受益人）。

4. 审核与修改信用证

受益人接到信用证后，应认真核对是否符合合同规定，如发现不符，应及时要求开证人通过开证行修改信用证。如信用证无误，出口商即根据信用证的规定装运货物，并取得信用证规定的全套单据。出口商可将单据和信用证交往来银行议付或交开证银行指定的代付、议付或保兑银行要求付款。

5. 议付和索偿

付款行、议付行或保兑行接受单据，在审查单据符合信用证后，即预垫款项或付款。付款行、议付行或保兑行付款后，可按信用证条款中有关寄单的规定将单据寄送开证行，同时向开证行或其指定的偿付行索偿。单据通常分正副两批先后寄发，以免中途遗失。

6. 开证申请人付款赎单

开证行收到单据时要核对是否符合信用证的规定，确认无误后应向出口商或收款行、议付行或保兑行等付款，同时通知进口商付款赎单。如果开证行在审单过程中发现明显的单证不符点，可凭以拒付，但必须迅速将不符点通知寄单行。

（七）合同中的信用证条款

在国际贸易中，如果买卖双方决定采用信用证方式付款，为了明确责任，在买卖合同中应对信用证支付条款的主要内容做出明确的规定。合同中的信用证条款应包括开证时间、所使用的信用证种类、开证行的规定、开证金额的规定、有效期和到期地点等。

1. 即期信用证条款的规定方法

买方应通过卖方可接受的银行于装运月份前×天开立不可撤销即期信用证并送达卖方，有效期至装运日后 15 天在某地议付，但须在信用证有效期内。

2. 远期信用证条款的规定方法

买方应通过卖方可接受的银行于装运月份前×天开立不可撤销的见票后 60 天付款的信用证并送达卖方，信用证议付有效期延至装运期后 15 天在某地到期。

3. 保兑、不可撤销并有电报索偿条款的即期跟单信用证条款

买方应通过卖方可接受的银行于装运月份前×天开立保兑、不可撤销并列有电报索偿条款的跟单信用证并送达卖方，凭受益人开立的发票全额的即期汇票支付，有效期至装运日后 15 天在某地议付。

信用证条款示例见表 5-14。

表 5-14　信用证条款示例

TERMS OF PAYMENT:
THE BUYER SHALL ISSUE AN IRREVOCABLE L/C AT 45 DAYS AFTER SIGHT REACHING THE SELLERS NOT LATER THAN JUN. 10, 2023 AND REMAINING VALID FOR NEGOTIATION IN CHINA FOR FURTHER 15 DAYS AFTER THE EFFECTED SHIPMENT. IN CASE OF LATE ARRIVAL OF THE L/C, THE SELLER SHALL NOT BE LIABLE FOR ANY DELAY IN SHIPMENT AND SHALL HAVE THE RIGHT TO RESCIND THE CONTRACT AND/OR CLAIM FOR DAMAGES.

第三节 其他支付方式

随着经济一体化及国际网络的发展，国内产生了很多以国外零售为主导的销售模式并取得了成功，增加了国家的外汇收入。但新的问题也随之出现，跨国交易相隔何止万里，买卖双方对各自的诚信都存在疑虑，从而出现外国买家看中产品却迟迟不肯打款的局面。在这样的前提下，衍生出了现在应用最多的新式付款方式，如西联、PayPal 等。

一、西联汇款

（一）西联汇款概述

西联汇款是西联国际汇款公司（Western Union）的简称，其是世界上领先的特快汇款公司，迄今已有 150 年的历史。它拥有全球最大最先进的电子汇兑金融网络，代理网点遍布全球近 200 个国家和地区；交易速度快，使用这种方式支付大概只要花费 15 分钟的时间。西联公司是美国财富五百强之一的第一数据公司（First Data Corporation，FDC）的子公司。中国农业银行、中国光大银行、中国邮政储蓄银行、中国建设银行、浙江稠州商业银行、福建海峡银行、烟台银行、龙江银行、温州银行、徽商银行、浦发银行等多家银行都是西联汇款中国合作伙伴。其中，中国邮政储蓄银行是西联公司在中国业务量最多的合作伙伴，并且在各大城市设立了专门的西联业务旗舰店，这是国内其他西联合作银行所不具备的优势。

（二）西联汇款的使用方法

1. 汇款方法

（1）汇款人前往就近的中国邮政（或中国农业银行）西联汇款代理网点，认明西联汇款标识，填写发汇单；

（2）将填妥的表格及款项递交邮局办理；

（3）汇款办理完毕，收妥发汇单，并将汇款信息及汇款监控号码告知收款人。若汇款人预留收款人的验证身份问题（验证身份问题视同取款密码），应一并告知收款人，双方在通知过程中应注意汇款信息的保密。

2. 取款方法

（1）收款人接到汇款人通知后，认明西联汇款标识，可前往就近的中国邮政西联汇款代理网点办理领汇手续，取款时，填写收汇单并出示本人有效身份证件，交邮局办理；

（2）收款人领取西联汇款，必须本人亲收，不得委托他人代领。

3. 发汇限额

发汇限额根据对方国兑付限额规定和我国外汇管理政策的规定执行。我国个人外汇出口限额为每人每次 2 000 美元（含 2 000 美元）；收汇限额为 10 000 美元或等值人民币。

（三）西联汇款的优缺点

使用西联汇款相对安全，卖家先收钱后发货，对商家最有利。但汇款手续费按笔收取，对于小额收款手续费高。同时，很多时候买家第一次与卖家合作，因担心出现打款给卖家而卖家不发货的情况而放弃交易，如果交易额较大，就会造成较大损失。

二、PayPal 付款

（一）PayPal 付款概述

PayPal（在中国大陆的品牌为贝宝）是美国 eBay 公司的全资子公司，1998 年 12 月由彼得・蒂尔（Peter Thiel）和马克斯・列夫琴（Max Levchin）建立。PayPal 是一个总部在美国加利福尼亚州圣荷西市的因特网服务商，允许在使用电子邮件来标识身份的用户之间转移资金，避免了传统的邮寄支票或者汇款的方法。PayPal 也和一些电子商务网站合作，成为它们的货款支付方式之一，但是用这种支付方式转账时，PayPal 会收取一定数额的手续费。

（二）PayPal 付款的使用方法

付款人欲使用 PayPal 支付一笔金额给商家或者收款人时，可以分为以下几个步骤。

1. 注册用户

只要有一个电子邮件地址，付款人就可以登录开设 PayPal 账户，通过验证成为其用户，并提供信用卡或者相关银行资料，增加账户金额，将一定数额的款项从其开户时登记的账户（例如信用卡）转移至 PayPal 账户下。

2. 进入账户

当付款人启动向第三人付款程序时，必须先进入 PayPal 账户，指定特定的汇出金额，并提供收款人的电子邮件账号给 PayPal。

3. 发送邮件

接着，PayPal 向商家或者收款人发出电子邮件，通知其有等待领取或转账的款项。

4. 决定接受

如商家或者收款人也是 PayPal 用户，其决定接受后，付款人所指定之款项即移转给收款人。

5. 收款人注册

若商家或者收款人没有 PayPal 账户，收款人需要依 PayPal 电子邮件内容指示进入网页注册取得一个 PayPal 账户，收款人可以选择将取得的款项转换成支票寄到指定的处所、转入其个人的信用卡账户或者转入另一个银行账户。

从以上流程可以看出，如果收款人已经是 PayPal 的用户，那么该笔款项就汇入他拥有的 PayPal 账户；若收款人没有 PayPal 账户，网站就会发出一封通知电子邮件，引导收款者至 PayPal 网站注册一个新的账户。所以，也有人称 PayPal 的这种销售模式是一种“邮件病毒式”的商业拓展方式，从而使得 PayPal 越滚越大地占有市场。

（三）PayPal 付款的优缺点

1. 优点

（1）保护付款人；

（2）支持多币种，并能即时兑换（但要收 2.5%的手续费）；

（3）美国银行与中国香港银行取现免费。

2. 缺点

（1）资料审查严格，提供错误资料会被冻结账号；

（2）对收款人限制多：如忽然收到一笔不明来源的款项就会被 PayPal 认为是可疑款项而限制，并要求解释款项的来源，如解释得不到 PayPal 接受则账户会被冻结，且解冻时间长，需要提供许多隐私资料来解冻；

（3）收款手续费高，本国收取 2.4%～3.4%＋0.3 美元，外国收取 2.9%～3.9%＋0.3 美元。

三、Payoneer

Payoneer 是一家总部位于纽约的在线支付公司，主要业务是帮助其合作伙伴将资金下发到全球，其同时也为全球客户提供美国银行、欧洲银行收款账户用于接收欧美电商平台和企业的贸易款项。

该方式的优点有：①方便快捷，在我国，使用居民身份证即可完成 Payoneer 账户在线注册，并自动绑定美国银行账户和欧洲银行账户；②合规，像欧美企业一样接收欧美公司的汇款，并可通过 Payoneer 和中国支付公司的合作完成线上的外汇申报和结汇；③便宜，电汇设置单笔封顶价，人民币结汇手续费最多不超过 2%。

Payoneer 适用于单笔资金额度小但是客户群分布广的跨境电商网站或卖家。

第四节　各种支付方式的选用

支付条款是国际贸易合同的一个主要内容。不同的支付方式对于贸易双方而言，在贸易结算中的风险以及经营中的资金负担都是不相同的，选择正确的支付方式能使进出口双方在货款收付方面的风险得到控制，并在资金周转方面得到某种通融，从而促进交易目的实现。在选择时，应从贸易双方共同的利益点出发，本着风险分摊的原则选用合适的结算方式，从而促成进出口商的双赢。

随着国内产业与国际市场的渗透与融合，国际跨国采购集团纷至沓来，中国的消费市场持续快速扩大，各种产品、物资等交易往来频繁，中国的诸多企业将随着贸易壁垒的逐渐降低而对资源与市场重新进行配置和细分，对外经贸交往必然增多，如何灵活掌握和使用形式多样的国际贸易结算方式，保障收付安全、加速资金周转，同时在竞争中扩大市场，成为进出口企业必须搞清楚的课题。

一、选择支付方式时应考虑的因素

由于各种支付方式的特点不同，因此在选择合适的支付方式时，应该考虑以下因素。

（一）客户信用等级的高低

如果客户的信用等级很一般或是贸易双方是首次进行交易，应该选用信用证的方式；如果客户的信用等级较高，可以选用付款交单方式，既可以达到节省开证费的目的，也可以在一定程度上把握物权凭证的安全性；如果客户的信用等级非常高，就可以选用承兑交单甚至是直接电汇的方式。

（二）货物供求状况的不同

如果是畅销的货品，卖方可选择对自身有利的支付方式，如要求用信用证进行结算，甚至要求买方预付货款；如果是滞销的货品，则所选择的支付方式可能会有利于进口商，如承兑交单，甚至可以货到付款。

（三）选用的贸易术语和合同金额的高低

不同的贸易术语对于买卖双方的责任规定以及风险分担有所不同，因此也应根据贸易术语不同来选择合适的支付方式。对于象征性交货组中的 CIF 和 CFR 条件，就可以选用托收和信用证的方式；而对于 EXW 和实际交货的 D 组条件，一般就不会采取托收的形式进行结算；对于 FOB 和 FCA 等条件，由于运输的事宜是由买方安排的，出口人很难控制货物，所以在一般情况下也不会选择托收的方式。另外，如果合同金额不大，则可以考虑选择速度较快、费用低廉的电汇方式或光票托收方式。

选择支付方式的最终目的是尽量降低结算的成本，分散结算的风险，促使进出口贸易的顺利进行。以上所列举的各个因素会在不同的时间、不同的国家和地区、不同的历史阶段、不同的具体客观情况而对货款的支付有不同程度的影响。

二、正确选用支付方式的建议

从国际贸易实践情况来看，单纯选用某一种结算方式总是不能满足交易各方的要求。面对不断变化的市场，有必要采用综合支付方式进行结算。

（一）汇付和托收相结合

如先采取电汇的形式预付 10%的定金，在装船后电汇合同款的 40%，剩余的 50%采用付款交单即期付款的形式。这种选择既能保证供货方及时履行发货的义务，又能约束进口人及时付款，同时节省了更多银行费用的支出，也节约了宝贵的贸易时间。

（二）汇付和信用证相结合

如定金的部分以电汇办理，主要的货款采用信用证的方式进行支付，最后余款以电汇的方式支付。

（三）托收和信用证相结合

这样的组合既可尽量避免不必要的开支，也能对作为物权凭证的单据起到保护的作用。如将承兑交单、信用证和银行保函结合在一起使用，或要求使用由代收银行开具的银行承兑汇票，这样，原来的商业信用就被转变为银行信用，将出口商的风险转嫁给银行。

（四）汇付、托收、信用证三者结合

对大型成套设备、大型机械产品，如船舶、飞机等金额大、生产周期长的货物一般采取按工程进度和交货进度分若干期付清货款，即分期付款和延期付款的方法。

买卖双方可以签订分期付款合同，并在合同中规定，在产品投产前，买方可采用汇付方式先交部分货款作为定金，其余货款按交货进度分期支付，买方开立不可撤销信用证，即期付款。最后一笔货款一般是在交货或卖方承担质量保证期满时付清，同时货物所有权转移。

买卖双方也可签订延期付款合同。买卖双方在签订合同后，买方一般要预付一小部分货款作为订金，大部分货款在交货后若干期分期支付，即采用远期信用证或承兑交单方式支付。

当前国际贸易发展迅猛，结算方式推陈出新，金融服务要更加安全、便捷和高效。在国际贸易结算中，借鉴国际商务活动中的新理念，增强结算方式的灵活性和安全性，将有助于企业开阔视野，提高市场的竞争能力。

实操训练

拟定支付条款

湖南卡特尔进出口有限公司与埃塞俄比亚 FOTH 公司关于女士风衣的交易中，双方协定的结算方式为：签订合同后，买方电汇 20%的货款作为预付款，余款通过见票后 15 天付款的不可撤销信用证结算。请根据所学内容，填写合同中的支付条款。

TERMS OF PAYMENT：

思政园地

根据国际贸易法和国际支付惯例，在国际贸易中，支付条款是确保交易双方权益的重要部分。某公司与海外供应商签订了一份合同，约定了货物的购买和支付方式。根据该合同的支付条款，买方应当在收到货物后15个工作日内向卖方付清货款。如果买方未能按时付款，卖方有权要求买方支付逾期利息。这体现了公平、诚信和责任的价值观。通过明确规定付款时间和逾期利息，双方都能够保障自己的权益，并且鼓励及时履行合同义务。

温故知新

一、单项选择题

1. 我国中国银行签发的汇票有效期大都规定为（　　）。
   A. 半年　　B. 一年
   C. 二年　　D. 随汇款人意愿而定
2. 信用证方式下，愿意买入受益人交来跟单汇票的银行是（　　）。
   A. 议付行　　B. 通知行　　C. 保兑行　　D. 偿付行
3. 接受汇出行的委托将款项解付给收款人的银行是（　　）。
   A. 托收银行　　B. 汇入行　　C. 代收行　　D. 转递行
4. 保兑行对保兑信用证承担的付款责任是（　　）。
   A. 第一性的　　B. 第二性的　　C. 第三性的　　D. 第四性的
5. 在采用信用证方式预付货款时，通常使用（　　）。
   A. 跟单信用证　　B. 保兑信用证
   C. 光票信用证　　D. 远期信用证
6. 信用证支付方式实际上把进口人履行的付款责任转移给（　　）。
   A. 出口人　　B. 银行　　C. 供货商　　D. 最终用户
7. （D/P，T/R）意指（　　）。
   A. 付款交单　　B. 承兑交单
   C. 付款交单凭信托收据借单　　D. 承兑交单凭信托收据借单
8. 属于顺汇方法的支付方式是（　　）。
   A. 汇付　　B. 托收　　C. 信用证　　D. 银行保函
9. 可转让信用证须由开证行在信用证中明确注明（　　）。
   A. 可转让　　B. 可分割　　C. 可让渡　　D. 可转移
10. 注明（　　）的汇票是法律上的无效汇票。
    A. 提单日后90天付　　B. 见票后3个月付
    C. 仅付给伦敦西敏寺银行指定人　　D. 船只到达大连口岸时付

二、案例分析题

1. 我国江苏省南通市某轻工产品进出口公司向外国某公司进口一批小家电产品，货物分两批装运，支付方式为不可撤销议付信用证，每批分别由中国银行某分行开立一份信用证。第一批货物装运后，卖方在有效期内向银行交单议付，议付行审单后，未发现不符点，即向该商议付货款，随后中国银行对议付行作了偿付。南通公司在收到第一批货物后，发现货物品质不符合同规定，进而要求中国银行对第二份信用证项下的单据拒绝付款，但遭到中国银行的拒绝。

问：中国银行这样做是否有理？为什么？

2. 我国A公司向泰国B公司出口一批货物，付款方式为付款交单90天。货物出运后，汇票及货运单据通过出口地的托收银行寄抵国外代收行，B公司进行了汇票承兑。货抵目的港后，由于用货心切，B商出具了信托收据向本地代收行借得货运单据，先行提货转售。当汇票到期时，B商因经营不善，失去偿付能力。代收行以汇票付款人拒付为由通知托收行，并建议由A公司直接向B商索取货款。此时距离汇票到期日还有30天。

试分析A公司于汇票到期时收回货款的可能性，并提出处理该案的建议。

3. 宁波市某进出口公司对外推销某种货物，该商品在新加坡市场的销售情况日趋看好，逐渐成为抢手货。新加坡贸发公司来电订购大批商品，但坚持用汇付方式支付。此时，在宁波公司内部就货款支付方式问题产生不同的意见，一些业务员认为汇付的风险较大，不宜采用，主张使用信用证方式；但有些人认为汇付方式可行；还有一部分业务员认为托收可行。

问：如果你是出口公司的业务员，应如何选择恰当的支付方式？并说明理由。

任务八

拟定检验检疫、索赔、不可抗力及仲裁条款

学习目标

知识目标：了解商品检验、索赔、不可抗力、仲裁的含义；掌握检验时间和地点、检验机构、检验证书、检验方法的规定方法和注意事项；了解索赔、不可抗力、仲裁条款的内容和规定条款时的注意事项。

技能目标：能够正确认定不可抗力事件、合理处理不可抗力事件；能够正确认定索赔的对象、索赔的范围、索赔的证据。

素质目标：培养公平公正、诚实守信的职业素养；树立大局意识和国际思维。

情境导入

彭竣在拟定合同条款时勤于思考，遇到问题就向前辈请教、学习，他受益良多，进步很大。他的新问题又来了：如果货物到达目的（港）地后，客户发现货物质量有问题应该怎么办？如果遇到天灾导致货物灭失该如何处理？如果双方产生纠纷又应该怎么办？

微课 5-26：检验检疫、索赔、不可抗力及仲裁条款

一、商品检验

进出口商品检验是指商检机构根据国家的法律、法规或者根据国际贸易关系人的申请，依照一定的标准对进出口商品的品质、数量、规格、安全卫生、残损等情况以及装运技术和装运条件等状况进行检验鉴定，以维护国家利益或者国际贸易关系人的合法权益。

我国《中华人民共和国进出口商品检验法》（以下简称《商检法》）规定，应施检验的进口商品未经检验的，不准销售、使用，应施检验的出口商品未经检验合格的，不准出口。这一规定体现了国家对进出口商品实施品质管制的意志。

（一）商品检验的作用

（1）确保出口商品的质量，提高出口商品在国际市场上的信誉；

（2）保证进口商品的质量，防止低劣商品和有病虫害及其他有害因素的商品进口，

维护国家的经济利益，保障人民身体健康；

(3) 划清进出口商品争议中的责任归属，签发检验证书作为解决争议和办理索赔的凭证。

(二) 我国进出口商品检验的范围

商品检验有法定检验和公证鉴定两种形式。法定检验是指商检机构依据国家的法律、行政法规的规定，对指定的进出口商品实施强制性检验，未经检验的出口商品不准出口，未经检验的进口商品不准销售与使用。公证鉴定是指根据进出口当事人的申请，商检机构以第三者公证人的身份，对进出口商品以及运输工具和装运技术条件等进行检验鉴定和分析判断并出具证明，以作为有关各方关系人维护其利益的有效凭证。商品检验的范围主要指法定检验的范围。

阅读拓展

根据《商检法》规定，我国进出口商品检验的范围为列入《商检机构实施检验的进出口商品种类表》(以下简称《种类表》) 的进口商品和其他法律、行政规定须经商检机构检验的进出口商品。

我国现行的《种类表》于 1997 年经国家商检局重新修订、编码，包括进口商品 843 种，出口商品 1 670 种，共计进出口商品 18 类 2 109 种。其他法律、行政规定由商检机构实施法定检验的，目前主要有《中华人民共和国食品卫生法》《中华人民共和国进出境动植物检疫法》和《商检法》中有关条款规定的内容。

(三) 进出口商品检验的程序

进出口商品只有符合规定的程序，才能保证检验工作的质量和检验证书的合法性。我国进出口检验程序大致有以下环节。

1. 报验和受理

出口商品的发货人和进口商品的收货人在办理报验时统称报验人。报验人应具备下列资格：①有进出口经营权的国内企业或代理人；②进口商品收货人及其代理人；③对外贸易关系人，即进出口的买方、卖方承运人（船、铁路、航空公司等）和保险人；④外商投资企业；⑤其他有进出口经营权的企业及有关的外贸关系人。

具备上述条件之一，并须持“报验员证”，方可成为合格的报验人。

2. 抽样

除了大型的机电设备、成套装备外，大多数进出口商品是在整批商品中抽取一定数量的代表性样品来确定其质量状况的。进口商品要严格依照合同约定或者其他有关规定的抽样标准，按百分比递减法或计数抽样法进行，并要保证操作的安全。按百分比法抽样时应注意样本分布的均匀性；按计数抽样法抽样时则应注意随机的原则。

3. 检验或鉴定

按照合同或技术标准的规定，对代表性样品的有关特性进行检查、试验、测量或计量。此环节为检验工作的中心环节。

4. 签证或放行

签证或放行是检验工作的最后环节。报验人按规定的费率缴纳检验费后，商检机构即可将检验证书交付报验人作为报关的凭证。

（四）检验检疫时间和地点的规定

根据各国法律，买方在接受货物前有权对货物进行检验，但对于应在何时何地检验并无统一规定。因此，为了明确责任，双方应在合同中订明检验时间和地点。在国际货物买卖合同中，关于检验时间和地点的定法基本有三种。

1. 在出口国检验

此种做法可分为在产地检验和装运前或装运时在装运港（地）检验。

(1) 产地检验

产地检验即在货物产地（如工厂、农场或矿山等）由卖方或其委托的检验机构、买方的验收人员或买方委托的检验机构对货物进行检验。检验合格后，卖方不再对货物的质量负责。

(2) 装运前或装运时在装运港（地）检验

装运前或装运时在装运港（地）检验即货物在装运港（地）装运前或装运时由双方所约定的检验机构进行检验，并出具检验证书作为双方交货品质或数量的依据。货物运抵目的港（地）后，即使发现问题，买方也无权拒收货物或提出异议与索赔。此种规定对卖方比较有利。

2. 在进口国检验

此种做法可分为货物运抵目的港（地）卸货后检验和在买方营业处所以及最终用户所在地检验。

(1) 在目的港（地）卸货后检验

此种规定方法是在货物运抵目的港（地）卸货后的一定时间内，由双方约定在目的港（地）的检验机构进行检验，并出具检验证书作为双方交货品质、重量或数量等的依据。

(2) 在买方营业处所以及最终用户所在地检验

此种规定方法是将检验延伸和推迟到货物运抵至买方营业处所，以及最终用户所在地后的一定时间内进行，并以双方约定的该地的检验机构出具的检验证书作为决定交货品质和数量的依据。这种做法主要适用于那些需要安装调试进行检验的成套设备、机电产品以及在口岸开包检验后难以恢复原包装的商品。

3. 在出口国检验，在进口国复验

按此法规定，运装地的商检机构验货后出具验检证明作为卖方收取货款的单据之一，但不作为买方收货的最后依据。货到目的地后的一定时间内，买方有权请双方约定的检验机构进行复验并出具复验证明。复验中如发现到货品质、重量或数量与合同规定不符且属于卖方责任时，买方可凭复验证明向卖方提出索赔，但应注意在索赔期内提出。

此种规定比较公平合理，照顾到了买卖双方的利益，因而在国际贸易中被广泛采用。在我国的进口贸易中，对关系到国计民生、价值较高、技术复杂的重要进口商品和大型成套设备，可在合同中规定允许买方派人去产地或装运港（地）监造或监装，对货物进行预检，货物运抵我国后再由我方最终检验，这样可以保障我方的利益，防止卖方以次充好、以假乱真等问题的发生。

(五) 合同中的检验条款

进出口合同中检验条款一般包括下列内容：①有关检验权的规定；②检验或复验的时间和地点；③检验机构；④检验检疫证书等。

买卖双方同意以装运港（地）中国出入境检验检疫局签发的品质和重量（数量）检验检疫证书作为信用证下议付所提交的单据的一部分，买方有权对货物的品质和重量（数量）进行复验，复验费由买方负担。但若发现品质或重量（数量）与合同规定不符，买方有权向卖方索赔，并提供经卖方同意的公证机构出具的检验报告。索赔期限为货物到达目的港（地）后 45 天。

讨论与思考

出口公司 A 向新加坡公司 B 以 CIF 新加坡条件出口一批土特产品，B 公司又将该批货物转卖给马来西亚公司 C。货到新加坡后，B 公司发现货物的质量有问题，但 B 公司仍将原货转销至马来西亚。其后，B 公司在合同规定的索赔期限内凭马来西亚商检机构签发的检验证书向 A 公司提出退货要求。

问：A 公司应如何处理？为什么？

二、索赔

除受不可抗力因素影响，有关当事人可免负责任外，如果一方当事人的违约是故意、疏忽、过失或合同条款不明确等原因造成的，根据有关法律和合同的规定，受损方有权提出索赔。

(一) 争议及索赔的含义

争议是指交易的一方认为对方未能全部或部分履行合同规定的责任和义务而引起的纠纷。争议的内容主要包括：①是否构成违约；②对违约的事实在认识上不一致；③对违约的责任和后果有不同看法等。产生争议应首先协商解决，如果不能互相谅解，要在分清责任的基础上由责任方做出补救或将争议提交第三者裁决。

索赔是指在进出口业务中因一方违反合同规定而直接或间接地给另一方造成损失，受损方向违约方提出的赔偿要求。理赔是指违反合同的一方受理受损方提出的赔偿要求。索赔和理赔是一个问题的两个方面。在国际贸易中，常因违约或某种其他原因造成一方损失而引起索赔、理赔问题，而索赔又因对象不同分为三种：①向保险公司索赔；②向货物承运人索赔；③向买卖合同的当事人索赔。

（二）根本违约和非根本违约

在进出口过程中，任何一方违反合同规定的义务，不履约或不按合同规定履约，就构成违约行为。若违反合同中的实质性交易条件，如进出口商品中的品质、交货期、解决争议的方式等与合同不符，称为违反要件和根本违约，对方有权宣告合同无效，并可要求赔偿损失。若违反合同中的非实质性交易条件，如付款时间太迟等，尚未根本违反合同，称为违反随附条件和非根本违约，对方只能要求赔偿损害而不能解除合同。至于什么是合同的要件，什么是合同的随附条件，买卖双方可能会有不同的理解，最好在磋商时做出明确的规定。

讨论与思考

深圳市某食品进出口公司从马来西亚进口一批土产，合同规定用厚木条箱包装。卖方为了降低成本，改用了薄木条箱包装。货到后进口方发现了这一变化。

问：进口方可以主张何种权利？

（三）合同中的索赔条款

国际货物买卖合同中的索赔条款有两种规定方法，一种是异议和索赔条款，另一种是罚金条款。一般买卖合同中，多数只订异议与索赔条款，只有在买卖大宗商品和机械设备的合同中，除订明异议和索赔条款外另加订罚金条款。

1. 异议和索赔条款

异议和索赔条款除规定一方如违反合同，另一方有权索赔外，还包括索赔依据、索赔期限、解决索赔的方法和赔付金额等。

（1）索赔依据

主要规定索赔必须具备的证据和出证机构，若证据不全、不清，出证机构不符合要求，都可能遭到对方拒赔。索赔依据包括法律依据和事实依据两个方面。

（2）索赔期限

索赔期限是指索赔方向违约方索赔的有效时限，逾期索赔，违约方可不予受理。索赔期限应根据不同商品由双方在合同中确定。对于食品、农产品等易腐商品的索赔期限可规定得短一些；对于一般货物的索赔期限通常为货到目的港后30～45天；对于机械设备的索赔期限就数量和品质方面的索赔期一般为1～2年。

（3）解决索赔的方法

一般合同只作笼统规定，如退货、换货、整修或货物贬值等。

2. 罚金条款

当一方当事人未履行合同义务时，应向对方支付一定数额的违约金以补偿对方的损失，此种罚金又称违约金。

罚金条款适用于卖方延期交货或买方延期付款、接货等情况。通常预先在合同中规定罚金的百分比，一般用于连续分批交货的大宗商品合同。另外，支付罚金后并不等于合同解除，当事人一方因违约支付罚金后，除非合同另有约定，仍须继续履行合同的其他义务。

（四）索赔和理赔应注意的问题

索赔、理赔是政策性、法律性都很强的工作。在国际贸易中，索赔和理赔既要维护我方当事人的政治、经济利益，又要重合同、守信誉，树立良好的国家和企业信誉。因此，要做到依法办事、程序清楚、处理及时得当。

索赔时应注意：①须提供充分的索赔依据，其中包括商检机构出具的检验证书；②正确确定索赔金额，如合同预先有约定，应按约定的金额索赔，如未预先约定，应按实际损失确定索赔金额；③须在索赔期内提出索赔，如估计检验工作不能在规定期限内完成，则应及时向卖方提出延长索赔期，并取得对方同意，以免使买方丧失索赔权。

理赔时应注意：①认真审查对方提出的索赔要求，包括其理由是否充分，出征机构是否合法，证据与索赔要求是否一致，是否在索赔期内提出等；②判断是否属于我方的索赔范围，如属于船公司或保险公司的责任范围，应转请有关方面处理，如确属我方责任，在合理确定对方损失后应实事求是地予以赔偿，不该赔偿的应根据事实向对方说明理由，如对方强词夺理，提出不合理要求，则可给予强有力的驳斥，必要时进行揭露。

总之，索赔和理赔工作均应认真对待，注意策略，及时处理，做到有理、有据、有节。

讨论与思考

1. 我国某进出口公司以 CIF 鹿特丹条件出口食品 1 000 箱，并向中国人民保险公司投保一切险。货到目的港后，经进口人复验发现下列情况：①该批货物共 10 个批号，抽查 20 箱，发现其中 1 个批号，即 100 箱内出现沾污现象；②收货人实收 998 箱，短少 2 箱；③有 15 箱货物外表良好，但箱内货物共短少 60 千克。

问：根据以上情况，进口人应当分别向谁索赔？

2. 有一美国公司 A 向外国一贸易商 B 购买一批火鸡用以供应圣诞节市场，合同规定卖方应在 9 月底以前装船。但是卖方违反合同，推迟到 10 月 7 日才装船。结果圣诞节销售时机已过，火鸡难以销售。因此，买方 A 拒收货物，并主张撤销合同。

问：在这种情况下，买方有无拒收货物和撤销合同的权利？

三、不可抗力

（一）不可抗力的定义

不可抗力是一项免责条款，是指买卖合同签订后，不是由于合同当事人的过失或疏忽，而是由于发生了合同当事人无法预见、无法预防、无法避免和无法控制的事件，以致不能履行或不能如期履行合同，发生意外事件的一方可以免除履行合同的责任或者推迟履行合同。不可抗力在《中华人民共和国民法通则》中是指“不能预见、不能避免并不能克服的客观情况”。

（二）产生原因及认定条件

不可抗力可以是自然原因酿成的，也可以是人为的或社会因素引起的。自然原因包括地震、水灾、旱灾等，人为和社会因素包括战争、政府禁令、罢工等。但值得注意的是，并非所有自然原因和社会原因引起的事件都属于不可抗力事件。

构成不可抗力事件一般应当具备以下条件：①事件的发生是在签订合同后；②事件不是由于一方当事人故意或过失所造成的；③事件的发生及其造成的后果是当事人无法预见、无法控制、无法避免和不可克服的。

讨论与思考

我国某进出口公司与英国某公司以FOB价格条件签订进口合同，装货港为伦敦。合同签订后不久，英方通知我方货已备妥，要求我方按时派船接货。然而，在我方安排的船舶前往英港途中，突然爆发中东战争，苏伊士运河被封锁，禁止一切船舶通行，我方船舶只好改变航线绕道好望角航行，增加航行近万公里，到达装运港时已过装运期。这时，国际上的汇率发生变化，合同中的计价货币英镑贬值，英方便以我方未按时派船接货为由，要求提高货物价格，并要求我方赔偿由于延期接货而产生的仓储费。对此，我方表示不能接受，双方遂发生争议。

问：如你是我方派出的代表，将如何处理这个问题？

（三）合同中的不可抗力条款

从法律的角度看，如果合同中没有订立不可抗力条款，一旦发生了意外事故，就会影响到合同的履行甚至引起争议。虽然每个合同规定的内容不完全相同，但一般主要包括：①不可抗力事故的范围；②不可抗力事故的法律后果；③出具事故的证明机构；④事故发生后通知对方的期限。

在对外商订合同时，应规定不可抗力事故的范围。对于哪些事故是属于不可抗力事故，往往是双方谈判中争论较多的一个问题，所以，合同条款必须订得明确具体，切实可行。

四、仲裁与贸易争端解决机制

（一）仲裁的定义

仲裁就是在进出口业务中，买卖双方按照在争议发生之前或在争议发生之后签订的仲裁协议，自愿把他们之间的争议交给双方所同意的第三者进行裁决。

（二）仲裁的特点

仲裁同友好协商，特别是同司法诉讼相比，具有以下特点。

(1) 受理争议的仲裁机构属于社会性民间组织，不是国家政权机关，不具有强制管辖权，对争议案件的受理以当事人自愿为基础；

(2) 任何仲裁机构不得受理没有仲裁协议的案件，因此，当事人必须在发生争议之前或之后订立仲裁协议；

(3) 双方当事人均有权在仲裁机构中推选仲裁员以裁定争议的自由；

(4) 仲裁审理一般不公开进行；

(5) 仲裁比诉讼的程序简单，处理问题比较迅速、及时，仲裁费用也较低；

(6) 仲裁裁决实行一裁终局的制度，对双方当事人均有约束力。

(三) 仲裁协议的形式和作用

1. 仲裁协议的形式

仲裁协议有两种形式：一种是在争议发生之前订立的，它通常作为合同中的一项仲裁条款（Arbitration Clause）出现；另一种是在争议发生之后订立的，它是把已经发生的争议提交仲裁的协议（Submission）。这两种形式的仲裁协议，其法律效力是相同的。

2. 仲裁协议的作用

(1) 约束双方当事人只能以仲裁方式解决争议，不得向法院起诉；

(2) 排除法院对有关案件的管辖权，如果一方违背仲裁协议，自行向法院起诉，另一方可根据仲裁协议要求法院不予受理，并将争议案件提交仲裁庭裁断；

(3) 仲裁机构取得对争议案件的管辖权。

上述三项作用的中心是第二条，即排除法院对争议案件的管辖权。因此，双方当事人不愿将争议提交法院审理时，就应在争议发生前在合同中规定出仲裁条款，以免将来发生争议后，由于达不成仲裁协议而不得不诉诸法院。

根据中国法律，有效的仲裁协议必须载有请求仲裁的意思表示、选定的仲裁委员会和约定仲裁事项必须是书面的，当事人具有签订仲裁协议的行为能力，形式和内容合法。否则，依中国法律该仲裁协议无效。

(四) 仲裁机构和仲裁程序

1. 仲裁机构

国际贸易中的仲裁机构有两类：临时机构和常设机构。临时仲裁机构是为了解决争议，由双方共同指定的仲裁员自行组成的临时仲裁庭，争议处理完毕，临时仲裁庭即解散。常设仲裁机构是根据一国的法律或有关规定设立的仲裁机构。我国的常设仲裁机构是中国国际经济贸易仲裁委员会，会址设在北京，深圳和上海分别设有分会。国际上很多国家都设有常设仲裁机构，如瑞典斯德哥尔摩商会仲裁院、瑞士苏黎世商会仲裁院、英国伦敦国际仲裁院、美国仲裁协会、日本国际商事仲裁协会等。

2. 仲裁程序

按照《中国国际经济贸易仲裁委员会仲裁规则》，仲裁程序包括仲裁申请、答辩和反请求及仲裁庭的组成、审理和裁决。仲裁程序的作用主要是为当事人和仲裁员提供一套进行仲裁的行动准则，以便在进行仲裁时有所遵循。

（1）仲裁申请、答辩和反请求

① 仲裁申请

申请仲裁者称为申请人，申请人在请求仲裁时应在申请中写明申请人和被申请人的名称和地址、申请人所依据的仲裁协议、申请人的要求及所依据的事实和证明。

② 答辩和反请求

被申请人对仲裁委员会受理的案件，在收到申请人的申请书后应根据申请书提出的问题逐一进行答辩，并附上有关证明材料。如果被申请人有反请求，应当在收到仲裁申请书之日起 60 天内提出。被申请人应在反请求书中写明其要求及所依据的事实和证据，并附上申请有关的证明文件，被申请人提出反请求时，应按照仲裁规则的规定预缴仲裁费用。

（2）仲裁庭的组成

在双方当事人各自指定一名仲裁员之后（或委托仲裁委员会主任指定），仲裁委员会主任应再指定第三名仲裁员为首席仲裁员，组成仲裁庭共同审理案件。有时也可以由一名双方都可接受的仲裁员单独审理案件，如果双方都同意由一名仲裁员审理而又对人选达不成共识，则由仲裁委员会主任指定。被指定的仲裁员不能与案件有利害关系，如果被指定的仲裁员与案件有利害关系，当事人有权要求该仲裁员回避。

（3）审理

仲裁案件的审理一般应开庭进行。如果双方当事人不愿开庭审理，仲裁庭也认为不必开庭审理的，仲裁庭可以只依据书面文件进行审理并做出裁决。仲裁开庭审理的日期由仲裁庭所在的仲裁委员会秘书局决定，并于开庭前 30 日通知双方当事人。当事人有正当理由的，可以请求延期，但必须在开庭前 12 天向仲裁委员会秘书局提出，再由秘书局转告仲裁庭。

（4）裁决

仲裁庭应当在组庭之日起 9 个月内做出仲裁裁决书。裁决要说明依据的理由，裁决书应当由仲裁庭全体或者多数仲裁员署名，并写明做出裁决书的日期和地点。

（五）仲裁裁决的执行

各国法律均规定，仲裁裁决应由败诉方自动执行，仲裁机构无强制执行裁决的权力和义务。如果败诉方不执行，胜诉方可以请求法院强制执行。一般如果裁决地和败诉方在同一国家，能够比较顺利地执行，反之，执行起来就比较困难。

为使仲裁裁决能够顺利执行，国际上曾签订了一些国际仲裁公约，其中最有影响力的是 1958 年联合国在纽约签订的《承认及执行外国仲裁裁决公约》，目前已有一百多个国家参加了该公约，我国于 1987 年 4 月 22 日加入该公约。公约中规定，凡在缔约国领土内做出的仲裁裁决都可以运用本公约予以执行，在非缔约国领土内做出的仲裁裁决，只要执行地不认为这完全属于其本国仲裁，也可以运用本公约加以执行。我国在批准参加该公约时曾声明了两点保留：①中华人民共和国只在互惠的基础上对在另一缔约国领土内做出的仲裁裁决适用该公约；②中华人民共和国只对根据中华人民共和国法律认定属于契约性和非契约性商事法律关系所引起的争议适用该公约。另外，我国与一些国家签订双边贸易协定时，一般都在贸易协定中规定缔约双方应该设法保证根据适用的法律和规则，承认并执行对方国家的仲裁裁决。根据上述情况，在我国做出的仲裁裁决需要在外国执行时，若对方是与我国签有互相执行仲裁裁决协议的，或者对方是上述公约缔约国并同意执行我国仲裁裁决的，则可顺利执行；否则，我方只有到对方国家的法院请求其强制执行。

(六) 仲裁条款的规定方法

仲裁条款主要包括仲裁地点、仲裁机构、仲裁程序和仲裁裁决的效力等内容，仲裁地点的选择是一个关键问题，因为在一般情况下，在何国仲裁即采用何国的仲裁规则或相关法律。在我国的国际贸易实践中，仲裁地点大致有三种规定方法：①在我国仲裁；②在被告所在国仲裁；③在双方同意的第三国仲裁。关于仲裁的效力，一般应在合同中明确订明：仲裁裁决是终局的，对双方当事人均有约束力。仲裁条款举例如下。

1. 规定在我国仲裁的条款

凡因执行本合同所发生的或与本合同有关的一切争议，双方应通过友好协商解决；如果协商不能解决，应提交中国国际经济贸易仲裁委员会总会，根据该会的仲裁规则进行仲裁。仲裁裁决是终局的，对双方当事人均有约束力。仲裁费用除仲裁庭另有规定外，均由败诉方担负。

2. 规定在被告国仲裁的条款

凡因执行本合同所发生的或与本合同有关的一切争议，双方应通过友好协商解决；如果协商不能解决，应提交仲裁。仲裁在被诉人所在国进行。在中国，由中国国际经济贸易仲裁委员会根据该会仲裁规则进行仲裁。在被诉人所在国的，由被诉人所在国仲裁机构根据该会的仲裁规则进行仲裁。仲裁裁决是终局的，对双方当事人均有约束力。仲裁费用除仲裁庭另有规定外，均由败诉方负担。

3. 规定在第三国仲裁的条款

凡因执行本合同所发生的或与本合同有关的一切争议，双方应通过友好协商解决。如果协商不能解决，应提交第三国及其仲裁机构，根据该会的仲裁规则进行仲裁。仲裁裁决是终局的，对双方当事人均有约束力。仲裁费用除仲裁庭另有规定外，均由败诉方担负。

讨论与思考

A 国的甲公司与 B 国的乙公司签订了购销麻纺织品的合同，约定由甲公司于 2023 年 12 月月底之前交付 200 吨麻纺织品给乙公司，而当乙公司收到 100 吨货物后，于 2023 年 5 月明确通知甲公司由于麻纺织品销路不畅，不会接收甲公司的继续供货。这时甲公司仓库下存麻纺织品 10 吨。甲公司为了盈利，在收到乙公司通知后，继续按双方合同约定为乙公司收购了其余的 90 吨麻纺织品。后因乙公司拒绝接收后 100 吨麻纺织品酿成纠纷。

问：本案谁违约？属于哪种违约行为？本案应如何处理？

思政园地

在国际贸易中，不可抗力是指无法预见、无法避免并无法克服的客观情况下发生的事件。某公司与海外客户签订了一份销售合同，约定了货物交付日期和相关责任。然而，在交货前几天，由于突发性天灾导致工厂停电、道路封锁，无法按时交付货物。根据合同中的不可抗力条款，双方约定在遭遇不可抗力事件时，双方应当及时通知对方，并推迟履行合同义务的时间。双方还约定，在不可抗力事件持续期间，双方不承担违约责任。

这体现了公平、互助和共同承担的价值观。通过合理规定不可抗力条款，可以保障双方在不可抗力事件发生时的权益，并且鼓励双方相互理解和支持。

温故知新

一、名词解释

1. 索赔
2. 不可抗力
3. 仲裁

二、案例分析题

1. 我方售货给美国的甲商，甲商又将货物转手出售给英国的乙商。货抵美国后，甲商已发现货物存在质量问题，但仍将原货经另一艘船运往英国，乙商收到货物后，除发现货物质量问题外，还发现有 80 包货物包装破损，货物短少严重，因而向甲商索赔，据此，甲商又向我方提出索赔。

问：此案中，我方是否应负责赔偿？为什么？

2. 买卖双方以 CIF 价格条件达成一笔交易，合同规定卖方向买方出口商品 5 000 件，每件 15 美元，信用证支付方式付款。商品检验条款规定：“以出口国商品检验局出具的检验证书为卖方议付的依据，货到目的港，买方有权对商品进行复验，复验结果作为买方索赔的依据。”卖方在办理装运、制作整套结汇单据，并办理完结汇手续以后，收到了买方因货物质量与合同规定不符而向卖方提出索赔的电传通知及目的港检验机构出具的检验证明，但卖方认为，交易已经结束，责任应由买方自负。

问：卖方的说法是否正确？为什么？

3. 我国某出口企业以 CIF 纽约条件与美国某公司订立了 500 套家具的出口合同。合同规定当年 12 月交货。11 月月底，我方企业出口商品仓库发生雷击火灾，致使一半左右的出口家具烧毁。我方企业以发生不可抗力事故为由，要求免除交货责任，美方不同意，坚持要求我方按时交货。我方无奈经多方努力，于次年 1 月初交货，美方要求索赔。

试分析：(1) 我方要求免除交货责任的要求是否合理？为什么？

(2) 美方的索赔要求是否合理？为什么？

项目六
履行贸易合同

项目导读

在国际贸易中，买卖双方经过交易磋商、签订合同以后，就进入了合同的履行阶段，双方各自享有合同所规定的权利并承担合同所约定的义务。履行合同是当事人双方的共同责任，是进出口业务中的重要环节。按时、按质、按量履行合同规定的义务，不仅关系到买卖双方各自的权利，而且关系到国家的对外信誉。合同履行涉及出口企业、银行、检验检疫机构、海关、运输、保险、有关政府机构等相关部门，只有各部门通力协作，合同履行才能顺利进行。

合同履行分为出口合同履行和进口合同履行两种情况，本项目分别对出口合同的履行与进口合同的履行进行介绍。

任务一

掌握出口合同履行

学习目标

知识目标： 熟悉出口合同履行的基本程序，掌握其中的基本原则和内容；掌握信用证的审核要点、修改原则以及注意事项。

技能目标： 能够独立履行出口合同；能够独立审核信用证并进行修改。

素质目标： 培养“重合同，守信用”、互利共赢的商业意识；培养基本的法律意识和规则意识，树立国际思维。

情境导入

经过一遍又一遍地请教、核对，彭竣成功签订了与埃塞俄比亚 FOTH 公司的交易合同，接下来他要安排哪些事项才能顺利完成合同的履行？他将会与哪些公司或机构产生业务关系？

出口合同履行如果以 CIF 价格条件成交，以信用证方式付款，其程序一般是：申请出口许可证→备货→催证→收证、审证、改证→托运订舱→检验检疫→报关、保险→装运货物→制单结汇等，程序复杂，环节众多，但概括起来，以货（备货）、证（催证、审证、改证）、船（租船、订舱、报关和保险）、款（制单结汇）4 个环节最为重要。

一、货

（一）备货

出口合同的履行，备货是关键。所谓备货，是指根据出口合同所规定的商品品质、规格、数量、重量、花色品种、包装等要求，按时保质保量准备好货物。其主要内容包括：及时向供货部门或生产企业进行逐一的交代、检查和督促，核实应交货物的品质、规格、数量和交运时间，并进行必要的包装以及刷制运输标志等各项工作。为了使履约的各个环节有条不紊，在获得信用证之后，应立即根据出口贸易合同和来证的各项规定，向生产、加工、仓储等部门填发预先印制好的加工通知单（也称要货合同、工作联系单等），该通知单上的各栏目必须填写清楚，做到各栏内容与信用证和合同条款完全一致，作为确保各有关备货交运部门严格执行的共同依据。在备货交运过程中，应注意以下几点：

（1）对所备货物的品质、规格、花色品种要严格核对，使所交运的货物完全符合合同和信用证的规定，对于不符合要求的货物必须重新加工或调换。

（2）备货数量可适当有余，以备不测，在短缺时可以补足，避免短交。

（3）所备货物的包装必须符合出口合同规定，包括内外包装的方式方法、用料、重量等。由于运输公司按重量或体积计算运费，出口企业应尽量选择重量轻的小体积包装以节省运输费用。随着技术进步，自动仓储环境处理的货物越来越多，货物在运输和仓储过程中，通常由传送带根据条形码自动扫描分拣。因此，应注意根据仓储要求，严格按统一尺寸对货物进行包装或将货物放置在标准尺寸的牢固托盘上，并预先正确印制和贴放条形码。

（4）运输包装的“刷唛”要按买卖双方约定的式样，要求图形和文字清晰、醒目，位置适当，涂料不易脱落和防止错刷。运输标志式样一般由卖方自行制定，并及时通知买方，或在合同上加以说明，以便及时“刷唛”和货到时提货无误。如果在合同上仅规定由买方决定，则要求买方在开出的信用证上注明或发运前10～15天通知卖方，否则卖方可自行决定，并在货物运往装运港前“刷唛”完毕。

（5）货物备妥的时间应结合信用证规定的装运期限和船期安排，做到船货相衔接。

（二）报验

在出口货物备齐后，要根据合同或信用证要求向国家进出口商品检验检疫局申请检验，领取出口商品检验证书。报验的方法可根据商品的不同情况采取送样检验和邀请到产地或仓库检验。商品检验的主要内容有商品的外观和内在质量，如包装、数量、重量、安全性能、卫生等。

申请报验的手续是：凡需要法定检验出口的货物，应填制“出口检验申请单”，向商检局办理申请报验手续。申请报验后，如出口公司发现“申请单”内容填写有误，或因国外进口人修改信用证以致货物规格有变动时，应提出更改申请，并填写“更改申请单”，说明更改事项和更改原因。

货物经检验合格，即由商检局发给检验证书，进出口公司应在检验证书规定的有效期内将货物出运。如超过有效期装运出口，应向商检局申请展期，并由商检局进行复验，经复验合格货物才能出口。

对于一份合同分批装运的商品，一般要分批报验。若商品品质均匀划一，可进行一次性报验，经检验合格后，分批装运。在取得商检证书后，随同报关单送交海关，海关凭证放行。经检验不合格的货物，一般不得出口。

（三）办理托运

在实际业务中，出口企业往往在备齐货物并审核信用证无误后，即开始着手办理租船或订舱、报关和投保等事宜。下面我们仍以按CIF条件成交为例，了解出口企业办理出口货物托运的程序。

出口企业在履行按 CIF 条件成交的出口合同时，对于数量大、需要整船装运的货物，可办理租船手续；对于数量小的零散货物，则洽订班轮舱位。办理出口货物班轮的基本程序如下：

（1）查看船期表，填写出口货物托运单；

（2）船舶公司或其代理人签发装货单；

（3）在取得出口许可证后，提货装船，获取大副收据；

（4）缴纳运费，换取提单；

（5）向进口方发装运通知。

办理货物发运手续前，出口企业应了解和掌握装运港的情况，如港口是否拥挤等，密切注意国际运输的动向。在整个发运过程中，要与外运公司经常取得联系，密切配合，发现问题时共同研究解决，保证如期装船。外运公司定期编制的船期表上载有船名、航线、国籍、抵港日期、截止收单期（简称截单期）、受载日期、停挂港口等内容，是船货衔接的依据，可以作为参考。如果出口货物具有易腐、易燃、易爆等特性，需要租用特种舱位或船舶，应在托运单上加以表明，以便使货物安全装运。

二、证

（一）催证

在按信用证付款条件成交时，买方按约定时间开证是卖方履行合同的前提条件，尤其是大宗交易或按买方要求而特制的商品交易，买方及时开证更为必要，否则，卖方无法安排生产和组织货源。在实际业务中，由于种种原因，买方不能按时开证的情况时有发生，因此，我们应结合备货情况做好催证工作，及时催促对方按约定时间办理开证手续，以便合同的履行。

（二）审证

在实际业务中，由于种种原因，买方开来的信用证常有与合同条款不符的情况，为了维护我方的利益，确保收汇安全和合同的顺利履行，我方应对国外来证按合同进行认真的核对和审查，以确保收汇安全和合同顺利执行，防止我方遭受不应有的损失。

1. 审证的基本原则和依据

审核信用证是银行和外贸企业的共同责任，但审核内容有侧重。银行着重审核开证银行的政治背景、资信能力、付款责任及索汇路线等方面的问题，进出口公司则着重审核信用证与买卖合同是否一致，如有不一致的内容我方能否接受照办等问题。出口商审核信用证的主要依据是国内的有关政策和规定、交易双方成交的合同、国际商会的 UCP600 以及实际业务操作中出现的具体情况。

2. 审证的要求及方法

（1）对开证银行的审核

开证行的政治背景和资信情况不仅与我方能否安全收汇有密切关系，而且还涉及政策问题。凡是政策规定我国不与之进行经济贸易往来的国家银行开来的信用证，均应拒绝接受。对于资信较差的银行，可采取适当的安全措施，如要求另一家银行保兑，分批装运、分批结汇等，减少收汇的风险。

（2）对信用证本身的审核

① 信用证的性质

信用证必须是不可撤销的。可撤销的信用证对卖方的安全收汇不利，因此，若出口方收到的信用证明确表明是可撤销的，就一定要修改。有的来证虽然未注明“可撤销”字样，但却附加了一些与“不可撤销”相矛盾的条款，如“信用证下的款项要在货物清关后才支付”“货物到达目的地并经主管当局检验合格方可支付”等，这些附加条款改变了信用证凭单付款的性质，影响卖方的安全收汇，应要求修改。

② 开证人、受益人的名称是否正确

这两个名称是出口单证中必不可少的，如来证开错应及时修改，以免制单和寄单发生困难，影响收汇。

③ 信用证的有效性

收到信用证后，要检查信用证是否存在限制生效或其他保留条款，如“待收到货样或函/电确认后生效”。

④ 适用的惯例

信用证是否申明所适用的国际惯例。

⑤ 有效期、交单期和装运期

信用证的到期日在业务中常被称为有效期，按 UCP600 的规定，信用证必须规定一个交单的截止日，若没有明确规定，则规定的承付或议付的截止日将被视为交单的截止日。据此，如信用证未规定到期日，则该证无效，不能使用。信用证的到期日是银行承担兑付责任的最迟期限，同时也是约束受益人提交单据的最晚期限，如受益人交单晚于到期日，此信用证也就失效了，银行有权拒付。信用证的到期日应与装运期有一定的时间间隔，以便在装运货物后有足够的时间办理制单结汇工作，通常到期日规定为装运日后的第 15 天。

信用证的交单期是出口商在货物装运后必须向银行交单要求兑付的日期。按 UCP600 的规定，银行有权拒收迟于运输单据日期 21 天后提交的单据，但无论如何，单据必须不迟于信用证的到期日提交。

装运期是指卖方将货物装上运输工具或交付给承运人的日期。若信用证未规定装运期，卖方最迟应在信用证到期日前几天装运。

（3）专项审核

专项审核通常包括以下内容：

① 信用证的币种、金额规定是否与合同一致；

② 信用证中的商品品质、规格、数量、包装等的规定是否与合同一致；

③ 信用证中的运输条款包括装运期限、装运港、卸货港、分批装运与转运的规定是否与合同一致；

④ 保险条款是否可以接受；

⑤ 信用证项下的投保险别和投保金额是否符合合同要求；

⑥ 信用证项下要求受益人提交议付单据包括商业发票、保险单、海运提单、装箱单、原产地证明、检验证书及其他文件，要注意单据由谁出具、能否出具、信用证对单据是否有特殊要求，单据的规定是否与合同条款一致等。

(三) 改证

改证是对已开立的信用证中的某些条款进行修改的行为。信用证的修改可以由开证申请人提出，也可以由受益人提出。由于修改信用证的条款涉及各当事人的权利和义务，因而不可撤销的信用证在其有效期内的任何修改，都必须征得各有关当事人的同意。

信用证的修改应掌握的原则和注意的问题有以下几个。

1. 根据实际情况酌情处理

如合同中规定可以“分批装运”而信用证中规定“不许分批装运”，若实际业务中可以不分批装运，则不须修改该条款。

2. 生效条件

不可撤销信用证的修改必须经各有关当事人全部同意后，方能生效。

3. 保兑行权利和义务

保兑行有权对修改不保兑，但它必须不延误地将该情况通知开证行及受益人。

4. 受益人应对开证申请人提出的修改发出接受或拒绝的通知

根据 UCP600 的规定，受益人对不可撤销的信用证的修改表示拒绝的方法有两种：一是向通知行提交一份拒绝修改的声明书；二是在交单时表示拒绝修改，同时提交仅符合未经修改的原证条款的单据。

5. 修改要求

在同一信用证上，如有多处需要修改的，原则上应一次提出。一份修改通知书包括两项或多项内容，要么全部接受，要么全部拒绝，不能只接受一部分而拒绝另一部分。

6. 修改方式

受益人提出修改信用证，应用电报或电传通知开证人或开证行，同时规定一个修改书到达的时限。

三、船

(一) 出口报关

报关是指出口货物出运前，由发货人或其代理在规定的期限内向海关交验有关单证，办理出口货物申报手续的法律行为。按照《中华人民共和国海关法》规定，凡是进出国境的货物，必须经由设有海关的港口、车站、国际航空站进出，接受海关的监管，经过海关查验、放行后，货物才可提取或者装运出口。

1. 报关范围

按照法律规定，所有进出境运输工具、货物、物品都需要办理报关手续。报关的具体范围如下。

(1) 进出境运输工具

进出境运输工具是指用以载用人员、货物、物品进出境，并在国际运营的各种境内或境外船舶、车辆、航空器和驮畜等。

(2) 进出境货物

进出境货物是指一般进出口货物，保税货物，暂准进出境货物，特定减免税货物，过境、转运和通用及其他进出境货物。

(3) 进出境物品

进出境物品是指进出境的行李物品、邮递物品和其他物品。以进出境人员携带、托运等方式进出境的物品为行李物品；以邮递方式进出境的物品为邮递物品；其他物品主要包括享有外交特权和豁免的外国机构或者人员的公务用品和自用物品等。

2. 报关文件

海关报关文件包括报关单、出口收汇核销单、商业发票、装箱单、装货单等。

(1) 报关单

进出口货物报关单是指进出口货物收发货人或其代理人，按照海关规定的格式对进出口货物的实际情况做出书面申明，以此要求海关对其货物按适用的海关制度办理通关手续的法律文书。它在对外经济贸易活动中具有十分重要的法律地位，既是海关监管、征税、统计以及开展稽查和调查的重要依据，又是加工贸易进出口货物核销，以及出口退税和外汇管理的重要凭证，也是海关处理走私、违规案件，及税务、外汇管理部门查处骗税和套汇犯罪活动的重要证据。报关单样例见附录五。

(2) 出口收汇核销单

出口收汇核销单是由外汇局制发、出口单位凭以向海关出口报关、向外汇指定银行办理出口收汇、向外汇局办理出口收汇核销、向税务机关办理出口退税申报的有统一编号及使用期限的凭证。

(3) 商业发票

商业发票（Commercial Invoice）是出口方向进口方开列发货价目清单，是买卖双方记账的依据，也是进出口报关交税的总说明。商业发票是一笔业务的全面反映，内容包括商品的名称、规格、价格、数量、金额、包装等，同时也是进口商办理进口报关不可缺少的文件，因此商业发票是全套出口单据的核心，在单据制作过程中，其余单据均需参照商业发票缮制。

(4) 装箱单

装箱单（Packing List）是发票的补充单据，它列明了信用证（或合同）中买卖双方约定的有关包装事宜的细节，便于国外买方在货物到达目的港时供海关检查和核对货物，通常可以将其有关内容加列在商业发票上，但是在信用证有明确要求时，就必须严格按信用证约定制作。

(5) 装货单

装货单（Shipping Order）是接受了托运人提出装运申请的船公司，签发给托运人的用以命令船长将承运的货物装船的单据。它既能用作装船的依据，又是货主用以向海关办理出口货物申报手续的主要单据之一，所以又叫关单。对于托运人来讲，它是办妥货物托运的证明。对船公司或其代理来讲，它是通知船方接受装运该批货物的指示文件。

（6）其他单证

不同的货物还可能需要商检证明、贸易合同、货物原产地证明、出口许可证等。

3. 报关期限

报关期限是指货物运到口岸后，法律规定收货人或其代理人向海关报关的时间限制。根据《中华人民共和国海关法》规定，进口货物的报关期限为自运输工具申报进境之日起 14 日内。最后一天为法定节假日或休息日的，顺延至节假日或休息日后的第一个工作日。进口货物的收发货人或其代理人超过 14 天规定期限未向海关申报的，由海关征收滞报金。滞报金应当按日计征，以自运输工具申报进境之日起第 15 日为起征日，以海关接受申报之日为截止日，起征日和截止日均计入滞报期间，另有规定的除外。逾期每日征收进口货物到岸价格的万分之五的滞报金。进口转关货物，应自运输工具申报进境之日起 14 小时内向进境地海关办理转关手续，并在海关限定期限内运抵指运地海关之日起 14 日内办理进口报关手续。

出口货物应在货物装入运输工具的 24 小时之前向海关报关。也就是说，应先报关，后装货，在报关 24 小时之后才能将货物装入运输工具。

进口货物规定报关期限和征收滞报金是为了运用行政手段和经济手段，促使进口货物收货人或其代理人及时报关，加速口岸疏运，使进口货物早日投入生产和使用。出口货物规定报关期限是为了保证海关对出口货物的查验、监管，保证货物及时运输出口。

4. 报关环节

一般进出口货物的报关，可分为五个基本环节，即申报、审核单证、查验、征税及放行。

（1）申报

报关申报是指进口货物的收货人、出口货物的发货人或他们的代理人以书面或电子数据交换（电子口岸）方式向海关报告其进出口货物情况，申请海关审查、放行，并对所报内容的真实准确性承担法律责任的行为。准备好报关用的单证是保证出口货物顺利通关的基础。一般情况下，报关应备单证除出口货物报关单外，主要包括托运单（即下货纸）、发票一份、贸易合同一份、出口收汇核销单及海关监管条件所涉及的各类证件。

（2）审核单证

海关对各种申报单据进行核实，必要时要拆箱（包）查验货物种类、品质、数量、包装等项目。查验时货物所有人或其他代理人必须在场，以便及时处理发现的问题。经核查确定，出口货物符合国家有关法令，海关在有关货运单据上签署放行。

（3）查验

查验是指海关在接受报关单位的申报并已经审核的申报单位为依据，通过对出口货物进行实际的核查，以确定其报关单证申报的内容是否与实际进出口的货物相符的一种监管方式。

（4）征税

征税是指出口货物的发货人或其代理人在规定的期限内向海关缴纳税款。按照我国

《中华人民共和国海关法》的规定，发货人应在海关填发“税款缴纳证”次日起的 14 日内缴纳税款，逾期缴纳的由海关征收滞纳金；超过 3 个月未缴纳的，海关可以责令担保人缴纳税款，或者将货物变价抵缴，必要时通知银行在担保人或者发货人存款内扣缴。

(5) 放行

海关经审核单证和查验货物未发现问题，在应纳税货物完成出口纳税或提供担保后，由海关在有关报关单证和查验货物记录上签章，并在装货单加盖放行印章，准予货物出境。海关放行后，出口企业或其代理即可提取和发运货物。

(二) 装运

发货人取得“放行单”后，可以通知船公司向码头进货，办理装船。装船完成后轮船“大副”签发“大副收据”，发货人凭此向船公司换取正式签发的提单。发货人根据合同规定向进口商发出“装船通知”。装船通知也叫装运通知，是出口商在货物装船后发给进口方的包括货物详细装运情况的通知，其目的在于让进口商做好筹措资金、购买保险和接货的准备。这项通知大多以电报方式发出，也有航邮方式。如果卖方未及时发送上述装船通知给买方而使其不能及时办理保险或接货，卖方就应负责赔偿买方由此引起的一切损害及损失。特别是按 CFR 或 CPT 条件成交时，卖方交货后更应及时向买方发出装船通知。这一条款的规定可以明确双方责任，使双方相互配合并做好船货衔接，融洽双方业务关系。

(三) 出口投保

按 CIF 条件成交的出口合同，应由出口企业为货物办理保险。在货物装船前，须及时向保险公司办理投保手续，投保时要防止漏保和错保，以免遭受不必要的损失。投保一般首先由出口企业填写投保单，根据信用证规定，逐项如实地表明货物名称、数量、险别、保额、起讫地点、保险期限、投保人名称等，然后交由保险公司签发正式保险单。货物投保后，如在运输途中遇到不测风险，投保人即可按照保险单规定的权利和义务向保险公司提出索赔。该保险单既是索赔的主要依据，也是向银行议付货款必不可少的单据。

四、款

(一) 出口单证工作概述

采用信用证支付方式凭单付款是信用证主要特征之一。出口货物发运后，卖方应立即按信用证规定，备齐各种单据和证书，并在信用证规定的有效期和交单期内送交银行办理议付结汇。

1. 出口单证工作的重要性

在信用证支付方式下，银行在履行付款义务时要求出口人所提交的单据必须符合信用证规定，即使货物在运输途中受损或根本没有到达买方，银行也一样承担付款责任；反之，即使货物完好无缺地到达买方，而单单或单证不一致，银行也同样拒付货款。

在托收方式下，进口商也要凭必要的和符合买卖合同规定的单据付款，若单据不符合合同要求，也有可能被进口商借口拒付。因此，正确地缮制出口单证是卖方安全收汇的基础和保证。

2. 出口单证工作的基本要求

出口单证应符合正确、完整、及时、简明、整洁的要求。

（1）正确

它是所有单证工作的前提，要求制作的单据应首先满足单单、单证一致，其次各种单据应符合国际贸易惯例与行业法规的要求，当然，也要单证与贸易合同相符，但其相符的前提必须是单单一致，单证相同。

（2）完整

完整指一笔业务所涉及全部单据的完整性，主要是内容完整、份数完整、种类完整。凭单证买卖的合同或信用证都会明确要求出口方需提交哪些单据、各提交几份、有无正副本要求、是否给予背书及应在单证上标注的内容，这些都必须引起出口方重视，避免银行或进口方拒付。

（3）及时

及时指进出口单证的工作时间很强，各种单证都要有一个适当的出单日期。要做到及时制单、及时审单、及时交单、及时收汇。

（4）简明

简明指单证制作要按规定填制，力求简明扼要，有利于提高工作效率与单证的质量。单证中不应该出现与其无关的内容，以免误导客户，造成一些不必要的麻烦。

（5）整洁

整洁指单据应清楚、干净、美观，单据的格式设计合理、内容排列主次分明。不应有涂抹现象，若必须涂改的话，则应签盖更正章。

讨论与思考

某外贸公司与澳大利亚客商签订一份销售合同，目的港为悉尼。由于单证员疏忽，制单时误填为墨尔本，以致进口货物到达错误港口。

问：这种疏忽会给我方带来什么经济影响？

(二) 我国出口结汇的三种做法

1. 收妥结汇

收妥结汇又称“先收后付”，是指议付行收到出口企业的出口单据后，经审查无误，将单据寄交国外付款行索取货款，待收到付款行将货款拨入议付行账户通知书时，即按当时外汇牌价折成人民币拨给出口企业的行为。

2. 定期结汇

定期结汇是指议付行根据向国外付款行索偿所需时间，预先确定一个固定的结汇期限（7 到 14 天不等），到期后主动将票款金额折成人民币付给出口企业的行为。

3. 出口押汇

出口押汇也称“买单结汇”或“议付”，是指议付行在审单无误的情况下，按信用证条款买入受益人（出口企业）的汇票和单据，从票面金额中扣除从议付日到估计收到票款之日的利息，将余款按议付日牌价折成人民币拨给出口公司的行为。议付行向受益人垫付资金，买入跟单汇票后，即成为汇票持有人，可凭票向付款行索取票款。银行同意做出口押汇，是为了对出口公司提供资金融通，有利于出口公司的资金周转。在出口押汇方式下，出口地银行买入跟单汇票后面临开证行自身的原因或对单据的挑剔而拒付的风险。因此，目前我国银行只对符合以下条件的出口信用证业务作押汇：①开证行资信良好；②单证相符的单据；③可由议付行执行议付、付款或承兑的信用证；④开证行不属于外汇短缺或有严重政治经济危机的国家和地区。

（三）主要单证的制作说明

1. 汇票

汇票（Draft）是国际贸易结算中使用的一种资金单据，是取得付款的凭证。

2. 商业发票

商业发票（Commercial Invoice）是出口方向进口方开列发货价目清单，是买卖双方记账的依据，也是进出口报关交税的总说明。商业发票是一笔业务的全面反映，内容包括商品的名称、规格、价格、数量、金额、包装等，同时也是进口商办理进口报关不可缺少的文件，因此商业发票是全套出口单据的核心，在单据制作过程中，其余单据均需参照商业发票缮制。

3. 装箱单

装箱单是发票的补充单据，它列明了信用证（或合同）中买卖双方约定的有关包装事宜的细节，便于国外买方在货物到达目的港时供海关检查和核对货物，通常可以将其有关内容加列在商业发票上，但是在信用证有明确要求时，就必须严格按信用证约定制作。

4. 提单

提单是作为承运人和托运人之间处理运输中双方权利和义务的依据。虽然一般它不是由双方共同签字的一项契约，但就构成契约的主要项目，如船名、开航日期、航线、靠港以及其他有关货运项目，运价和运输条件等，承运人也应事先规定。因此在托运人或其代理人向承运人定舱的时候就认为契约即告成立，所以虽然条款内容由承运人单方拟就，托运人也应当认为双方已认可，即成为运输契约。

5. 保险单

保险单（Insurance Policy）简称为保单，是保险人与被保险人订立保险合同的正式书面证明。保险单必须完整地记载保险合同双方当事人的权利义务及责任，其记载的内容是合同双方履行的依据。保险单是保险合同成立的证明。

6. 产地证

产地证又称原产地证明，它是证明中国出口货物符合《中华人民共和国进出口货物原产地规则》，货物确系中华人民共和国原产的证明文件。主要有一般原产地证书（简称产地证）和普惠制产地证两种。一般原产地证书由中国国际贸易促进委员会或国家市场监督管理总局出具，两个机构出具的性质、作用、内容一样。普惠制产地证由各地出入境检验检疫机构签发。

7. 装船通知及受益人证明

（1）装船通知

装船通知（Shipping Advice/Notice of Shipment）也叫装运通知，主要指的是出口商在货物装船后发给进口方的包括货物详细装运情况的通知，其目的在于让进口商做好筹措资金、购买保险和接货的准备。

（2）受益人证明

受益人证明（Beneficiary's Certificate）是一种由受益人自己出具的证明，以便证明自己履行了信用证规定的任务，或证明自己按信用证的要求办事，如证明所交货物的品质、证明运输包装的处理、证明按要求寄单等。

思政园地

2022年1月，某服装进出口公司（中方甲）作为卖方向墨西哥某外贸公司（墨方乙）出售一批运动衫，数量50 000件，合同采用的贸易条件为FOB 上海。双方还约定这批货物应当在当年的3月15日前交付给墨西哥某外贸公司指定的承运人以便运输。2022年3月9日，甲将生产好的50 000件运动衫分别装在1 000个纸箱中，交付乙指定的承运人——某远洋运输公司（潜方丙）的惠兴轮进行运输。惠兴轮的船长在对这批货物进行了初步的检查以后，向甲签发了清洁提单，甲收到清洁提单后到银行议付了货款。但是，当这批运动衫运抵墨西哥后，乙立即对这批货物进行了检查，结果发现有大约100余个纸箱出现了运动衫数量短少的情况，短少的数量从几件到几十件不等。乙随后又立即请一家商品检验机构对这批货物进行了检验，这家商品检验机构也随即出具了有关这批货物数量短少的证明。乙根据双方在买卖合同中签订的仲裁条款，向某国际经济贸易仲裁机构提交了仲裁申请。

中方甲答辩称：①有承运人丙的清洁提单；②FOB 风险自货越船舷转移；③墨方单方验货不公平，不接受。承运人港方辩称：①航运中无过失；②出具中方保函一份。原来在甲准备交付货物的时候，交货的最终期限已经临近，为了及时交货，特别是为了让承运人立即签发提单以便该公司能够马上到银行议付货款，甲就在承运人并未对全部货物进行检查的情况下要求丙出具清洁提单，并且保证因货物残损短缺而导致的一切损失都由甲承担。

问：1. 此案谁应承担违约责任？为什么？

2. 墨方该向谁索赔？为什么？

3. 墨方可以如何请求对方承担违约责任？

4. 在此次合同纠纷中，应注意什么？吸取什么教训？

温故知新

一、名词解释

1. 有效期
2. 交单期
3. 报检
4. 报关
5. 商业发票
6. 提单

二、简答题

1. 在国际贸易中，卖方严格按合同交货有何重要意义？
2. 卖方审核信用证的依据是什么？审核信用证的主要内容有哪些？
3. 在采用 CIF 条件成交、信用证方式支付的出口合同中，我方安排出口货物装运时需要经过哪些环节？具体做法是什么？
4. 我国出口结汇的具体做法是什么？

三、案例分析题

1. 某公司与国外客户签订了一批合同，规定按照 CIF 条件，即期信用证支付方式。合同规定 11 月装运，但未规定具体开证日期，后因该商品市场价格趋降，外商便拖延开证。我方为了防止延误装运期，从 10 月中旬起多次催开信用证，终于使该商在 11 月 16 日开来了信用证。但由于该商品开证太晚，我方安排装运困难，遂要求对方将信用证的装运期和议付有效期进行修改，分别推迟一个月，但外商拒不同意，并以我方未能按期装运为由单方面宣布解除合同，我方也就此作罢。

问：我方处理是否得当？应从中吸取哪些教训？

2. 我方某进口企业与某外商磋商进口机械设备交易一宗，经往来电传磋商，已就合同的基本条款初步达成协议，但在我方最后所发表示接受的电传中列有“以签署确认书为准”的文字。事后，外商拟就合同书要我方确认，但由于对某些条款的措辞尚待进一步商讨，同时又发现该商品的市场价格趋疲，用货部门也有换购性能更好的他种设备的意图，因此未及时给予答复。外商又连续来电催开信用证，我方回答拒绝开证。

问：我方拒绝开证的理由是否合理？

3. 上海某外贸公司与日商签订一份出口合同。我方按合同规定的品质、数量、交货时间等条件履行合同后，持全套单据进行了议付。货到达目的地，日商发现货物数量短缺，便直接向我方提出索赔，我方对此予以拒绝。

问：我方拒绝是否合理？为什么？

4. 我方某外贸公司以 CIF 鹿特丹条件与外商成交出口一批货物，按发票金额 110%投保一切险及战争险，售货合同中的支付条款只简单填写“信用证方式支付”，国外来证条款中有如下文句：Payment under this credit will be made by us only after

arrival of goods at Rotterdam。但受益人在审证时未发现，因此未请对方修改删除，该外贸公司在交单时，银行也未提出异议。不幸的是，60%货物在运输途中被大火烧毁，船到目的港后，开证行拒付全部货款。

问：银行这种做法是否合理?

任务二

熟悉进口合同履行

学习目标

知识目标：熟悉进口业务流程。

技能目标：能够独立完成进口业务各阶段的具体工作。

素质目标：培养“重合同，守信用”、互利共赢的商业意识；培养基本的法律意识和规则意识，树立国际思维。

情境导入

12月10日，长沙卡特尔环保科技有限公司与南非达成交易合同，向其进口碧根果1 500箱，由彭竣负责跟踪该笔进口合同的履行。他需要对接哪些机构、完成哪些手续才能顺利完成该笔进口业务？

国际货物买卖合同中，买方的基本义务是接货、付款。目前我国进口合同大多以FOB条件成交，以信用证方式结算货款。买方的接货义务主要是指按时派船接货和按时开立符合合同的借用证。买方在履行合同义务的同时，应注意及时和卖方接洽，督促其按合同履行交货义务。进口环节中还包括保险、审单付款、报关、检验以及可能的索赔等事项，进口商应与各有关部门密切配合，逐项完成。

一、开立信用证

（一）申请开证

进口合同签订后，由进口方填写开证申请书向银行办理开证手续。开证申请书是银行开立信用证的依据，也是申请人和银行之间的契约关系的法律证据。开证申请书包括两个部分。

1. 信用证的内容

信用证的内容包括受益人的名称、地址，信用证的性质、金额，汇票内容，货物描述，运输条件，所需单据的种类、份数，信用证的交单期、到期日和地点，信用证通知方式等。

2. 声明

申请人对开证银行的声明通常固定印制在开证申请书上。

(二) 开证注意事项

1. 信用证的内容应是完整的、自足的

信用证内容应严格以合同为依据，对于应在信用证中明确的合同中的贸易条件，必须具体列明，不能使用“按××号合同规定”等类似的表达方式。由于信用证是一个自足文件，有其自身的完整性和独立性，不应参照或依附于其他契约文件。

2. 信用证的条件必须单据化

UCP600 规定：“如信用证载有某些条件，但并未规定需提交与之相符的单据，银行将视这些条件为未予规定而不予置理”。因此，进口方在申请开证时，应将合同的有关规定转化成单据，而不能照搬照抄。比如，合同中规定货物按不同规格包装，则信用证中应要求受益人提交装箱；合同规定以 CFR 条件成交，信用证应要求受益人提交的清单已装船提单上应注明运费已付等。

3. 按时开证

如合同规定开证日期，进口方应在规定期限内开立信用证；如合同只规定了装运期的起止日期，则应让受益人在装运期开始前收到信用证；如合同只规定了最迟装运日期，则应在合理时间内开证，以使卖方有足够时间备妥货物并予出运。通常掌握在交货期前一个月至一个半月左右。

4. 关于装船前检验证明

由于信用证是单据业务，银行不过问货物质量，因而可在信用证中要求对方提供双方认可的检验机构出立的装船前检验证明，并明确规定货物的数量和规格。如果受益人所交检验证明的结果和证内规定不符，银行即可拒付。

5. 其他规定

信用证未明确说明的相关事项，可参考 UCP600 规定。

二、运输

以 FOB 条件成交时，由买方负责租船订舱。我国外贸公司大都通过外运代理机构办理此项业务，也可直接向中国远洋运输公司等实际承运人置办。

在办理运输时应注意船货衔接。通常由卖方在交货期前的一定时间内将预期货物备妥待装的日期通知买方，买方按该通知规定的日期及时通过运输代理或自行办理租船订舱手续。在接到船方配舱口单后，应立即向卖方发出派船通知，告知船名及船期，以便卖方按照船期安排装船。

按《国际贸易术语解释通则》规定，卖方装船后应向买方发出货物已交至船上的充分通知，以便买方准备接货，通知一般应列明合同号、货名、数量、金额、船名及启航日期，买方据此资料办理保险。

三、保险

（一）预约保险

为了简化投保手续，防止漏保，我国外贸公司和经常有货物进口的企业常与保险公司订有预约保险合同（Open Police）。该合同对进口货物的投保险别、保险费率、赔付方法和承保货物的范围都作了具体的规定。

在预约保险合同规定范围内的货物，一经起运，保险公司即启动承担保险责任。外贸企业在接到国外卖方的装船通知后，应立即填制预约保险启运通知书或将装船通知送达保险公司，完成投保手续。

（二）逐笔投保

未与保险公司签订预约保险合同的企业，对进口货物需逐笔办理保险，进口企业在收到国外卖方的装船通知后应立即填制投保单或装货通知单。投保单的内容包括货物名称、数量、保险金额、投保险别以及船名、船期、启运日期和估计到达日期、装运港和目的港。保险公司接受承保后将签发一份保险单作为双方之间保险合同的证明文件。

（三）进口货运保险的责任起论

对于进口货物，买卖双方的风险责任以装运港海轮船舷为界。在货物装船前，物权和风险责任都属于卖方；货物装船后，买方承担货物的风险责任。故而，在货物装船前买方不具有保险利益，即使买方在此之前已向保险公司投保，保险公司也不承担保险责任。一般情况下，保险公司对于由进口方投保货物的保险责任是从货物越过船舷（实际业务中为装船）开始，一直到货物运抵目的地仓库，或卸离海轮后六十天终止。必要时还可由投保人申请延长保险期限六十天，但散装货、活牲畜和新鲜果蔬等商品的保险责任在目的港卸离海轮时终止。

四、审单

以信用证方式结算时，出口商必须提交与信用证相符合的单据。开证行和进口方都必须对全套单据进行审核，银企双方应密切配合。主要单据审核要点各有不同。

（一）汇票

信用证名下汇票应加列出票条款（Drawn Clause），说明开证行、信用证号码及开证日期。汇票金额应与信用证规定相符，一般应为发票金额。如单据内含有佣金或货款部分托收，则按信用证规定的发票金额的百分比开列，金额的大小写应一致。国外开来的汇票也可以只有小写。

汇票付款人应为开证行或指定的付款行。若信用证未规定，应以开证行为付款人，不应以申请人为付款人。出票人应为信用证受益人，通常为出口商，收款人通常为议付银行。

汇票付款期限应与信用证规定相符。出票日期必须在信用证有效期内，不应早于发票日期。

（二）提单

提单必须按信用证规定的份数全套提交，如信用证未规定份数，则一份也可算全套。提单应注明承运人名称，并经承运人或其代理人，或船长或其代理人签名。除非信用证特别规定，提单应为清洁已装船提单。若为备运提单，则必须加上装船注记（Shipped on Board）并由船方签署。

以 CFR 或 CIF 条件成交，提单上应注明运费已付。提单的日期不得迟于信用证所规定的最迟装运日期，提单上所载件数、运输标志、数量、船名等应和发票一致，货物描述可用总称，但不得与发票货名相抵触。

（三）商业发票

发票应由信用证受益人出具，无须签字，除非信用证另有规定。商品的名称、数量、单价、包装、价格条件、合同号码等描述，必须与信用证严格一致。发票抬头应为开证申请人。商业发票必须记载出票条款、合同号码和发票日期。

（四）保险单

保险单正本份数应符合信用证要求，全套正本应提交开证行，投保金额、险别应符合信用证规定，保险单上所列船名、航线、港口、起运日期应与提单一致。应列明货物名称、数量、运输标志等，并应与发票、提单及其他货运单据信息一致。

（五）产地证

产地证由信用证指定机构签署。产地证上货物名称、品质、数量及价格等有关商品的记载应与发票一致，签发日期不得迟于装船日期。

（六）检验证书

检验证书由信用证指定机构签发。检验项目及内容应符合信用证的要求，检验结果如有瑕疵，可拒绝受理。检验日期不得迟于装运日期，但也不得距装运日期过早。

五、付款和拒付

信用证受益人在发运货物后应将全套单据经议付行寄交开证行（或保兑行）。如开证行审单后认为单证一致、单单一致，即应予以即期付款或承兑或于信用证规定的到期日付款，开证行付款后无追索权。如开证行审单后发现单证不符或单单不符，应于收到单据次日起七个工作日内以电讯方式通知寄单银行，说明单据的所有不符点，并说明是否保留单据以待交单人处理或退还交单人。对于单证不符的，按 UCP600 规定处理相关问题。

六、接货

接货包括监卸和报验。进口企业通常委托货运代理公司办理接货业务，可以在合同和信用证中指定接货代理，出口商在填写提单时，应在被通知人栏内填上被指定的货运代理公司的名称和地址。船只抵港后，船方按提单上的地址，将“准备卸货通知”（Notice of Readiness to Discharge）寄交接货代理，接货代理应负责现场监卸。

如果未在合同或信用证中明示接货代理，也可由进口方在收到船方通知寄来的“准备卸货通知”后自行监卸。但大多情况下，仍可委托货运代理公司作为收货人的代表现场监卸。

七、报关

进口企业可自行报关，也可委托货运代理公司或报关行代理报关。我国《中华人民共和国海关法》规定，进口货物收货人应当自载运该货物的运输工具申报进境之日起 14 日内向海关办理进口申报手续，超过 14 日期限来向海关申报的从第 15 日起按日征收 CIF 价格 5‰的滞报金。

进口报关需填写“进口货物报关单”并随同交验下列单据：①进口许可证和国家规定的其他批准文件；②提单或运单（结关后由海关加盖放行章发还）；③发票；④装箱单；⑤减税、免税或免验的证明；⑥报验单或检验证书；⑦产地证；以及其他海关认为有必要提供的文件。

海关接受申报后对进口货物实施查验，核对实际进口货物是否与相关单证所列一致。进口货物接受查验并缴纳关税后，由海关在货运单据上签章放行，即为结关。收货人或其代理可持海关签章的货运单据提取货物。

八、担保放行和保税货物

（一）担保放行

进口公司如果因各种原因不能在报关时交验有关单证，可以向海关提交保证金或保证函，申请海关先放行货物，后补办手续。海关经审查同意后，在货运单据上签章放行，收货人提货后可以投入生产和使用，但必须及时补办报关纳税手续。在此之前，不得将货物出售、转让或移作他用。

（二）保税货物

保税货物指经海关批准未办理纳税手续进境，在境内储存、加工、装配后复运出境的货物。返销产品的中小型补偿贸易、来料来件加工装配业务，以及部分进料加工贸易其进口料、件和设备都可以作为海关保税货物。料、件自进口加工之日起至加工成品出口之日止，有关设备自进口之日起至全部偿还并按海关规定期限解除监管止，均应接受海关监管。

九、索赔

在进口业务中，有时会发生卖方不按时交货，或所交货物的品质、数量、包装与合同规定不符的情况，也可能由于装运保管不当或自然灾害、意外事故等致使货物损坏或短缺，进口方可因此向有关责任方提出索赔。

思政园地

2021年1月，在第四届中国国际进口博览会期间，国家开发投资集团有限公司（以下简称国投）采购分团举办进口贸易对接会暨签约仪式。国投坚持以“和平、发展、合作、共赢”的理念，持续加深与海内外伙伴，在重要领域、关键行业和国际业务上的合作，共同破解当前世界经济、国际贸易和投资面临的问题，共商合作大计，共建合作平台，共享合作成果，共促世界经济复苏与增长。

国投董事长对社会各界代表给予国投贸易的支持和帮助致以感谢并表示，作为国投集团贸易、新材料产业整合平台和参与“一带一路”倡议的平台，国投贸易将持续秉承积极合作、互利共赢的发展理念，聚焦服务国计民生的大宗物资、优势商品高端细分市场领域，坚持“专业化、市场化、国际化”发展道路，积极拓展国际业务，构建全球合作伙伴关系，与国内外伙伴共享进口博览会带来的新动力、新思路和新方向。

温故知新

一、单项选择题

1. 我方进口货物时通过银行向国外开出信用证（　　）。
   A. 应力争银行费用由受益人负担
   B. 应按照国际惯例由开证申请人负担银行费用
   C. 应力争中国以外，银行费用由受益人负担
   D. 应让开证银行负担银行费用
2. 下列各项中，我方进口商不能向卖方提出索赔的情况是（　　）。
   A. 包装不良致使货物受损　　B. 货物的规格与合同不符
   C. 货物数量少于提单所载数量　　D. 原装数量不足

二、思考题

在信用证方式结算下，以FOB条件成交的进口业务的流程是怎样的？

附录

附录一

长沙卡特尔环保科技有限公司销售合同

KINGKAR **KingKar Eco-technologies Co., Ltd**
Add: Zhongyang International Building, Yuhua District, Changsha City, China

SALES CONTRACT

The Seller: **KINGKAR ECO-TECHNOLOGIES CO., LTD**
Address: **ZHONGYANG INTERNATIONAL BUILDING, YUHUA DISTRICT, CHANGSHA, CHINA**
S/C No.: **KINGKAR210226M** Date: **26th, Feb., 2021**
Tel: **0086 731 89870167** Fax: **0086 731 89870169** Mobile: **0086 138 7319 2676** Sign at: **CHINA**

The Buyer: **Clean Sky Trading Company Ltd**
Address: **Gasabo District, City of Kigali, Saaf House, 2nd Floor, Rwanda**
Contact: **Eng. Mbonigaba Innocent** Tel: **+250 788610446, 788625467**

The Seller agrees to sell and the Buyer agrees to buy the under mentioned goods on the terms and conditions stated below:

(1) Names of Commodity, Specifications, Packing, and Shipping mark	(2) Quantity	(3) Unit Price	(4) Total Amount
1. Names of Commodity & Specifications:		CIF KIGALI	
HHO Carbon Cleaner Machine（Art No.6.0）	1 SET	USD 6,000.00/SET	USD 6,000.00
HHO Carbon Cleaner Agent （Art No.6.0）	3 CARTONS	USD 864.00/CARTON	USD 2,592.00
Emission Tester Device	1 SET	USD 2,585.00/SET	USD 2,585.00
Sea shipping cost to Kigali		USD 1,100.00	USD 1,100.00
2. Packing: Plywood pallet and carton			=============
3. Shipping mark: N/M			USD 12,277.00
SAY US DOLLAR TWELVE THOUSAND TWO HUNDRED AND SEVENTY SEVEN ONLY			

(5) Country of origin and manufacturer: Made in China.
(6) HS Code: 84051000 for HHO machine, 34021200 for HHO agent.
(7) Terms of Payment: by T/T, 50% paid when confirming purchase, balance before delivery.
(8) Delivery time: within 10 working days since receiving T/T payment.
(9) Insurance:To be covered by The Seller for 110% of the inovice value covering All Risks as per CIC of PICC dated 01/01/1981.
(10) Notice: The Buyer should check the machine on the spot when receiving from shipping company, and be sure that the machine is well received. If any damage during shipping, please take pictures & videos, and reflect the status to the shipping company & insurance company for a claim indemnity.

BANK ACCOUNT
Beneficiary Name: KINGKAR Eco-technologies Co., Ltd
Beneficiary Address: 8 Shenton Way, #45-01, AXA Tower, Singapore 068811
Bank Name: Citibank N.A. Singapore Branch
Bank Address: 08 Marina View #16-01 Asia Square Tower 1 Singapore 018960
Account Number: 1037023857452
Swift Code: CITISGSGXXX or CITISGSG
Bank Code: 7214 (Branch Code: 001)

The Seller's Signature (stamp: KINGKAR ECO-TECHNOLOGIES CO. 长沙卡特尔环保科技有限公司) The Buyer's Signature Eng.

商业发票

KINGKAR ECO-TECHNOLOGIES CO.,LTD.

ZHONGYANG INTERNATIONAL BUILDING, YUHUA DISTRICT, CHANGSHA, CHINA

TEL: (+86)731 89870167 FAX: (+86)731 89870169

COMMERCIAL INVOICE

TO: CLEAN SKY TRADING COMPANY LTD
ADDRESS: GASABO DISTRICT, CITY OF KIGALI, SAAF HOUSE, 2ND FLOOR, RWANDA
CONTACT: ENG. MBONIGABA INNOCENT
TEL: +250 788610446, 788625467

INVOICE NO: IN210226M
DATE: MARCH 20,2021
FROM: SHENZHEN,CHINA
TO: KIGALI，RWANDA

MARKS	DESCRIPTION OF GOODS	QUANTITY	UNIT PRICE CIF KIGALI (USD)	AMOUNT (USD)
N/M	HHO CARBON CLEANER MACHINE (ART NO. 6.0)	1 SET	6,000.00	6,000.00
	EMISSION TESTER DEVICE	1 SET	2,585.00	2,585.00
	HHO CARBON CLEANER AGENT (ART NO. 6.0)	3 CARTONS	864.00	2,592.00
SHIPPING COST TO KIGALI				1,100.00
TOTAL:				12,277.00
SAY TOTAL US DOLLAR TWELVE THOUSAND TWO HUNDRED AND SEVENTY SEVEN ONLY				

COUNTRY OF ORIGIN AND MANUFACTURER : MADE IN CHINA.

附录三

装 箱 单

KINGKAR ECO-TECHNOLOGIES CO.,LTD.

ZHONGYANG INTERNATIONAL BUILDING, YUHUA DISTRICT, CHANGSHA, CHINA

TEL: (+86)731 89870167 FAX: (+86)731 89870169

PACKING LIST

TO: CLEAN SKY TRADING COMPANY LTD
ADDRESS: GASABO DISTRICT, CITY OF KIGALI, SAAF HOUSE, 2ND
FLOOR RWANDA
CONTACT: ENG. MBONIGABA INNOCENT
TEL: +250 788610446,788625467

INVOICE NO: IN210226M

DATE: MARCH 20,2021

FROM: SHENZHEN,CHINA

TO: KIGALI, RWANDA

MARKS AND NUMBER	DESCRIPTION OF GOODS	PALLETS	PACKAGE	QUANTITY	N.WEIGHT (KGS)	G.WEIGHT (KGS)	MEASUREMENT (CMB)
N/M	HHO CARBON CLEANER MACHINE (ART NO. 6.0)	1PALLETS	1	1 SET	180.00	200.00	1.207
	HHO CARBON CLEANER AGENT (ART NO. 6.0)	1PALLETS	3	432BOTTLES	35.00	40.00	
	EMISSION TESTER DEVICE		1	1SET	23.00	26.00	
TOTAL		2 PALLETS			238.00	266.00	1.207
SAY TOTAL TWO PALLETS ONLY							

附录四

货物运输保险单

中国平安 PINGAN

金融·科技

中国平安财产保险股份有限公司

货物运输保险单

CARGO TRANSPORTATION INSURANCE POLICY

Claim documents please mail to:
Marine Claim Section ,National
Integrated
Operation Center, Ping An
(Group)Company of China, Ltd.
P. O>BOX201-003,
Shanghai 201203, P. R. China
Tel:+86-755-95512
Fax:+86-21-5027 4783
E-mail:marine-claim@Pingan. com. cn

◆以下信息来源于您的投保申请，是为您提供理赔及售后服务的重要依据，请务必仔细核对，如有错误或遗漏请立刻拨打95511申请修改。
Please confirm the accuracy of following information to ensure that we can provide effective claim and other service accordingly.
Should you have any query, please contact us by +86-755-95511.

被保险人：KINGKAR ECO-TECHNOLOGIES CO., LTD
Insured:

通讯地址及邮编：ZHONGYANG INTERNATIONAL BUILDING, YUHUA DISTRICT, CHANGSHA, CHINA
Address:

中国平安财产保险股份有限公司根据被保险人的要求及其所交付的保险费，按照本保险单背面所载条款与下列特款，承保下述货物运输保险，特立本保险单。

This Policy of insurance witnesses that Ping An Property & Casualty Insurance Company Of China, LTD, at the request of the Insured and in consideration of the agreed premium paid by the Insured, undertakes to insure the undermentioned goods in transportation subject to the conditions of Policy as per the clauses printed overleaf and other special clauses attached hereon.

保单号 Policy No.	10222083901248122521	赔款偿付地点 Claim Payable at	KIGALI, RWANDA
发票或提单号 Invoice No. or B/L No.	SZSKGL104020101	查勘代理人 Survey by:	PLEASE APPLY TO LOCAL LLOYD'S SURVEYOR OR COMPETENT INSPECTION ORGAN FOR SURVEY ON LOSS/DAMAGE AND SEND CLAIM DOCUMENTS TO US DIRECTLY.
运输工具 Per Conveyance S.S.	WAN HAI 267 / S316		
起运日期 Slg. on or abt	AS PER B/L　　自 From　SHEN ZHEN		
	至 To　KIGALI		

保险金额 Amount Insured　USD13, 504. 70　(USD THIRTEEN THOUSAND FIVE HUNDRED AND FOUR AND CENTS SEVENTY ONLY)

保险货物项目、标记、数量及包装：
Description, Marks, Quantity & Packing of Goods:
HHO CARBON CLEANER MACHINE
84051000
EMISSION TESTER DEVICE
9030400000
HHO CARBON CLEANER AGENT
34021200
HHO
2 PACKAGES

承保条件：
Conditions:
COVERING ALL RISKS AS PER OCEAN MARINE CARGO CLAUSE.
1. Warehouse to port

签单日期 Date of Issue:　Apr 03, 2021

IMPORTANT

PROCEDUREIN THE EVENT OF LOSS OR DAMAGE FOR WHICH UNDERWRITERS MAY BE LIABLE

LIABILITY OF CARRIERS, BAILEES OR OTHER THIRD PARTIES

It is the duty of the Assured and their Agents, in all cases, to take such measures as may be reasonable for the purpose of averting or minimizing a loss and to ensure that all rights against Carriers. Bailees or other third parties are properly preserved and exercised. In particular, the Assured or their Agents are required:

1. To claim immediately on the Carriers, Port Authorities or other Bailees for any missing packages.
2. In no circumstances, except under written protest, to give clean receipts where goods are in doubtful condition.
3. When delivery is made by Container, to insure that the Container and its seals are examined immediately by their responsible official. If the Container is delivered damaged or with seals broken or missing or with seals other than as state in the shipping documents, to clause the delivery receipt accordingly and retain all defective or irregular seals for subsequent identification.
4. To apply immediately for survey by Carriers' or other Bailees' Representatives if any loss or damage be apparent and claim on the Carriers or other Bailees for any actual loss or damage found at such survey.
5. To give notice in writing to the Carriers or other Bailees within 3 days of delivery if the loss or damage was not apparent at the time of taking delivery.

NOTE: The Consignees or their Agents are recommended to make themselves familiar with the Regulations of the Port Authorities at the port of discharge.

DOCUMENTATION OF CLAIMS

to enable claims to be dealt with promptly, the Assured or their Agents are advised to submit all available supporting documents without delay, including when applicable:

1. Original policies of insure.
2. Original or certified copy of shipping invoice, together with shipping specification and / or weight notes.
3. Original or certified copy of Bill of Lading and /or othercontract of carriage.
4. Survey report or other documentary evidence to show the extent of the loss or damage.
5. Landing account and weight notes at port of discharge and final destination.
6. Correspondence exchanged with the Carriers and other Parties regarding their liability for the loss of damage.

In the event of loss or damage which may involve a claim under this insurance, no claim shall be paid unless immediate notice of such loss or damage has been given to and a Survey Report obtained from this Company's Office or Agents specified in this Policy.

For and on behalf of
PING AN PROPERTY & CASUALTY INSURANCE COMPANY OF CHINA, LTD.

中国平安财产保险股份有限公司
PING AN PROPERTY & CASUALTY INSURANCE COMPANY OF CHINA, LTD.
保单专用章
Authorized Signature
SPECIAL SEAL FOR POLICY

复核：HEJIFYI297　　制单：P_SEKBWL_GP

签单地址及电话 Issuing Address & Tel.　songjiang　021-37632267

Anti-Forgery Code: xJ5LjtL5dtsN4T77N9

附录五

出口货物报关单

中华人民共和国海关出口货物报关单

"535220210520238654"

预录入编号：535220210520238654　　海关编号：535220210520238654　（梅沙海关）　　页码/页数：1/1

境内发货人 (91430102079173755X) 长沙卡特尔环保科技有限公司	出境关别 (5352) 梅沙海关	出口日期	申报日期 20210330	备案号
境外收货人 CLEAN SKY TRADING COMPANY LTD	运输方式 (1) 监管仓库	运输工具名称及航次号	提运单号	
生产销售单位 (91430102079173755X) 长沙卡特尔环保科技有限公司	监管方式 (0110) 一般贸易	征免性质 (101) 一般征税	许可证号	
合同协议号 KINGKAR210226M	贸易国（地区） 卢旺达	运抵国（地区） (142) 中国	指运港 (142) 中国境内	离境口岸 (470001) 深圳

包装种类 (99) 其他包装	件数 2	毛重（千克） 266	净重（千克） 238	成交方式 (3) FOB	运费	保费	杂费

随附单证及编号
随附单证1：保税核注清单　Q05352211000186109

标记唛码及备注
标记唛码：　　　　备注：　入长江监管仓

项号	商品编号	商品名称及规格型号	数量及单位	单价/总价/币制	原产国（地区）	最终目的国(地区)	境内货源地	征免
1	84051000.00	氢氧机 1|0|HHO牌|型号：6.0|||	1台 0 180.0千克	12061.0000 12061.00 美元	中国 (142)	卢旺达 (238)	萍乡	照章征税 (1)
2	34021200.00	纳米除碳液 1|0|阳离子|氯化钠2%，硼砂3%，氨基酸7%，水88%|HHO牌|型号：6.0|||	432支 0 58.0千克	0.5000 216.00 美元	中国 (142)	卢旺达 (238)	北京其他	照章征税 (1)

特殊关系确认：否　　价格影响确认：否　　支付特许权使用费确认：否　　自报自缴：

申报人员	申报人员证	电话	兹申明对以上内容承担如实申报、依法纳税之法律责任	海关批注及签章
申报单位			申报单位（签章）	

报关专用章 (1)

附录六

海运提单

SHIPPER (Complete Name and Address)
KINGKAR ECO-TECHNOLOGIES CO., LTD
ZHONGYANG INTERNATIONAL BUILDING, YUHUA
DISTRICT, CHANGSHA, CHINA

JOB NO: SZE1040201
BILL OF LADING NO: SZSKGL104020101

CHARTER LINK
LOGISTICS (SHENZHEN) LIMITED
as the Carrier
BILL OF LADING

CONSIGNEE (Complete Name and Address)
CLEAN SKY TRADING COMPANY LTD
ADDRESS: GASABO DISTRICT, CITY OF KIGALI,
SAAF HOUSE, 2ND FLOOR, RWANDA
CONTACT: ENG. MBONIGABA INNOCENT
TEL: +250 788610446, 788625467

NOTIFY PARTY (Complete Name and Address)
CLEAN SKY TRADING COMPANY LTD
ADDRESS: GASABO DISTRICT, CITY OF KIGALI, SAAF
HOUSE, 2ND FLOOR, RWANDA CONTACT: ENG. MBONIGABA
INNOCENT TEL: +250 788610446, 788625467

FOR RELEASE OF SHIPMENT, PLEASE CONTACT
ALLPORTS SHIPPING SERVICES LTD
TANGANA ROAD, MULTIPLE SOLUTIONS HOUSE
1ST FLOOR P.O. BOX 83015-80100
MOMBASA, KENYA
TEL: 254 20 2689617 FAX: 254 41 2317300

PIER	PLACE OF RECEIPT
	SHEN ZHEN
VESSEL / VOYAGE	PORT OF LOADING
WAN HAI 267 / S316	HONG KONG
PORT OF DISCHARGE	PLACE OF DELIVERY
MOMBASA	KIGALI

FINAL DESTINATION

PARTICULARS FURNISHED BY SHIPPER

MARKS & NUMBERS	NO. OF PKGS.	DESCRIPTION OF GOODS	GROSS WEIGHT (KGS)	MEASUREMENT (CBM)
EGHU9242610 / EMCMMR0000 / 40'HQ (266.000 KGS / 1.207 CBM / 2 PACKAGES)				
HHO	2 PACKAGES	HHO CARBON CLEANER MACHINE 84051000 EMISSION TESTER DEVICE 9030400000 HHO CARBON CLEANER AGENT 34021200	266.000	1.207

" FREIGHT PREPAID "

ORIGINAL

TOTAL: TWO (2) PACKAGES ONLY

The above particulars are according to the declaration of the shipper, and are unknown to the carrier.

Shipped on board 04-APR-2021

FREIGHT and CHARGES PAYABLE BY SHIPPER AT: SHEN ZHEN / GUANGDONG

The Carrier received the above goods in apparent good order and condition, unless otherwise specified, for carriage to the place as agreed above subject to the terms of this Bill of Lading including those on the back page. One original of this Bill of Lading must be surrendered duly endorsed in exchange for the goods or delivery order. In witness whereof the original Bill of Lading had been signed in the number stated below, one of which being accomplished, the other(s) to be void. IN ACCEPTING THIS BILL OF LADING, the Shipper, Consignee, Holder hereof, and Owner of the goods, agree to be bound by all its stipulations, exceptions and conditions, written, printed and stamped on the front and back pages of this Bill of Lading, as well as the provisions of the above Carrier's published Tariff Rules and Regulations.

	PREPAID	COLLECT
OCEAN FREIGHT	AS ARRANGED	

For and on behalf of
CHARTER LINK LOGISTICS ...

Stamp / signature of the Carrier or its agent
Number of original Bill of Lading issued 3

TERMS OF BILL OF LADING CONTINUED ON REVERSE SIDE
Excess limit declaration as per Clause 15

BILL OF LADING NO.	PLACE AND DATE OF ISSUE
SZSKGL104020101	SHEN ZHEN 04-APR-2021

The contract evidenced by this Bill of Lading is governed by the laws of the People's Republic of China. Any claims or dispute must be determined exclusively by the courts in the People's Republic of China and no other court.

参考文献

[1] 张宗英，张泳. 国际贸易基础［M］. 2版. 北京：中国人民大学出版社，2022.

[2] 傅龙海，郑佰青，陈剑霞. 国际贸易理论与实务双语教程［M］. 3版. 北京：对外经济贸易大学出版社，2022.

[3] 黎孝先，石玉川，王健. 国际贸易实务［M］. 7版. 北京：对外经济贸易大学出版社，2020.

[4] 张燕芳，郑小凤. 国际贸易理论与实务［M］. 北京：人民邮电出版社，2022.

[5] 陈岩. 国际贸易理论与实务［M］. 3版. 北京：机械工业出版社，2019.

[6] 周桂凤，郑文革. 国际贸易理论与实务［M］. 2版. 北京：对外经济贸易大学出版社，2016.

[7] 章安平，顾捷. 外贸业务综合实训［M］. 2版. 北京：中国人民大学出版社，2019.